雅众文化 出品

我们都是马戏团
伯格曼文集

[瑞典]
英格玛·伯格曼 著
王凯梅 译

INGMAR BERGMAN

中信出版集团 | 北京

图书在版编目（CIP）数据

我们都是马戏团：伯格曼文集 /（瑞典）英格玛 · 伯格曼著；王凯梅译 . —北京：中信出版社，2022.1
ISBN 978-7-5217-3478-2

I. ①我… II. ①英… ②王… III. ①文学－作品综合集－瑞典－现代 IV. ① I532.15

中国版本图书馆 CIP 数据核字（2021）第 169249 号

我们都是马戏团——伯格曼文集
著者：　[瑞典] 英格玛 · 伯格曼
译者：　王凯梅
出版发行：中信出版集团股份有限公司
（北京市朝阳区惠新东街甲 4 号富盛大厦 2 座　邮编　100029）
承印者：　山东临沂新华印刷物流集团有限责任公司

开本：889mm×1194mm 1/32　印张：13　字数：150 千字
版次：2022 年 1 月第 1 版　印次：2022 年 1 月第 1 次印刷
京权图字：01-2021-4466　书号：ISBN 978-7-5217-3478-2
定价：69.00 元

目 录

莎士比亚

斯特林堡

节目单摘抄

对自己作品的评论

剧本前言

第三部分 我和我的对话

回忆

自问自答及其他

第四部分 辩论

前言

诗歌的诞生

妮娜·布哈薇[1]

1977年，我眼前的城市是阿尔及尔。

在围绕城市的大自然中，我看到的有大海、礁石、山岗和平原，以及地平线上一排排毗连的小房子。在我眼中，这一切都很神奇，都是艺术。每一种颜色都是一种声音，每一种声音是一个词语，许多词语构建成故事。我这样活着、倾听、看见，这不是游戏，这是我书写世界的方式，是我在温柔与暴烈之间找到我的位置的方法。童年切肤的残酷是我的诗歌，我每天用丝线编织它的疆域：天空与阳光的丝线，绿草与沙漠的丝线，围绕我们公寓楼的桉树林的丝线，松林覆盖的山顶上黄色云朵上的丝线，黎明和白夜的丝线，快乐和忧伤的丝线，暖风吹拂的浪尖上的丝线，梦与注视的丝线，故事与诉说的丝线，山崖上半裸的身体的丝线，入睡前被我数过的星星的丝线，纯贞的丝线，知识的丝线，文学和电影的丝线——电影这条含金的丝线，将我与我的母亲连接在一起。母亲快步走着，从阿尔及尔到巴黎，走上电影资料馆的台阶，推开“克里斯汀”“法国

1　妮娜·布哈薇（Nina Bouraoui，1967— ），法国当代作家、诗人、词作人，1967年出生于阿尔及利亚，父亲是当地人，母亲是法国人，14岁之前生活在阿尔及利亚，经历了国家独立与旧殖民地主权国艰苦的分裂运动，对她日后的文学创作具有重大影响。——译者注

人”“尚波利翁”[1]的旋转门，走进拥有这些名字的圣殿。她半眯着眼睛，用咏诵经书一样的仁慈和信念说出来：让－吕克·戈达尔（Jean-Luc Godard）、莱纳·维尔纳·法斯宾德（Rainer Werner Fassbinder）、金·维多（King Vidor）、阿伦·雷乃（Alain Resnais）和英格玛·伯格曼。“英格玛·伯格曼是无与伦比的。”母亲说。在我推开宫殿的大门，在每一个房间游荡，回到我的诗意世界时，母亲的声音一直在引导我前行。她的面孔被放映机投射到银幕上的光照亮，她变成了伯格曼电影中女主角之一的镜像，在阿尔及尔以东，这片在抗击法国人的独立战争后被废弃的渔村里，长着金发碧眼的母亲被村里人叫作“瑞典女孩”。电影大师进入了她的人生后，就再没有离开过，她有时觉得自己的人生太复杂，有时又觉得过得太快，就像冲进赛马场却不知终点在哪里的比赛，伯格曼一直是她灵魂的带路者和救赎者，是她的一面镜子，一位隐秘的朋友。电影中的每一个场景都与她生活中的某种气息相应，之后我细想，这其实完全出于虚构，即便有任何一点联系都是那么隐晦或是微弱，却足以与她自身的困惑和怀疑融为一体。电影的每一个场景延伸出一个新的场景，我从未看见过，因为它们只存在于母亲心灵的最深处。电影中的每一次喘息回应着母亲的喘息，我能听得到的只有母亲的喘息，因为是她拉着我的手，从阿尔及尔到巴黎，我坐在母亲身边，在电影院深沉的黑暗中，在红色或蓝

1　Action Christine, Le Français, Le Champollion，皆为巴黎艺术电影院的名字。——译者注

色的丝绒座椅上，被银幕上的亮光紧紧地吸引住。因为我知道，英格玛·伯格曼的电影暴露了她的心魔：童年、暴力、关系、爱情、女性、命运……那是母亲的生命戏剧在银幕上为她和为我的再现。是的，英格玛·伯格曼是无与伦比的。通过伯格曼，我读到了母亲未曾暴露给我的她的秘密；通过伯格曼，我的诗歌世界里有了被我的幻想加工过的我的城市的颜色和声音；通过伯格曼，我的生命有了形状和画框，我要做一名艺术家；通过伯格曼，我认识到如果没有艺术的钥匙，任何人无法找到真实的自己；通过伯格曼，我感受到语言的力量，如湍急的河流，冲刷出真理的鹅卵石；通过伯格曼，我的童年和少年永葆新鲜活力，任何时候，我只需返回他的图像，一切又如第一次一样新鲜；通过伯格曼，我认识到：创造力是对孤独的拥抱。

第一部分

艺术与艺术家

关于艺术的角色

关于《第七封印》

（本文发表在瑞典电影局在美国宣发《第七封印》［*Det sjunde inseglet*］的节目单上，瑞典文版未曾发表过，由霍坎·布拉文格［Håkan Bravinger］从英文翻译为瑞典文。）

在我小的时候，父亲有时候会准许我跟着他去斯德哥尔摩周边的农村教堂布道。我们一起在春光灿烂的田野上骑车，父亲教我识别路上的树木、花草和飞鸟的名字，我们一整天相伴同行，全然不去理会外面世界的苦痛。

对于一个小男孩来说，布道自然只是属于大人的事。当父亲稳重地站在教堂的宣讲台上，带领着整个教区的教民祈祷、唱诗和倾听的时候，我的兴趣就转向了教堂里面的神秘世界：教堂的穹顶、厚实的墙壁和弥漫其间的永恒的气味。阳光透进花窗照在教堂天庭的中世纪壁画上，凿进墙里和天花板上的雕像，铺开通向幻想世界的所有道路：这里有天使、圣人、龙、教徒、魔鬼和人，还有各种神奇的动物：伊甸园里的蛇、巴兰

（Balaam）骑的驴[1]、约拿的鲸鱼[2]和《创世记》中的神鹰。它们被描绘在天国、人间和地狱的风景中，看上去遥远神奇却又带着种我所熟悉的美丽。森林里，死神在与骑士下棋；一个光着身子的男人死死抓住树干，瞪大的眼睛中充满惊恐，在他身下，死神开心地锯着树桩；远处轮廓柔软的山峦上，死神正拉着人们跳舞，最后一支通往死亡国度的舞。

教堂另一侧的穹顶上画着圣母玛利亚，她站在玫瑰园里，怀抱耶稣。玛利亚长着农家妇女一样的手，面色严肃，飞鸟盘旋在她的头顶。

中世纪的工匠们用敏感、技艺和喜悦创造了这个世界，我立刻被它深深地打动了，这个世界变得与我生活的有父母兄妹在身边的世界一样真实。可同时，我竭力想逃开教堂正中十字架上受难的耶稣，我的心感受着十字架上凝聚的强大暴力和巨大痛苦。多少年后，对于信仰的坚持和疑惑时刻追逐着我的思考。

我一直在想一个问题，如何将儿时的这段经历和感受具体地表达出来，我一直在为这个问题寻求答案。

我的目的是像中世纪的工匠画画一样地创作，拥有同他们

---

1 《圣经·旧约》中的故事，巴兰是摩押王派去阻挡希伯来人的先知，他骑着驴出现在希伯来人面前的时候，上帝为保护希伯来人，派天使阻挡他。巴兰的驴认出了天使，几次警告巴兰停止，但巴兰都无法理解驴子的暗示，直到最后驴被迫开口说话。——译者注

2 《圣经·旧约》中的故事，约拿开始不听神的话，神为了救赎他和他的族人尼尼微人，安排了一条大鱼将他吞进肚腹，在那里受煎熬三天三夜后被救赎，从此恶贯满盈的尼尼微人皈依耶和华。——译者注

一样的普世观、敏感和激情。我的人物要哭，要笑，要喊，要叫；他们害怕，受苦，质问，不断地质问，他们怕的是鼠疫，怕的是末日审判，他们的星星是苦艾草。

我们的恐惧不同，但我们的言语相同。

我们的疑问从来没有得到过回答。

亲爱的可怕的观众！

（本文发表在瑞典电影局影片《魔鬼的眼睛》[*Djävulens öga*] 的宣发节目单上，1960 年。）

我可以谦卑地恳请您几位赏赐一丁点怜悯吗？不，这也太大胆了。尊贵的各位，您能赏赐一秒钟的理解吗？不，这也太自负了吧。您要听吗？

怎么，先生有话要说吗？

难说啊。不过我确实有强大的讲话的需求，辩论的需求，解释、道歉、抱怨的需求……我已经忍了太久太多了，现在……现在……

应该继续忍下去。

好吧，不过对于这些自认为已经为个人、为全人类做出了巨大发现的人，这个要求有点过分。

我说什么来着，我该怎么说才不至于烦到尊贵的在座的各位，不惹您生气，不让您质疑我呢？

这么说吧，有时候我觉得我已经死了，已经被做成标本放在电影史的藏品柜里了。如果有人在那个挂着"伯格曼"牌子的展柜前塞一毛钱硬币，里面的伯格曼就会点头或摇头。我已经迷失了，这种盖棺定论令人无法同情也无法理解。

您要是觉得这文章的思路有点混乱，那您就对了。

对我的电影，或者还有一个更好的称呼，叫作我的小游戏，我感到很焦虑。有人非常严肃地对待我的游戏，对我品头论足；有人在其中看到了象征符号，由此做出联想，揭露出更深层的含义；有人做比较，有人生气。

我站在那里，玩具撒了一地，心中感到羞耻。

我的本意是（如果真的有什么意思的话），我的游戏能给亲爱的可怕的观众们带来快乐。我都忘了上一次是什么时候，观众为我的艺术开怀大笑过，或者对我的想法讥讽嘲笑过。

老天爷，大家都太严肃了。如果观众鸦雀无声，你总能安慰自己说：作品太感人了，哪怕实际上是影片太无聊了。可明明是喜剧，大家都笑不出来，那可怎么办呢？各位不要误解，我不是在乞求大家的笑声，不过我期望看到观众自然地流露出发自内心的欢笑，只有那时，喜剧才真正开花。

这让很多人恼怒，获得愉悦者寥寥，且本人也忧心忡忡。游戏是我投向虚伪名气和空洞喜剧的武器，对我来说，生命中不可缺少游戏，游戏是一件非常严肃的事。

愿我的游戏给我亲爱的可怕的观众带来娱乐和开心。

斯德哥尔摩，动物园岛，10月

犹在镜中

（本文发表在瑞典电影局影片《犹在镜中》[*Såsom i en spegel*] 的宣发节目单上，1961 年。）

我们在戏剧学院谈到的一个问题是：为什么要做演员？大家谈得很深入，同时也感到很迷茫。老师和学生都像在一片几乎没有标识的田野上跌跌撞撞，前方一片混沌，地上还隐藏着危险的深渊。关于为什么做演员这个问题自然有相关的理论，可理论是理论家写的，是用特例在证明规律。

所以很多年轻人搞不清楚自己为什么要演戏。如果你问他们，得到的答案也是五花八门，有的客观，有的模糊，或者有的干脆回避。所幸老演员们无须回答这个问题，他们的经验，他们一辈子向观众倾注心血的投入，将答案刻在他们的意识深处：观众有在演员身上看到自己境况的镜像反射的需求，通过另外一个角度，用来自外部的光照亮自己的生活。演员就是满足这种需求的人。

艺术家就像创造世界的传教士一样，他的创造行为发生的地方：舞台、工作室或排练室，也是具有精神性、仪式感的地方。这个简单的事实本该是每个投身舞台戏剧事业的年轻人应该首先了解的常识，但不幸它常常被忽略。

我自己的经验就是证明。如果有人早告诉我，我首先要负责的是观众而不是我自己，那我的个人感受不具有任何意义；如果有人清清楚楚地给我解释过这样做的原因，那我或许会放下这么多年来在事业上折磨我的思想波动和情感起伏，放下那些没有实质意义的纠结，我可能会克服在创作中竭力取悦他人或恐惧失败的心理，不让它们发展成为驻扎在内心深处，不停地折磨我、羞辱我的无法灭绝的寄生虫。

“你的责任是保持镜面清洁!”然而镜子表面可能会蒙着面纱，光落在上面可能也很美，这都是我无法改变的，就如同镜子自带的边界和曲面，然而保持镜面清洁的方法有很多。电影的风格和技术固然有明显的价值，但在我看来，对它们的过度依赖具有污染影片实质的危险。作为演员，获得认可的喜悦和为表演奉献的决心是创造力的强大原动力；当然拥有自信和天赋也很好，不过长远而观，这些品质如果没有对观众的认知能力和稳定的技术支持也是无的放矢。

一个没有灵魂知识的传教士只是一个原始药师，一个没有技术功底的艺术家只是一名业余爱好者。

这两种类型的人都有风险，尤其是当他们还略有天赋的时候，这个社会到处游荡着这种人。在我们这个文化气候贫瘠的国家里，几个世纪来对灵魂问题教育的一贯排斥，催生出各种对艺术和宗教问题五花八门的误解。

然而我还只是说了一半真相，就像我的电影最多只是捕捉到我想展示给大家的庞大复杂的心灵世界的一角而已。通过笨重复杂的投影机，一个个瞬间消逝的图像，转化为体验传递给观众。

这想法让我感到恐惧和迷惑，这到底都是怎么回事？是不是每一次，都必须把镜子砸碎？

我的钢琴家[1]

（本文发表在《周刊》，1962 年，第 11 期，第 16—18 页。）

我对音乐的挚爱由来已久，音乐一直是我生活中的安慰和激情，然而我与音乐的关系一直只是保持着非专业水平。我能弹几下钢琴，知道什么是对位法和赋格曲，也能跟着弹上几首，但我不会唱歌，我记不住旋律。（或许这是小学音乐课上音乐老师体罚和精神折磨的野蛮授课法留下的后遗症。）

总之，每当和专业音乐家在一起的时候，我常会感到一丝羞涩。音乐充溢着我的情感世界，而同时我的音乐技艺又如此匮乏，这两者之间的落差令我甚是沮丧。

看到凯碧教钢琴的那一刻，我心中充满虔诚的感恩之情。

我和许多人一样看过凯碧在电视上教授钢琴课的节目，和许多人一样，我深深地爱上了她，而且因为她，我突然开始对一些我之前从未认真了解过的作曲家产生了敬意。凯碧把我彻

1　伯格曼和钢琴家凯碧·拉瑞泰（Käbi Laretei）在 1959 年结为夫妻，后于 1969 年离婚，生有一子丹尼尔。凯碧·拉瑞泰为许多伯格曼的电影谱写了音乐。——译者注

底俘虏了，她的美丽、她的音乐造诣和她充满人性的暖意令我如痴如醉，激起我巨大的好奇心。

终于，我有了认识凯碧的机会。那一年她在马尔默开音乐会，而我也正好在那里工作，那是我们第一次相识。

而今，我们还在花大量时间加深彼此的认识。

这都是四年前的事了。

有一次，凯碧在林雪平开钢琴之夜音乐会。我赶过去看她时已是下午，她像往常一样在音乐厅练琴。音乐厅里灯光幽暗，我在后排座椅上聆听，窗外雪花纷扬，冬日傍晚的黑暗早已来临。凯碧在弹贝多芬的《降B大调第二十九钢琴奏鸣曲》（“槌子键琴奏鸣曲”）的第二句乐句。

“来，你听，这里是主题出现前的序曲，只有两个音，看似没有用的两个音，我的老师埃德温·费希尔（Edwin Fishcher）说，贝多芬用这两个音让听众全都跪下了。”

还有一次。

我们找到了一本关于肖邦的书，书里有张肖邦的照片，应该是在他去世的前几年拍摄的。镜头里的肖邦表情僵硬，穿着过大的不合体的衣服，脸上满是皱纹，像一道道干裂了的伤疤，一双哀伤的眼睛，无言的痛苦表情。

“看到他的手了吗？”

奇迹在眼前绽放。那双手，硕大，宽厚，骨节分明，不容被侵犯。仿佛就在那一刻，照片里那个像鸟一样僵死的身体正在把所有的生命力注入到那双手中，那双手有了自己充满秘密的生命。

有一天我跟着凯碧去听她演奏亨德尔的《恰空舞曲》，演出在一座巴洛克巅峰期建造的教堂里举行。在这座以生命咏赞上帝，表达主的臣仆对造物主恭敬的建筑里，我们要把音乐会拍成电视节目，展现音乐的结构和巴洛克建筑的相得益彰。

这里我要先讲一件或许是比较特殊的事，那就是艺术家再创造的问题。我是导演，我妻子是音乐家，我们的工作很大程度上是关于如何建立联系的：我们面对的一端是诗人或作曲家，另一端是观众、听众和其他人。摆在我们面前的难题其实也是一个有关道德的问题：在我们的表述中有多大程度可以是我们针对作品的再创造，通过引导和说服，帮助他人理解作品？我们的创作在多大程度上成为对原作的解释或误读？我们的权利可以延伸到哪里？责任又在哪里？我们需要多大程度地尊重原作？我们能够表达自我才能的界限在哪里？有许多卓越的再创造者毫不顾忌地对原作进行再创作，让其服务于自我形象的塑造；也有人严格谨慎地将自己完全交付给原作，这种缺乏主动性的做法，让作品毫无光彩地摊在台上。在这两种极端之间存在着无数可能性。

在我的事业幸福的开始阶段，我从来没有意识到这个问题。我导演过的斯特林堡、易卜生或是莫里哀都自带光环，对于导演，最重要的工作就是疏导自己的激烈情感，去捕捉创造者的思想和愿景。

我是在各种惨痛的失败中学会了再创造这门艰难的艺术，

我终于认识到一点，那就是倾听，倾听创造者的声音，倾听他如何表述代表他个人身份的精彩迷幻的梦境，是他的愿景，而不是我的，才是唯一重要的。我要用全部力量、导演技能和我的挚爱去实现的唯一一个目标，那就是将创造者的作品表现出来。

这一刻，也是一名艺术家天生具有的强烈的自我表达欲与他的责任感严重撞车的时候。

渐渐地，我在我妻子的工作中也体会到了这种对峙，而且问题在她那里的表现更加尖锐。因为在音乐会上，她是独自在舞台上直接面对听众，玩一点花式赢得观众掌声的诱惑就更加急迫，尤其是当下的音乐会，听众们都渴望强烈的现场感受，"燃烧奔放、情感爆裂、精湛绝伦"，这些形容词再加上艺术家姿色美丽和具有震慑力的台风。不幸的是，它们共同构成了成功的配方。

由此，所谓的道德斗争会因为其他目的而被放弃，有时候最简单的事反倒是最难做到的：演奏舒伯特时要突出曲调的简单性，但不容忽视音符间的天赋才气；巴赫的赋格曲要明了清晰，每个瞬间都自然清晰，但同时要热情活泼；一支肖邦的船歌（此曲改编成的沙龙曲，简直是对经典的折磨）一定要演奏出细腻清新且充满神秘的气息，其可操控的爆发力，精彩得无与伦比。

在一次晚宴上，我们遇到了伊戈尔·斯特拉文斯基（Igor Stravinsky），他谈了许多关于浪漫主义音乐再创造的话题，突然，他笑着说："我真庆幸能活这么久，有机会发现勃拉姆斯的华尔兹的美，我应该感恩谁啊？"

聆听，发现，理解，再创造，一生如此。

我从做戏剧和电影导演的角度完全理解这种境况，但与音乐家不同，我们的创作是一个集体工作。一群艺术家在一起交流、分享、互动，创造新的体验，彼此监督，全都谨慎细致，不许错过一个单词，不许囫囵一个音节，我们构成一个共同体。而独奏音乐家呢，他们被单独地放在舞台上，只有他的乐器和道德观陪伴他。

对于独奏音乐家的孤独的感受，随着我与他们越来越多的接触，我更加尊重他们的力量、自信和不可动摇的坚持。

在我写下这些文字的时候，凯碧正在练习巴赫的《D小调钢琴协奏曲》，下周她要去米兰演出，夏天还要去德国，参加斯图加特室内乐团的合奏音乐会，指挥是卡尔·明兴格尔（Karl Münchinger）。这首曲子她之前演过好多次了，今年开春的时候，她决定对这首曲子进行全新的解读，改变指法，重新打造一套新的表演方法。凯碧把涂得满是记号的旧谱子撕掉，她搞来一套第一版的原版乐谱，开始在上面工作。从夏到秋，她差不多每天都坐在钢琴前，一个音、一个小节地细抠，等到整个谱子被她抠了一遍后，她又开始针对一个又一个的细节，反反复复地在钢琴前耐心地练习。通过每个小时、每天的时间累积，她唯一追求的目标是达到演奏的清晰、平稳和无可挑剔的完美，穿越生命和光的完美，绝不允许任何偶然性或临时性。她不要僵死的炫技，或是轰动观众的共鸣。一小时完成两个小节，下一个小时三个小节，然后是午饭，接着继续两个小节，六个小节。她要创建一个稳定的基础，音乐厅不尽如人意的回音、过重的钢琴或乐团的临时变故都无法动摇的稳定的基础。凯碧要全身心地传递出巴赫《D小调钢琴协奏曲》中崇高至上的完美。

终于到了凯碧演出的日子了。紧张情绪不言而喻——我的紧张情绪，我妻子却能够在开演前的那个最吓人的下午安然午休，而我本人早已慌乱得手足无措，无法安心做任何有用的事。（这种情况当然发生在我本人就置身于凯碧开音乐会的场所旁，但即使大多数情况下凯碧是在外地演出，我心里也是七上八下，坐立不安，无论她人在伦敦还是在斯图加特。）

我的这种表现让我根本没有可能享受我妻子的音乐会，我们俩都为这事感到不安，直到有一天我们发现了一封罗伯特·舒曼（Robert Schumann）写给他钢琴家的妻子克拉拉的信。舒曼在听过他妻子的演出后，将他的抱怨归纳成以下文字：

> 亲爱的克拉拉，没有人能理解我在音乐会上所受的煎熬，尤其是你。每当你按下一次琴键，焦虑就像一阵发烧的热风包围着我，要是此刻有人碰我一下，我肯定会从椅子上掉下来。

罗伯特·舒曼精准地描绘了我的内心感受。

直到煎熬变成喜悦。

音乐会结束后，我们回到酒店，我们在一起，在远离日常的陌生城市，在汉堡或是在胡尔茨弗雷德。房间里摆好了夜宵：啤酒、三明治，我们尽情地放松。距离明天，距离下一次旅行、下一次排练、下一次音乐会都还很远。

我端详着凯碧的手。手指有点发红，白天的排练和晚上的演出在那里留下了痕迹，皮肤下面的血管突得很高。

这是一双厚重鲜活的手，敏感、强大、充满热情。

蛇皮

（本文为1965年伯格曼获得在阿姆斯特丹颁发的伊拉斯谟奖［Erasmus Prize］的答谢词，伯格曼本人未参加颁奖仪式，由肯尼·凡特［Kenne Fant］替代领奖和宣读演讲词。1965年8月1日，全文以《爬满蚂蚁的蛇皮》为标题在瑞典《快报》发表。）

创作艺术的需求在我内心的表现就如同饥饿一样，只有在满足之后才能得以心安。但我从未认真地问过自己：为什么会有这样的饥饿感等待我去填充呢？直到近些年，这种感觉似乎趋于平静，渐渐转变成另一种感受。我想，这也正好是一个思考我的“艺术生涯”的契机。

从很早的儿时记忆起，我就有一种表现自己能力的欲望。看！我会画画，会踢球，会游泳。我记得自己内心深处有一种强烈的需求，需要通过显示这些能力以引起大人们的注意，而且我好像永远都不会厌倦别人给我的注意力。待周边的人无法给予我足够的满足感时，我开始在同龄人中寻求补偿。我把自己的秘密编造成不可思议的故事，讲给外面的孩子们，许多这些不着边际的谎言在面对现实的时候，即刻被击破和嘲讽。

最后，我只好脱离群体，一个人躲进我自己的梦想世界里。一个寻求建立关系，充满幻想的小孩很快变成了一个被伤害的敏感多疑的白日梦者。

而一个白日梦者不是艺术家，只是一个做梦者。

但那种被聆听、被触碰，在一个分享共同趣味的集体中生活的渴望一直没有离开我，越是被孤独所困，这种渴望就愈加强烈。

电影成为我的表达方式是件看似天经地义的事，我找到了一个能让世界了解我的语言。我缺少文学家的文字，不精通音乐，画画对我来说也是触不可及，直到我找到了电影——这门同世界交流的语言，沟通灵魂的途径，同时又奇妙地回避判断智力水准的艺术。

我就像一个饿坏了的孩子扑向食物一样投身到我的艺术媒介中去。二十年来，我近乎狂魔不知疲倦地用电影再现梦境、精神体验、幻想、癫狂、臆想、信仰、疑惑和纯粹的谎言。我不断渴望新东西：金钱、名声、成功，这有些让人吃惊，可实际上也是我一路走来的必然结果。

我这样说并无意贬低我至今取得的成就之意，我相信那都是曾经有过意义的，或许现在也还是的，对我来说，重要的是我能够在一种全新的、不那么浪漫的光线下重新看待这些成就。以满足自我为目的的艺术当然重要，尤其对艺术家而言。

现在来看，情况变得不再那么复杂，也不再那么有吸引力，尤其是不再那么光彩耀人了。要是容我说句推心置腹的大实话，我感觉艺术这件事，还不只是电影艺术，都缺乏重要性。

文学、绘画、音乐、电影、戏剧的生命都是由其自身赋予的，新的转变和组合产生又被摧毁，从外部看，这种变化充满活力，艺术家满怀热情，急于将自己和一个注意力越来越分散的观众群体投射于世界的图像中去，无人关心观众到底怎么想。少有几个受了挫的艺术家，意识到艺术原来是有风险的，需要承担责任，需要三思而行。而大多数情况下，艺术就是自由，随意，不知廉耻，不负责任。艺术家激动夸张的行动几近疯狂，在我看来，就像一张内部爬满了蚂蚁的蛇皮：蛇早已死掉，毒性也已耗尽，但蛇皮仍在涌动，满载着忙碌的生命。

如果我现在承认我也是这一群忙碌的蚂蚁中的一员，我就必须质问自己：这样继续下去还有意义吗？

我的答案是一个响亮的“有”！是的，尽管话剧已经沦落为一位日暮黄昏的老人；尽管许多人，包括我自己都看到“西部牛仔”片就是比安东尼奥尼或是伯格曼的电影更精彩刺激；尽管有新的音乐，用无限重复的数学格律让听众听得喘不上气来；尽管有绘画和雕塑毫无创新地在现成的自由中消耗自身，尽管有文学蜕变成历史遗物，不带目的，没有危险。

有不写字的诗人，因为他们是在用生命写作；有不演戏的演员，因为他们用生命演绎最精彩的剧本；有不用画布和画笔的画家，因为在他们闭上眼睛的那一刻，杰作就在他们自己的眼眶内出现；有这样的导演，他们不会浪费自身的天赋，用他们的生命在银幕上再现生活。

我可以理解为什么今天有人拒绝戏剧，因为他们的生活从来不缺少随处爆发的悲剧；他们不需要音乐，因为他们的耳膜每时每刻都充斥着巨大的噪音，疼痛的嘶喊已超越容忍的边界；他们不需要诗歌，因为世界的新图像已将他们改变成一群务实的动物，他们有的所谓兴趣，换个诗意的表达，无非是一些“关于新陈代谢的问题”。

以我对自身和世界的体验，人类已经获得了自由，巨大的无限的自由。宗教和艺术之所以能够留存，完全是出于情感联络的目的，人们需要用这种传统的方式来表达对过去的尊重，是这些一旦闲暇了就惊慌失措的老百姓维护体面的安抚。

当然，这些都是我的个人意见，我希望也相信有人会有更中庸、更权威和更客观的看法。那么，在我对艺术做出了如此乏味无趣的观察后，为什么我还要继续从事艺术工作呢？这里只有一个简单的原因（不算物质方面的原因）：那就是好奇心。不断驱使我的无边无际、永不停顿的好奇心，令我无法安宁的好奇心取代了过去我对群体认可的饥饿追求。

我感觉自己就像一个被长期囚禁的犯人突然被抛进了沸腾的生活中，到处喧嚣吵闹，我被燃烧的好奇心驱动着，观察记录我看到的一切：一切都那么不真实，那么不可思议，那么可怕，那么可笑。一阵沙尘将我困在其中，这能是电影吗？这有意义吗？没什么意义吧？但是我觉得有意义，那就去做一部电影吧。我独自漫步，时而意气昂然，时而忧愁伤感。身边有无数蚂蚁，我们跌撞在一起，我们共同合作构成一项庞大的工程，让蛇皮动起来了。

这就是我的真理，我不指望别人认同我的话，事实上真正认同我的人也没有几个。不过对于我个人而言，有这样的信念就足以让我在今后的艺术道路上义无反顾地坚持下去了。

艺术家如果只是为了取悦自己而做艺术并无大碍，但他回避了一个做艺术家的最大优势，那就是分享，与有相同需求的同道分享。当艺术家和这样的一群人抱团取暖的时候，在寒冷空寂的苍天下，在这个温暖污浊的地球上，至少还有这样一个集体。

每个人都有梦想、欲望和需求

（本文为1976年伯格曼获得歌德奖时的答谢词，原文为德语，文章中伯格曼阐述了流亡德国的想法。由约翰·哈格斯特姆［John Hagström］翻译成瑞典语。）

6月14日，有一个国家向我颁发了工作和居住许可，9月底，我将前往巴伐利亚电影厂，准备开拍我在瑞典之外的第一部长片。自2月中，我在执导慕尼黑公民剧院排演斯特林堡的《一出梦的戏剧》，今天，我在法兰克福，接受一份深深感动我的奖项：歌德奖。我以58岁的新手身份登上德国文化舞台，对我的个人发展和艺术成就这都直接或间接地有着非常重大的意义。

我爱瑞典，从来没有想过要离开瑞典，至少不会自愿离开。而今我的流亡从表面上说算是自愿，但实际上完全是被逼迫所致，我无法接受在一个官僚主义的代表对我进行公开、不公正的羞辱的国家继续工作（进而无法继续生活）。

尽管如此我并无怨言，我的不幸依旧是发生在舒适的环境中，我也只是心灵受伤，无法与那些世界其他地方为了民主之名而被迫逃亡的人所经历的苦难相比。这里，我想借机解释一下，为什么我要对慷慨友善接纳我的国家表达谢意：我希望能像一位真正的艺术家，发挥创造力和引发争议的能力，回报这份慷慨。和所有初次亮相的新手一样，我也为自己的第一次而感到不安，就在最近我还做了一个梦。

在梦里，我踏上朝圣之路去给一位过生日的诗人送信。我在下午茶的时间，在一个洒满春光的精致的小花园里，找到了诗人。诗人正被八位不同年龄，姿色争奇斗艳的美女围着，看见我后他立刻热情地表示欢迎，听说我就是那个获奖者，他即刻表示祝贺。我被邀请到摆满漂亮餐具的餐桌前入座，诗人礼貌又带些傲慢地问我来访的目的，我结巴着把我的任务传递给诗人。诗人听完，露出讥讽的笑脸对我说："我的国民一向笃信事实和哲学，这是法兰克福人的天性。正好现在离你上台表演的时间还早，何不把你的本事给你的新朋友们展示一下呢？我建议你最好是越具体越好，来吧，把你的看家本领都抖出来，就像那些在游乐场和集市上摆摊的卖艺人一样，让大家瞧瞧你的真本事吧！"

我向他致谢，接着告辞，诗人跟着我走到花园门口的白色栅栏前，他停下来沉默了一会儿，然后看着我说，"今天早上我刚和我的墨西哥老友进行了一次非常愉快的聊天，老先生人真好，至少有 950 岁了，他刚好写了一首诗，我来给你读这首诗的第一句吧：'真正的艺术家是用心来对话的'。"

我从梦中醒来，连忙把诗人的两条建议写下来：越具体越好，真正的艺术家是用心来对话的。

我想了一下，对我来说，做到具体要比用心来对话容易，那就从具体开始吧。我打开随行带来的行李箱看看，行李箱里面乱糟糟的，这不仅是因为里面装的东西乱七八糟，还因为我是在慌乱中匆忙上路的。

行李箱的最上层和往常一样是一堆文字，有的只是零星短句，但好多已经组成有含义的句子了。文字不能拿给人看，我一向对文字保持怀疑，它们总是在你需要它们的时候不在手边，躲在角落或像嗡嗡的苍蝇在天花板上飞。

接下来是我的思想，不幸也同文字一样是一团乱麻。也许我根本就没有自己的思想，所言即所思，没有独创，不够清晰。我缺乏逻辑，不会辩论，思想混乱，自相矛盾。不行，我的文字和思想都拿不出手，我的生命的旅行箱中装满了感情、情绪、梦和图像。

它们时不时地凝固成某种姿态和情境，我听得到它们窃窃低语，语言被讲述出来，脸在幽暗中转向我，宏大故事和细小情节都变得清晰起来，争相出场。直觉的灯柱照亮隐秘未知的国度，试图找到出路。它们共同守护，探寻，讲述，收集，分析，警告，激励，揭露，倾听……直觉行动果断，来去自由，从不接待访客，也无法形容。

这时我注意到行李箱中有一件一手可以握得住的东西，是一件我身体感觉舒服的东西。我和我的演员朋友们一起弯腰拾起的是这些文本：斯特林堡、易卜生，为什么不是歌德或者其他的大师呢？我们朝里面窥视，倾听诗人的心跳，在他词语的喘息间努力去理解文字的构成。突然间，我们茅塞顿开，自然而然地闯入了诗人的世界。我们相互交流，激动地把彼此的发现倾诉给对方，我们明白了：感情、氛围、梦、记忆、希望……看，这些就是我旅行箱里的东西。我不是一个分析型的人，我凭的全是直觉，有时候一件事先让我兴致勃勃，之后马上会黯然神伤。比如，如果有人问到我怎么看待艺术审查，我可能立刻会变得焦虑起来，因为我想到的是这件事的两方面：首先我肯定会很高兴，艺术能让一位官僚感到如此害怕，以至于要发个禁令把它给毙了！语言可以如此危险，图像能够如此不检点，作品对无政府主义的拥护会引发现实中的读者去模仿，总之，我很高兴艺术还有这样的力量，能够吓倒一个或几个官僚。可是同时我也感到不快，一个对艺术家进行审查的社会，不管是偶尔为之还是一贯如此，都是一个停滞落后的社会。那些小小的通知，被画掉的句子，被剪去的图像都是社会肌体上的伤疤。这些伤疤极易感染，侵入整个肌体直至病入膏肓。

再回到我的旅行箱，箱底藏着个庞大的怪家伙，那是恐惧，让我来说说恐惧吧。在所有工业化国家、大公司、大企业和机构，我们都能感受到个体情感被视作是对公众秩序的危害而被消解、抑制和羞辱。技术官僚将个体缩减成一个个可以输入电脑的数据，或许我们这个苦难的世界需要技术，或许我们越来越复杂的官僚制度对于管理日趋纷杂的人类社会也是必需的。更加全面的集体主义一定是社会进步的前提，但问题并不是这种力量的存在，而是我们缺少对这种力量危险性的认识。

今天的人类比任何时候都是政治性的人，我的许多同事已经投入社会斗争的行列，对于他们来说，这是一个道德立场的问题，是必须站队的问题。其实让我不解的是艺术的政治性怎么会被忽视掉，因为即使是非政治性的艺术中也不可否认有这方面的诉求。无论我们的社会结构如何，人与人之间的关系，人与外界的关系是不会改变的，包括各种形式的爱，生与死的困惑，信仰与怀疑，孤独的痛苦和感官的快乐，无由之恨，无缘之恶，游戏之欲望、片刻之柔情，痛苦的不明之故，梦想与希望——这个世界充满了不断变化增长的秘密的情感和苦难。

强调艺术最重要的使命之一是表达这些往往被压抑和麻木的情感，这不免显得平庸，但是艺术不应只是追逐发展变化，表达时间性的东西，艺术应该表现那些永恒的问题。

我的恐惧是关于被消耗的情感，那些沉寂中的人们隐藏的无言之苦。我相信——至少我愿意相信——电影的最大使命就是为观众竖起一面镜子，让人们在里面看到自己和他人，看清人性中最隐秘的情感，那些我们社会中站在强势地位的人竭力想去否认的情感。

最后，社会不是一个集体的抽象概念，社会是由一个个独立的个体组成的，每个人都有梦想、欲望和需求，每个人都有一颗心。这就更需要艺术家用心去对话，才能听得懂另一颗饱含着伤感和渴望的跳动的心讲述的模糊和隐秘的语言。这是艺术家的权利，更是他的责任。

关于电影

魔幻的市场娱乐

（本文发表于《电影院报》第28期，第3页，1947年秋，时值伯格曼执导的第三部故事片《开往印度之船》上映，文章开篇，伯格曼赞誉了正在院线放映的英国影片《远大前程》，导演大卫·里恩［David Lean］，改编自狄更斯的同名小说。）

英国电影《远大前程》激发起我的梦想和小小的希望，讲故事的向往在体内缓缓蠕动，唤起我斩断缆绳、收起铁锚，在惊涛骇浪的大海上朝着远方令人神往的未知海岸线，乘风远航。

在我看来，电影若要具有艺术性，必须从那种剪掉幻想翅膀的现实中解放出来，原封不动地表现现实本身就是冷漠和不真实的。承认电影原本就是一种市场娱乐、一种闹剧或其他形式的滑稽表演，这不是一件不光彩的错事；相反，否认和鄙视电影艺术的初衷，那才是让电影失去其张扬魔性的杂耍表演的天性。

曾经有一位叫乔治·梅里爱（Georges Méliès）的魔术师，大约在19世纪末年，他发现了电影。于是，他激情勃发，跃跃欲试，用简单的摄影机在贫乏的技术中创作了许多电影神话。这个人值得我们学习。

请问在座的各位，你们有谁玩过玩具放映机？那种上面有个烟囱，带手柄和煤油灯的玩具？你们一定看到过当胶片透过煤油灯的照射，投在老妈床单上面那些跳舞的小人。那时候你也一定注意到了，从投影口一格格闪过的胶片也在跳动。你好像拥有画面上那些跳舞的小人，但又好像什么都没有。小人的动作都是事先排演好的，他们在放映机里的跳动和你无关，放映就是见证魔术的时刻。

若干年后，我在剪辑桌上经历了同样的魔幻时刻。那些被胶片捉住的画面，在明暗交替中仿佛拥有了自己的生命，而这只是发挥了电影魔力的尖尖一角。

我拒绝承认电影是个需要经过复杂庞大创作过程才能抵达观众的艺术，充其量它只是表现被重新编织、美化和修饰的现实。如果真是这样的话，我相信观众很快就会认清电影工业不过是个令人恶心的代孕体的骗局。当有一天，观众感到他们对电影的精神投入被滥用和欺骗的时候，电影就被枪毙了，或是被缩减成为一个新闻联播、教育天地或是科学纵横节目。我们必须反对以僵化概念定义电影的方式，必须坚信“要不然一切都是电影，要不然什么都不是”；要坚持电影是一门艺术，那它的疆域和表达方式就不能被限定。我们不可能为如何创作电影制定规章制度，就像我们不可能为如何做梦制定规则一样。

我不认为电影面临危机，相反，在我看来，电影正处在青春期，正在经历变声期。电影正面临着下一个关系到生死存亡的决定时刻，所以我们必须最大限度地呵护和坚持挚爱电影的勇气，这对接下去的未来的电影如何发展有着举足轻重的决定作用。

三条蜈蚣腿

（本文发表于《家庭画报》第 29 期，第 51—52 页，1947 年 12 月。文中伯格曼介绍了与他密切工作的三位同事：制片主任阿兰·艾克伦德［Allan Ekelund］，美术指导 P.A. 林格伦［P.A. Lundgren］和摄影师约兰·斯特林堡［Göran Strindberg］。艾克伦德和林格伦与伯格曼一共合作了 18 部影片。摄影师约兰·斯特林堡的祖父与大剧作家斯特林堡是表兄弟，他担任了伯格曼 20 世纪 40 年代的 4 部电影的摄影师，从 1946 年的《带雨伞的男人》到 1949 年的《监狱》。）

电影拍摄就像是一条蜈蚣：要想达到百分百的完美结果，蜈蚣的每一条腿都要步调一致。做到这一点很难，几乎不可能，但围绕拍电影的所有人的劲儿都要使在一起，做到齐心协力，这一点很重要。

每条蜈蚣当然都有特别重要的几条腿，这些腿要合作好，才能带动其他的腿一起走。在一部电影的拍摄中，最重要的几个人是代表资方的制片人、美术指导和摄影师，再加上导演。我有过这样的拍片经历，这些重要角色中的两个、三个甚至四个都无法合作，各自为营，结果是众多其他的腿不知该听谁的号令，拍摄陷入混乱，大家都不开心。

我近年来执导的三部影片有幸有这样三位合作者，他们是阿兰、约兰和P.A.[1]。我与他们三人的合作难免让我们发展成了一个小团体，彼此产生敬意，至少我是非常敬佩他们三人的。由此，我觉得时机已成熟，我决定给这三位先生分别画幅肖像。画画历来不是我的强项，所以万一我不能把各位描绘得如我期待的那样惟妙惟肖，就在这里先烦请诸位原谅我的无能，本人已是尽全力而为之啦。

阿兰是我的制片主任，照理说我们不应该做朋友，我也试过几次想激怒他，可都没有成功，你根本不可能让阿兰生气。我年轻时养过一条狗，是一条罕见聪明、快乐、性情随和的狮子狗。不知为何，阿兰让我想到了那条狗，可能是他们笑起来的样子很像吧。我的狗笑起来鼻子团起来，下唇朝上卷，发出可笑的声音,阿兰笑起来也是那样。阿兰心情好的时候就会笑，为了让他心情好，我竭尽全力做一名模范导演（阿兰掌管着我们的拍摄计划，负责在演员身上省钱和购买那些他根本不需要的旋转木马、鳄鱼或者飞机）。如果你去问一位居心不良的人，制片主任是做什么的，他会说：制片主任就是制片厂的头号坏蛋，他的工作就是否定导演、美术指导和摄影师的创意。而且

1　阿兰担任了伯格曼1946—1948年间的三部影片《带雨伞的男人》《开往印度之船》及《黑暗中的音乐》的制片主任。约兰担任摄影师。P.A.是三部影片的美术指导。——译者注

这个制片主任通常是个男人，他把那些初出茅庐的年轻女演员们护在他的双翼下，给她们获得影片中第N个女配角的机会。制片主任经常出差，总是在讲电话，还常常要和出资方吃午饭。以上描述都符合阿兰，但他还有一个特殊的第三面，那就是他曾经在马戏团做过小丑，他能在红地毯上连续翻好几个跟头。他曾是名不见经传的布罗斯城（Borås）和泰科马村剧院（Teckomatorp）的首席情圣，也曾在瑞典全国从南到北的露天小剧场的巡演中出过名。后来有一天他发现自己更喜爱在自家的床上醒来，喝杯热巧克力的生活，而不想继续在巡演的艰苦旅途中睡在各种城乡接合部的寒酸酒店了。他面临着改变人生的重要抉择，至于是谁让他下定决心选了热巧克力，那我不知道，反正不是我。

不仅如此，阿兰还是一枚闪闪发光的钻石王老五，他谙熟自己熟男的稳重气质和单身汉的独特魅力，对女性的矜持品德构成可怕的威胁。同时，他对在他眼里属于“柔弱性别”的女性总是报以慈父般的温柔体贴。可以想象，围绕着阿兰，夹杂着痛苦、诗歌和厌世伤感的罗曼蒂克史，是如何轮番在他身上上演的。

关于阿兰的各种优秀品质我可以没完没了地说下去，为了不让我亲爱的读者们生厌，我还是就此打住。关于他的组织能力、社交能力、令人信赖和沉着笃定的品质，我就不再多说了。一句话，阿兰是一个真正的朋友，靠得住的哥们儿，他不只是胡吃海喝时叱咤风云，在最艰难、最困难、最麻烦的时候，阿兰一定在！

为什么呢？因为他曾经是我们当中的一员，而且是最名不见经传的一员。他依然是那个心怀善意、会在地毯上翻跟头倒立的阿兰。他始终没有忘记过往的困难且心怀感激。就为这个，我们都喜欢他。

尽管他是我们的制片主任。

在一个拍摄片场，让导演掉眼泪的地方真是太多了，以我的经历，美术指导是赚取导演眼泪的首席专家。拍摄现场拉仇恨也是件常事，而且最大的仇恨一定是发生在导演和美术指导之间。因此，P.A. 是一个不同寻常的特例。

P.A. 就叫 P.A.，这两个字母到底代表什么，我也不知道，反正我就是叫他 P.A.。P.A. 最不同寻常的地方是他热爱自己的职业，热爱自己的工作岗位。就为这个，公司可能就故意少给他点工钱，尽管他的价值可以用他体重的黄金克数来计算。（咱们的山竹老爹［Pappa Sandrew］[1] 要是读到了才好呢，要知道优秀的美术指导可不是树上长出来的。）

P.A. 最拿手的地方在于，他能让经他手的道具的每一寸都活起来。他熟悉老家特有的神秘灵魂，旧地毯的特殊气味，最重要的是，他做的活不是为了摄影机扫过去的那一秒钟而存在的，而是它们日日月月、岁岁年年早就存在着。他像梦游者

1 “山竹老爹”原名 Anders Sandrew（1885—1957），是瑞典著名的制片人，他于 1937 年创立了山竹电影业，曾为北欧最重要的电影制片发行公司，被行业人士以“山竹老爹”相称，伯格曼早期电影大多数由该公司制片发行。——译者注

一样谨慎地穿行其间，他了解它们，了解那些曾经拥有过它们，生活在它们身边的人。还有，和笔者一样，他爱这些老物件。破旧的房子，昏暗的过道，老煤油灯，无名画家的风景画，奇怪的发明物，令人恐惧的厚帘子，铜雕塑还有各种拍片的独特现场：破烂的咖啡厅，尘封的风月场所。他知道，这些被长期使用过的平庸简单的东西在电影的照射下会发出神秘的光芒，所以，他就像一只任性的牛头犬，给合适的人和地点寻找那些最般配的道具。他还知道那些不确定、不规则的东西要比循规蹈矩的东西更有美感，丑的多过美的，他能在破烂和俗套的东西中发现美。

这些都是关于我的工作同事 P.A. 在工作上的事，至于他私下里是怎么样的一个人，我几乎一无所知。P.A. 是个害羞内向的人，只有在非常罕见的情况下他才会敞开心怀，那时候他会回忆起自己曾经呼风唤雨的精彩往事。不过，我知道他不会让我在这里透露他那些史诗级的故事情节的，真是可惜，大家只好耐心等到 P.A. 的个人回忆录出版的那一天了，而且我知道那一天永远不会来的。我还知道 P.A. 喜欢画画，业余爱好而已，不是什么真正的画家；我还知道，他会生气，特别特别地生气。不过他也会很快就趋于平静，变得和没事人一样。再多的事，我也不知道了。不过有一点我知道，只要可以，我愿意和他一直合作下去。

我有位拍过不少电影的著名同事曾对我说：“你有没有过这样的经历：有一天你坐在摄影棚的黑暗中，看着周边的一切：

摄影机、三脚架、灯箱、拖车平台……脑子里会突然涌出个念头：我再也不想拍电影了，我要跑到森林里找个地方躺下来昏睡百年。”

我同事这话应该问的是一名摄影师，那么这名摄影师的回答会是：“我每天朝九晚五地工作，一天差不多拍八场戏，而每一场戏对于摄影师来说就是解答无数的难题。从灯光照明到摄影机行进的角度，应有尽有。瑞典的电影摄影师绝对是国际水准的，可是这里的工作条件和设备：吊臂、走轨、照明、镜头、洗印设备、摄影机等，可能没有哪个国家比我们更原始了。有的人只需在明天、昨天或下个星期表现一下自己的小聪明，而我需要在四十天的拍摄中，每时每刻都要足够聪明；别人可以从摄影棚走出去，呼吸新鲜空气，喝咖啡，午休，而我不能；就连导演、演员，对，差不多剧组里的每个人都可以蒙混过去，但摄影师不能。摄影师必须掌握他的手艺活，这是魔术也改变不了的事实。”且慢，我的摄影师约兰肯定想都没这么想过，更别说洋洋洒洒地说这番话了，因为约兰是一位几乎像在受难一样地投入自己工作的人，一个不会抱怨的人。我在这里越俎代庖是因为这些年来我亲眼看到约兰和他的同事们是如何在最艰难的环境下，用最有限的资源依然创造出一部部的杰作。我必须承认一点，我对电影的知识，都是这几年来和约兰在一起拍摄的三部影片中学来的，这三部片子分别是《带雨伞的男人》《开往印度之船》以及《黑暗中的音乐》。

在这段时间里，我认识了一个给予我极大支持的不容妥协的艺术家。他绝不为摄影机的诱惑所倾倒，他不断在布光上追求新意，不落俗套，不追求表面光鲜，而且他几乎细致到洁癖的地步。他总是提前阅读剧本，熟悉剧情的发展；不只是情节表面的发展，还包括剧情之外的深层解读。他对要做的一切思路清晰，和他争辩那简直是在赏析他缜密的逻辑思维的表演。而且他都不抬高声调，也不用行话吓唬人，老天爷，他连玩笑都不开。相反，有时候他会生气，特别地生气。每当这时，那个平日的约兰就会突然间变得脸色苍白，胡子根发黑，好像猛然开始生长起来。他双目圆睁，露出布满血丝疲倦的瞳仁，那张斯特林堡的双唇险恶地紧闭。一旦这种情况发生，你要马上追查原因，要不然这位老兄会一动不动地坐在摄影棚，有时候一坐就是一整天。还有什么比摄影棚里坐着一头恐龙更可怕的事呢？一个高速旋转的电锯？

去年夏天我们在拍外景，赶上我和约兰都比较闲，我们聊了很多，畅谈了未来的计划。我们俩都想拍更多神话电影，用镜头表达神话里的奇异幻想，将摄影机变成一个魔术盒。我们梦想着拍一部彩色影片，计划一起去游学考察，去美国和欧洲大陆学习参观。

至于他的外貌呢，约兰·斯特林堡是一位魅力十足的绅士，留着精心梳理的发型和胡子，直到手指尖都护理得一丝不苟。我不太确定他的内心是否也和他的外表一样井井有条，我有种感觉，在这个友善理智的外表下藏着一颗狂乱的心，让他无法安宁，也让他令人着迷。真的，人家是奥古斯特家的人，这不是随便说说的。

写到这里，我的三人肖像完成了。此刻，被我画像的三人可能已经义愤填膺，而我的读者们也早被我烦死了。但我必须这么做，以表达我对他们的无限感恩。如果有一天一个导演开始思考了,那他会发现他要表达感恩的地方太多了：我们的主，邪恶的人，他的姥姥，还有至少半个感知世界。这是为什么导演很少思考，不过，这是另外一个故事了。

把玩珍珠

（本文发表在瑞典电影局《夏日插曲》[1]官宣的节目单上，这是伯格曼最早的电影剧本之一，曾建议用名《玛丽》。）

人们愿把电影想象成一种快消品，可以快速下单，制作，消费，全都一气呵成。对我来说《夏日插曲》可不是这样一部电影。

这部影片的构思诞生在很久以前。那年夏天我高中毕业，生病躺在床上。百无聊赖中靠写作打发时光，写出来的东西当然就直接扔到了抽屉里。那时，战争的阴影笼罩在每个人的心头，未来的不可知催生人们随时激动地扑向任何一个希望的火花，《夏日插曲》讲的就是这样两件最美好的事情：群岛上的暑假和最伟大的初恋。对这种感觉的记忆已经离我很遥远了，回想起来仿佛属于一个更快乐的人生。其实，这部电影更是一个游戏而不是故事，一部闪烁着珍珠光芒的戏——一场夏日游戏。

1 本片的瑞典文片名 *Sommarlek* 翻译应为《夏日游戏》，国内使用的中文片名《夏日插曲》源自英文片名 *Summer Interlude*。——译者注后来，那些写着故事的笔记本被扔到了一边，和它一起被扔掉的还有“折磨”“危机”“长相思”[1]以及接踵而至的灵感风暴。

直到有一天，这些笔记本又重新出现了。珍珠和以前一样闪闪发亮，时间还是冬天，战争还在继续。

我要拍一部电影，我要拿珍珠兑现，电影里的女主角玛丽（对,这是女主人公的名字）需要养活她父亲。剧本写好了，大家的反应礼貌而平淡（那时候我生气极了，今天反倒高兴）。后来玛丽每年都出现一次，每次我都做些修改，故事变得越来越复杂，珍珠也在不知不觉中被打磨得失去了光泽，直到最后我绝望地坐在一块冰冷的石头上，心情异常沮丧。

就在这时，赫伯特·格瑞文纽斯[2]出现了。他帮我把那件可怜的作品从耻辱角拎回来，小心但又坚定地把这些年来留在上面的涂层冲洗下去，原始的图像渐渐重现了。连我自己都被彻底惊到了，最初的故事原来那样简洁漂亮。现在，在格瑞文纽斯的严格监督下，原作被小心翼翼地拆解和重组。

玛丽就是这样演变成电影的。一年半前的春天，天公作美，我们在一年中难得的几个好天气中创造了夏日的诞生。玛丽诞生了！最后一个暑假开始了。这是一个严肃的游戏，不是玩笑，机不可失，时不再来。

1　引号里的内容都是伯格曼写的剧本，最终都被拍成了电影。——译者注

2　赫伯特·格瑞文纽斯（Herbert Grevenius，1901—1993），瑞典著名电影剧作家，伯格曼与他合作编剧了四部早期作品，包括《夏日插曲》。——译者注

有人说，电影是导演一个人的工作，那完全是胡扯。我数了一下，在《夏日插曲》中至少有129人参与，这还不包括我很有可能忘记了的人。电影就像一条蜈蚣，所有的足都要步调一致。我觉得这部电影就是一条蜈蚣,尽管我是个十足的混蛋，可我还是要深深地感谢我的129名兄弟姐妹们，希望我们还有机会再一起玩。

我们都是马戏团

（本文发表在《家庭画报》1953 年第 4 期，第 7、31 页，时值伯格曼的影片《小丑之夜》[*Gycklarnas afton*] 在院线上映，影片讲了马戏团与剧院的关系。）

就是一名电影导演，时不时地也会愤怒，也会奋笔疾书，且苦不堪言。

放心，我不会说斯达凡·舍耐尔德[1]一个字，影评人就是影评人，这是就连我的头号公敌也无法否认的事实。

我的愤怒另有其因。我要说的是有那么一类作家，大小作家都有而且尤其是一些小作家，他们就是瞧不起电影创作这件事。这些人中随便哪一位先生或是女士，抓住机会就会长篇累牍地写文章贬低我们，对于电影，他们想说什么就说什么，想怎么说就怎么说。

这全然都是他们自己的事，其实，我们无须为这些人的无

1 斯达凡·舍耐尔德（Staffan Tjerneld，1910—1989），瑞典记者和作家，为瑞典最大晚报《快报》撰写文化电影艺术类评论，对伯格曼的电影做过许多不客气的批评。——译者注

知而气愤，我们应该气愤的是自己的消沉。因为，我们电影人有严重的文学自卑情结。

这真是愚蠢痴狂，太羞耻，太可笑了，让我们明确一点，电影和文学之间存在着鸿沟，这一点早有大师们可以证实了，看看拉瑟·奥林[1]、斯蒂格·达哥马[2]、维尔戈特·斯耶曼[3]，还有许多我没提到但并不等于被忘记的先知们。

请恕我直言一次，我们做电影的才更厉害，更强壮，更真实，更不计后果，更有话语权。我们是文化界的危险品，捣乱分子，技术灾难。我们都是马戏团，都是人猿金刚，都狂呼乱叫；我们付诸生命地捍卫真实或虚伪，美丽与龌龊，管风琴或奏鸣曲，魔术、小丑、梦想、诅咒……包括那些诋毁我们的人，我们也有无限的权力凌驾于他们之上。

为什么电影一定要是艺术呢？我们的创作不是以永恒为出发点的，对于我们来说最重要的词只有一个：当下！当下！如果我们不能在见证奇迹的那一刻把坐在黑暗中的观众吸引住，那我们就是被砍掉枝干、坐失良机的失败者，手中的魔术匣子被搞坏了，我们成了被观众哄笑的失败的魔术师。

一位著名音乐家曾经说过：音乐不是用来理解的，音乐是情感不可分割的一部分。

在这一点上，我认为电影比其他艺术形式（戏剧、文学、

1 拉瑟·奥林（Lars Ahlin，1915—1997），瑞典小说家。——译者注

2 斯蒂格·达哥马（Stig Dagerman，1923—1954），瑞典小说家。——译者注

3 维尔戈特·斯耶曼（Vilgot Sjöman，1924—2006），瑞典电影导演。——译者注

绘画、雕塑）更接近音乐。不过就这个问题我不想多表，因为我历来不喜欢理论，尤其乱象丛生的电影理论早已是多到吐。

一位我们的业界人士曾经这样说：有观众看的电影才是好电影。这话说得没错，却让他因此蒙受不少羞辱。我本人在做了十二年的电影，并托老天爷的福至今还没有放弃之后，也得出了同一个结论。我不过是学到了怎样在不同的条件下拍电影的本事。

文学家的出发点完全不同，尤其是那些年轻的作家们。对于他们来说，自己的作品出版 5 本、10 本或是 120 本才无所谓呢，重要的是作品给他们自己圈里的人看到了。批评家和文学家差不多也是同一群人，坐在一起互相掐架，其实也没什么奇怪的，因为这些人都有将语言的晦涩难懂发展到极致的本事，并都怀着将无聊进行到底的决心。如果这时候有人突然提出异议，那不被围攻才怪。这些人用一种犹如云上飘的火星文在我们头顶上交谈，他们使用的语言可谓是前无古人后无来者，根本都不是人话。

这些仇恨读者（也就是他们的观众）的作家（尽管读者是他们成为作家存在的唯一理由）自然对一个完全依靠观众而生存的产业充满怀疑和鄙视。这不是嘛，邦尼出版社（Bonniers）的文学编辑煞有介事地向业界发问：您认为娱乐性是否应该是作家的职责？

简直是两眼一抹黑!!

不，让我们开怀大笑，挺直胸膛，占领马戏团的马车吧，让我们敲起锣来，打起鼓，让子弹乱飞吧。

最重要的是让我们不要继续沉溺于悲天悯人的自卑中，我们应该为自己的创作而感到骄傲，才不管它们是些花哨的美文、滑稽剧、历险剧，或者是赚取观众眼泪的言情戏、青春戏、宫斗戏、喜剧、闹剧……我们呼天抢地，声泪俱下，我们喜笑颜开，破涕为笑。

因为，我们活着。

魔术师面对观众准备表演了，就有观众指着魔术师和他的魔术匣子嚷嚷：看，他胳膊肘下面肯定藏着扑克，他的帽子肯定有夹层，他的大衣里面藏着兔子。

魔术师发话了：各位看官，这就是变魔术的匣子，扑克藏在胳膊肘下面，帽子里有夹层，兔子藏在大衣里面。那就请各位操练起来吧，随便您练多久，如果谁能把这套本事练到能把自己蒙进去了，那我愿奉上一万大洋。

来吧，操练起来吧！

关于拍电影

（本文为伯格曼于1954年11月25日在瑞典隆德大学的演讲稿，发表在《电影新闻》1954年第19—20期。本文曾被翻译成多种文字，可能是伯格曼流传最广的文章。）

对我来说，拍电影是一种个人需求，和应对饥渴一样。有人通过写作表达自己，有的人画画，有的人去爬大山，打孩子或者跳探戈，而我需要拍电影来满足自我表达。

在伟大的让·科克托（Jean Cocteau）的影片《诗人之血》（*Le Sang d'un Poète*）中，导演化身的主人公在噩梦般的酒店走廊踽踽独行，每一扇一模一样的房门后露出的身体部位，构成了他自己。

我虽然无法做到科克托那么个人化，但还是想借今晚这个机会，带领尊敬的观众朋友们到我的工作坊里转转。如果您觉得此次参观让您失望了，那请您原谅。我的作坊有点乱，因为作坊的主人最近有点忙，没时间打扫。而且作坊里有些地方光线昏暗，有些房间门上写着大大的“私人”两字，是我们根本不能进去的地方；此外，带路者本人有点心慌，他也不确定有什么东西值得给你们看的。

不过，还是让我们推开几扇门进去瞧一瞧吧！您未必能找到想要的东西，但希望今晚这个机会，能给大家展示一个不同寻常的游戏的几个方面：这个游戏的名字就是拍电影。

我其实是个变魔术的……

如果我们观察一下拍电影的最基本元素，即一盘带齿孔的胶片，那我们会看到每一米胶片上有 52 个画面，每个画面之间被一条粗粗的黑线划分开，每个画面看似几乎完全一样。但如果再仔细看的话，你会发现画面与画面中间有着非常细微的变化。当这些画面通过放映机，以每秒 24 个画面的速度投射到大银幕上的时候，我们就看到了活动的影像。

放映机的镜头将光线从画面与画面之间的黑线掠过的那一刻，观众其实是置身于完全的黑暗中的，但下一幅画面会立刻把观众带回到光亮中。我十岁的时候有了我人生的第一台玩具电影放映机，我是在摆弄它的烟囱、煤油灯和被我反反复复放映的胶片时发现了上面说的这个秘密的。直到今天我还是天真地认为，我其实是个变魔术的。因为放映机的原理是借助人眼无法辨识高速运动的相近似的景物的缺陷，让“视觉暂留”的现象变成了电影。

我算了一下，如果我看一部 60 分钟的电影，那在这一小时的时间里，我有27分钟是坐在绝对黑暗中的。这样说来，放电影这件事就是一个骗局，我用一部以人类身体缺陷为基础建立的机器，把我的观众们带上情感的过山车。我让大家哭哭笑笑，惊恐大叫，相信神话的存在；我让大家愤怒，惊讶，享受，陶醉，被诱惑，被感动。那么，如果我不是一个骗子，一个观众心甘情愿上我当的骗子，那我就是一名魔术师。我是一个变魔术的，而且我还拥有有史以来人类为骗人制造的最昂贵、最奇特的魔术箱。

以上事实在电影行业的各方参与者中会引起或足以引起无法解决的道德冲突，关于这些年来商业元素在电影行业都犯下了何等罪状不是今晚讲座要谈的话题，不过，如果有哪位科学家能发明一部机器，准确地计算出电影工业高效的绞肉机到底扼杀了多少天赋、直觉和创造力，倒是件不错的事。同时，所有游戏的参与者也应该心知肚明，凭什么投资电影工业的资本家就要讲情面呢？与其他行业相比，电影行业的剥削才叫赤裸裸呢，我们简直可以把它当作是行业优势了。

我会掉下去摔死……

一个野心勃勃的电影导演在拍电影时需要保持的平衡，比一个马戏团的杂技演员不带安全保护在钢丝绳上翻跟头更加惊险。电影导演和走钢丝的演员所面对的是一样的逃不掉的风险，他们都明白：我会掉下去摔死。肯定有人说我是不是太夸张了，拍电影怎么会有这么高的风险？对，拍电影绝对是高风险行业。没错，我是说过拍电影的人是魔术师，可是如果拍出来的片子观众不爱看，观众不给制片人、银行经理、电影院老板和影评人赖以生存的门票买单，那就是再有本事的魔术师也没有办法把制片人、银行经理、电影院老板和影评人给变到电影院里来。

我本人就有一个刚刚发生的走钢丝的惊险故事。有位颇具冒险精神的投资人投了我的一部片子，经过一年千辛万苦的努力，片子终于拍出来了，就是在这里也上演过的《小丑之夜》。影片上映后遭到影评人的一致恶评，观众票房更是一片惨烈。投资方算了一下财务黑洞，我要等 20 年才有机会拍同样类型的片子。倘若我接连做上两三部这样的财务灾难片，毫无疑问，哪个制片人还会继续在我的天赋上砸钱呢？

突然间，我成了一个可疑的家伙，一个骗子。我那所谓的艺术野心到底有什么用，我遭到严重的质疑，变成了一个被没收了魔法箱的魔术师。年轻时候遇到这种事还不惊慌，工作的快乐让我像个海滩上玩沙子的小孩，才不理会结果的成功与否呢。这就是在钢丝绳上玩嗨了的电影导演，全然不知因而也无所畏惧身下是悬崖沟壑还是办公室的硬地板。

世道变了

今天，游戏变成了战斗，钢丝绳上牢牢拴着的是恐惧和不安。每一次表演都要竭尽全力，创造力被内心的需求和外部的经济原因挤压成必需品，任何失败、评论、观众抹黑都会留下比以往更深、更长久的伤疤。

让·阿努伊[1]在每一个新项目开始前，为舒缓心中的恐惧都会先玩游戏。他这样说过：我父亲是名裁缝，对用自己双手的劳动创造出来的作品，他很骄傲：一条漂亮的裤子，一件优雅的大衣。手艺人的满足感都在自己的活计里，每个职业引以为傲的事就是把手上的活计做到最好。

我也深有同感，玩游戏这个梗我也懂，也常用游戏哄骗自己和同事，尽管游戏本身对缓解疼痛其实没什么帮助。我的电影是优秀的手艺活，我是一个勤奋、负责、极其细心的人。我为当下努力创造，我不是为了创造永恒。我和工匠一样，为自己的手艺活感到骄傲。

可是我知道，这话也是自欺欺人，内心深处不停有个声音在朝我呼喊：你的哪部作品会流芳百世？哪个画面会被未来记住？哪句台词、哪种情景会揭示永恒的真理？

让我以最诚恳的不容置疑的谎言的名义回答你：我不知道，我想会有的吧。

1　让·阿努伊（Jean Anouilh，1910—1987），法国戏剧家、导演和作家，国际上最具影响力的的法国戏剧家。

亲爱的观众，请原谅我还在没完没了地揭露电影创造者的困境，我这样做就是想给大家解释一下，我们这个行业为什么有那么多人在面对那些不可理喻、无法捉摸的压力时被迫屈服了，我们为什么会变得那么胆小、害怕、冷漠无情，为什么要向灰暗有毒的条件妥协低头，让自己变得愚蠢无用？

必须全盘地接受观众的反应

现在让我来谈谈拍电影遭遇困境的另一半因素，也是我们这个行业最重要的同样是最难搞的那一半，这就是观众。

电影这个媒介不只是电影人自己的事，还是上百万个和他有同样需求的人的事：今天要出名，马上要开心，立刻要光彩，瞬间要发怒。

电影人的梦想半路上遇到了观众，观众对你的电影只有一个要求：我付了钱，我就是来买娱乐的，我要放飞自我，我要被感动，让我忘却身边的人和事，最好连我自己也忘却，我要坐在黑暗中感受被重生。

电影人要了解观众的需求，因为他们是靠着观众买单才能存活的人，他们要担负起这个艰难的责任。但凡拍电影，就必须随时想着观众的反应，我的方法是我总是不停地自省吾身：我的语言可以再短小精悍、再简洁明了一些吗？大家都能明白我在说什么吗？包括那些最普通的观众，他们能跟得上我的故事吗？最重要的是，我在艺术上妥协的底线在哪里？什么时候我需要对自己负责？

许多电影上的实验总是偏离观众的需求，这蕴含着明显的危险，忽视观众需求的实验会让电影业发展成为在封闭的象牙塔中的自我阉割。

如果电影制片人和电影工业的大佬们能够为电影人的创造力提供展开实验的场地，那是最好不过了，但目前的情况是，业界大佬们更相信技术工程师，他们愚蠢地把拯救电影的希望放在提高技术的复杂性和发明新设备上。

拍出让观众感到害怕的电影并不难，分分钟我们就能把观众吓得半死，因为恐惧是大多数人肌肤下自带的生理机能。让观众笑，尤其是让他们在该笑的地方笑，就要难得多。同样地，要让观众看完电影后感觉比看电影前还糟糕，这个容易做得到；而让观众开心地离开电影院就更难。可人家观众花钱坐在黑暗中真正希望达到的目的就是开心，我们该用什么方法满足观众的这点需求呢？能满足几次呢？

我清楚地认识到这种想法的风险性在于我们瞧不起观众，嘲笑他们的失败，把他们的野心当作傲慢，忽视他们和评论家设下的界限。我看不到界限的存在，因为它们不关我事，我总是在变。我不愿意去适应人家，迎合别人的期待令我不悦，如果真这样做了，我知道那我就完蛋了，彻底漠然了。所幸我不是理智与情感对半切分的天性，谁说电影导演就得是个快乐满足的老实人，谁说导演就不会骂人，撒泼，不守规矩？与风车决斗，发射月球卫星，让奇思怪想都来吧！看他怎么玩火，白刀子进去红刀子出！为什么电影导演不可以去威胁制片人呢？恐惧是制片人的职业操守，他们难受得胃疼是有报酬的！

一切从一个画面开始

不过拍电影并不全都是问题和麻烦，对预算的忧虑，与责任的冲突和没完没了的恐惧，拍电影的魔力还在于那些秘密的游戏、梦想和记忆。

一切从一个画面开始：一张脸，线条坚硬，灯光突然亮起，一只手，伸出来做一个动作；黄昏下的一片空地上，几个老太太坐在一条长椅上，一袋苹果放在她们中间；或者一段对话，两个人突然用异样的声音朗诵一段台词，他们背对着我，我无法看清他们的脸，可我依旧被他们吸引，想要听懂他们说什么。我等待着他们回来，再说一遍那饱含秘密却又毫无意义的台词，悄然地散发着紧张的气息，而我却浑然不知。被灯光照亮的脸，伸出去的手，如被魔咒定住，空地长椅上的老太太在聆听无意义的指令。这一切都像闪光的鱼在我的网中跳动，或者应该是我被套进了一张不知如何建构的网中，且心存欢喜。

很快，在故事的全貌还没完全清晰前，我就开始在头脑中构思如何测试这些想法的游戏。一个颤颤巍巍还没有完工的房子被我小心翼翼地放进摄影棚里，那里有我需要的各种技术辅助工具，这些对于我的假想游戏能否经得住考验很重要。这故事能行吗？值得在摄影棚为它大干一场吗？拍摄的可怕日常可不同于想象力信马由缰的自在时光。

我的一些电影成熟得很快，从构思到完成一气呵成，这样的电影通常目的性清晰：健康的孩子虽然不好管教，但从一开始就让他明白，这孩子长大了是可以赚钱养家的。

然后还有另一类成熟得非常慢的电影，有时候可以是好几年。它们拒绝为技术或形式妥协，有时候根本就是不妥协。它们会在黄昏时来访，想要得到它们就必须走入，在情景、人物和状态中寻找关系。那转过去的脸在说话，陌生的街道，窗户后面露出难得一见的目光；黄昏下一只眼睛在闪光，或许是一块红宝石，它们发出同样的光泽。秋天的落日里，广场变成了海洋，老太太变成了参天古木，苹果化作游戏的孩子们，在火焰边缘用沙石搭建城市。

持续的紧张感，在文字中，在想象中，随时聚力而飞。这种力量在剧本创作中是最重要的，但会在撞到拍电影的巨大齿轮时被碾得粉身碎骨。

什么是拍电影？

什么是拍电影呢？大家对这个问题的答案可能五花八门，不过大多数人可能会说：拍电影就是一个把剧本变成电影胶片的过程。这个过程可以很长，也可以很短。对我来说，拍电影是一个个异常紧张的工作日，腰酸腿疼，眼睛发胀，空气中弥散着化妆油彩、汗水和射灯的味道，是紧张和放松，愿景和现实，雄心壮志和闲散放纵的聚合。拍电影是无数个披星戴月的清晨，数不清的无眠之夜，激昂的生命力，对于作品的痴迷狂热。最终将我变成一个和电影胶片一样的非人机器，唯一的缺陷是我还得吃饭喝水。

而就在如此高速的运转中，更为奇特的事发生了，下一部电影的念头常常就在这此期间蹦出，挤进已经被紧张的工作塞得满满的日程表中。如果你认为这一切简直是癫狂亢奋，毫无章法的话，那你可全错了。拍电影是一件耗资昂贵，需要运筹帷幄的事业，你要有一个清醒的头脑，整洁的作风，以及确保财务和预算都在掌控之中。你还要保持日常的幽默，同时拥有整个星球都不存在的耐心。

拍电影包含着一切的一切，但最重要的这是一套工业体系，它包含资金、制作、拍摄、冲洗等一系列过程，必须严格遵守时间表，而现实中又几乎从来不可能。想象一个经过仔细研究制定出来的火车运行图表，而起决定性因素的却是各种不可预料之事。女主角有黑眼圈，重拍，几万块打水漂了；自来水厂的漂白粉放多了，冲洗底片上留下了斑痕，重拍；死神不期而至，带走了一名演员，换演员，重拍，又是一大把钱；雷电击倒了摄影棚的供电箱，大家带着脸上的妆容在惨淡的日光中等待，时间一点点过去，钱也一点点消失。

这都是些什么愚蠢的倒霉事啊！然而，拍电影就是将愚蠢上升到崇高的过程：梦境被转化为光影，一部悲剧被切割成五百个小块，把玩之后再将它们黏合起来，依旧是一部悲剧。拍电影是做一个 2500 米高的令肾上腺激素迸发的怪物，演员、导演和制片人的生命和灵魂统统被吸进里面。这一切，以及比这更多更可怕的一切，就是拍电影。

一幅神奇的威尼斯风景画

拍电影还有另外一条很长的根茎，一直伸延到童年的世界。在我的工作坊里，这条根茎一直伸到地下室里。那就让我们一起走进充满秘密的记忆储藏室中去看看吧，这里有一幅威尼斯主题的风景画，一幅旧窗帘和我的第一台玩具放映机。

我的外祖母住在乌普萨拉（Uppsala）的一幢老公寓楼里的一套大房子里，我坐在餐厅的桌子下面，我穿着一件前面带口袋的围裙。阳光透过餐厅的大窗户照进来，我在聆听太阳光的声音。光线不停晃动，窗外传来大教堂的钟声，光的动线和声音都很特别。那是冬春之交的日子，我得了麻疹，那一年我五岁。隔壁传来钢琴声，不同的华尔兹舞曲，墙上挂着一幅很大的威尼斯主题的风景画。当光线和影子落在画上的时候，画中的运河开始流动起来，广场上的鸽子从石子路上飞起来，画里的人在热烈地交谈，挥舞着胳膊，转动着头，教堂的钟声响起，和钢琴声一样都是从画里传出的。外婆家的威尼斯风景画好神奇，和透过客厅和餐厅的光线一样神奇，光线不是静寂的，它发出某种音调。可能是因为屋子里有太多摆钟……或者是屋子里那些老家具总是在不停地低声聊天。

还有一次，我记不清是几岁了，肯定是比我得麻疹的年龄还要小，我记住了一幅会动的窗帘。

那是一幅朴素的黑窗帘，挂在孩子睡房的窗户上，每到黄昏或黎明时刻，窗帘就活起来了，有点吓人。那些时刻，屋子里的玩具也变了，露出敌意、怪异、惊骇的表情。那时候，世界不再只是妈妈和宝宝，孤独是一种感觉，无声地在屋子里蔓延。窗帘没有动，上面也没有影子，但是一切都发生在孩子的心灵世界里：没有具体的人或动物，看不清是谁的头或脸。那些言语不能抵达、无法描述的东西，在越来越幽深的黑暗中，从黑窗帘后面爬出来。它们手中提着水壶，朝着屋里的绿屏风或是柜子上爬；它们冷酷无情，狰狞可怖，只有等到黑暗落入无底深渊，或是天光开始发亮，人终于沉睡过去时，它们才会消失。

我出生和长大在一个传教士的家庭，这让我从很小的年龄就看到了生死幕布的背后。父亲主持葬礼，主持婚礼，父亲给新生儿洗礼，给离婚夫妇调停，写礼拜词。从小，魔鬼就是我身边的一个熟人，对于一个孩子，他需要看到魔鬼的模样。这时，我的玩具放映机出场了。那是一个带着煤气灯的铁盒子（我至今还记得铁皮发热的气味）和一些颜色绚丽的玻璃片，上面画着如小红帽和大灰狼的故事。大灰狼，就是没有长角的魔鬼，它拖着长尾巴，张着血盆大口，真实又迷幻，在贴着花卉纹饰的墙纸的小孩子的卧房里，那是邪恶和诱惑的象征。

我拥有的第一部电影

我拥有的第一部电影是一条3米长的棕黄色胶片，电影的内容是一个女孩，她先躺在草地上睡觉，然后醒来，伸个懒腰，站起身张开双臂，然后从画面的右方消失，这就是电影的全部。放胶片的盒子上画着一颗由魔棒画出的亮星星和一行字“赫拉小姐（Frau Holle）”。我认识的人中谁也不知道赫拉小姐是谁，但这并不妨碍电影的巨大成功，我几乎每天晚上都要放一次，直到胶片破到无法修补才作罢。

那只叮当作响的铁盒子成了我人生的第一只魔术盒子。想想看也很神奇，那不过是一个机械玩具，投射出来的也总是同样的人在做同样的事，可到底是怎么样的魔力如此吸引我，让我总是无法安宁，而且直到今天，依旧以同样的魔力吸引我呢？它会来摄影棚或者是光线昏暗的剪辑室找我，在我手指转动胶片盒的齿轮，它会在一个画面定格时出现；或者在电影后期的混音室，当完成的电影正在慢慢揭开面纱露出面孔的那一刻，它也会到来。我至今还无法习惯一个想法，那就是我手中把玩的电影媒介具有如此深刻的穿透力，它可以无限深远地照亮人类灵魂，不留情面地揭开其隐秘，为我们的意识、思维增添认识现实世界的全新知识。甚至，我们能在电影中找到通向另一种超越现实的跳板，一种颠覆常规的叙述，将我们带入未知的国度。我还是暂且在这里打住，不提更多无法证实的想法。我要说的是，我们现在还只是利用了电影媒介丰富而深厚的资源中微不足道的一小部分，就如只是动了巨人手上的一根小指头而已，而且这个巨人也并非完全无害。

当然，也有可能我错了，电影或许已经发展到巅峰了。技术成为电影继续发展的绊脚石，许多人和我一样，认为我们走进了一个黑暗的死胡同，并且依然在那里原地踏步，很快，脚下的泥潭越走越深,就剩下鼻子还在水面上残喘。要不了多久，我们都要被资金紧缺、观念陈腐，以及愚蠢、恐惧、不安和困惑给淹没了。

我的目的是什么？

常常有人问我：你拍电影的目的是什么？这是个很难很危险的问题，所以我常捏造一个谎言以回避问题：我要揭示我所认识的人类生存状态的真相。大家通常很满意我的这个答案，有时我甚至觉得奇怪，难道没有人看穿我的谎言吗？这个问题的准确回答应该是：我有一种用电影表达盘踞在我意识某处的主观感受的强烈需求。因此，我的电影没有别的目的，我拍电影的真实目的只是为我自己，为我的衣食父母，即广大观众的娱乐和欣赏，以及我此时此刻的真实感受。如果我把综上所述的理由加在一起，得出来的结果可真不太乐观，事实是：电影是项相当无意义的工作。

这个结论倒也没有让我过度忧虑，其实我和许多其他艺术领域的相关人士都比较认可这个结论：艺术无意义。艺术为艺术，为了我的个人真相，无论是全部的真相，四分之三的或者完全没有的真相，重要的是这是我的真相。

我知道这种观点不受欢迎，尤其是眼下，动辄会牵扯到意识形态或是宗教，在这两种主张下任何表达个人思辨的观点，都被挂上瘟疫的旗子。我想出一个修正自身的急救办法，这个问题应该倒过来问：我希望自己的电影达到什么目的呢？

我想先讲个故事。曾经有一次，法国沙特尔主教堂被闪电击中起火了，大火把大教堂烧为灰烬。灾难过后，围绕着沙特尔主教堂排起了几千米长的队伍，来自各地各行各业的人流中有老板、贵族、有钱人，也有民工、艺术家、小丑、无产者，大家的共同心愿是把大教堂给修复好。没有人知道这些人的名字，他们成为沙特尔主教堂无名的创造者们。

我的个人信仰或怀疑在这里并不重要，在我看来，在艺术与膜拜分离的那一刻，艺术本身也失去了至关重要的意义，成为剪断脐带后被阉割的二手生命，陷入死亡和堕落。个体是艺术创作的最高形式，同时也是最大的诅咒。集体创作和谦卑的无名氏艺术家都属于被遗忘和埋葬的无意义的遗物，大写的

“我”身上的每一道伤痕，每一次道德痉挛都被放在显微镜下，从永恒的角度考量。

主观主义和拷问良心的黑暗恐惧症成了一种时尚，最终，每个人都在孤独地哀号，听不到对方的声音，甚至都意识不到我们正在把彼此窒息到死。个人主义者们相互打量对方，继续否认对方的存在，他们呼喊黑暗的声音太沉重了，却谁都没有体验过集体主义的欢乐所拥有的治愈力。我们在自己的圈子里中毒不浅，被我们自己的恐惧包围着不能辨识真伪，也无法识别被美化的江湖义气与真挚诚心的行动之间的区别。

如果有人还是要问我拍电影的目的的话，我的回答是：我想成为在原野上修复大教堂的艺术家中的一员，我想从石头里雕琢出龙首、天使、魔鬼或是圣人，无论什么都会带给我无限的喜悦。不管我是不是信徒，是基督徒还是异教徒，我最想做的是与众人一起建造教堂。我是一名艺术家，一名匠人，我的手艺就是从石头里雕刻出脸、躯干和身体。我不在意当下人们怎么评判我，也不理会将来人们的批判，我的名和姓不会刻在石头上。有一天我走了，名字也会跟着消失。但我的一小部分会存活在无名集体的胜利中，无论它是一条龙，一个魔鬼，或是一名圣人，对我来说，都可以。

英格玛·伯格曼格言

（本文为影片《第七封印》宣发时的节目单，1957年。）

有时候，一个身处困境的电影人，有用语言表达自己感受的需求，他瞻前顾后，他上下求索。

在以下场合，他望而却步：

被禁止的，

被允许的，

以及必要的。

被禁止的：

在行动前已麻痹、生厌，这种感觉一直躲在角落。

被时隐时现的沉默追赶和吞噬，以及随之而来的自我放弃。

在平庸无聊的日常中滋生职业荣耀感的危险热情。

投入观众欢呼赞美的海洋，在浑浊的浅水湾姿态优美地游泳，尽管一只脚已经触底。

在考虑自身处境和身边靠着自己挣吃饭钱的人，接受貌似合理的工作诱惑。

躲到观望塔上，撤掉梯子，对他人的需求不管不顾，挣脱控制，随心所欲地给下面的人报告海平线上的情况。

这些也是被禁止的：

为仙女们忘在摇篮里的礼物而伤心。

能力有限还怨天尤人。

期望永恒不死和从天而降的变化或发现。

说实话（全部、一半或四分之一），因为任何人的实话都是为了维护自己的利益（参见弗洛丁[1]）。

对别人的电影主意动了心却不动手偷过来。

这些是允许的：

出于个人喜好的目的而犯下的滔天大罪，撒下的弥天大罪，以艺术之名的打架斗殴，但前提是必须干得漂亮。

热情地鄙视艺术，对身体和心灵相对健康纯洁的幸存者们保持尊重。

此外，电影艺术家也允许把自己当作一个贩卖精神热狗的小贩，给那些在半夜里饿得饥肠辘辘的人提供精神食粮。卖精神热狗的小贩要保证香肠烤得够熟，上面不能放太多不利消化

1 古斯塔夫·弗洛丁（Gustaf Fröding，1860—1911），瑞典诗人，以浪漫主义文字风格改变诗歌传统，在瑞典家喻户晓。

的调料（芥末酱放太多会引起消化不良）。

最后，这些是必须做的：

必须努力，全身心地努力工作，这样就不会有闲暇去想那些被禁止的。

必须坚持创造自己，这样就会忘记那些被允许的。

马尔默，2月

每部电影都是我的最后一部

（本文为1959年3月14日，伯格曼在哥本哈根大学学联的演讲稿。发表于1959年5月19日《电影新闻》第14期,第9—10页。本文有可能是伯格曼最著名的关于电影工作的文本，后被改编成播音节目，由伯格曼本人演播，于1960年1月1日和6日在瑞典电台播出。）

有位智者曾这样说：四十岁之前的生活是积累经验，之后就只需发表意见了。

我可要说，在我这里刚好相反。我曾认为没有人比我更深刻地认识理论，也没有人比我更愿意言传身教，我比任何人都认得多、看得远。

而今我到了成熟的年龄，人反倒变得更谨慎了。这些年来我总结和积累的经验，让我很不愿意对电影艺术发表意见。因为我知道我的经验都是技术和精神方面的心得，除了对立志要从事电影事业的专业人士或许有所帮助之外，大多数人可能都不会感兴趣。

而且，依我所见，艺术家参与辩论的唯一工具就是自己的作品。

所以让我来参加论坛，这事本身就不靠谱，估计我得一路地解释、纠正自己，或者请大家谅解了。

曾几何时，隐姓埋名被视为艺术家的美德，艺术家相对的无名性可以让艺术家不用多虑外界影响，不为金钱和地位出卖自己。艺术家只需真诚地全身心地创作，然后把完成的作品呈现给他的客户，或者奉献给上帝。艺术家没有特权，和其他的手工匠人一样，都面对生老病死的命运，至于“永恒之美，传世之作，大师风范”这样的词汇，全都是空洞的废话。

艺术作品是为了上帝的荣耀，一个人拥有创造艺术的能力，这是上帝恩赐的礼物。在这个前提下让自信心和谦卑心自由发展，这两点是艺术最独特的品质。

今天的社会里，艺术家变成了一群越来越不好定义的怪人，一群追逐成就、表现欲极强的运动员。艺术家的孤独，他的如今被神圣化的个人思考，他的个性化创作变成越来越容易感染的伤口，令他发高烧和神经衰弱。他的独特性带来的名声大噪同时也是他的诅咒，他饱受晦涩难懂的煎熬却也同时心满意足。

或许我在把自己的纠结冠于普遍性的名下，也有可能是我工作中赖以生存的观众上座率和不合理的经济压力导致责任各方的冲突愈加尖锐，道德问题更难处理。

总而言之，我确实常有把自己的真实想法清楚地表达出来的强烈需求，包括我所遵循的道德规范以及在我的位置上能给大家的帮助。我这样做不是要用权威口吻来讨论电影艺术，而是从绝对主观的出发点来谈一谈电影工作者面临的技术问题和道德难题。

剧本

一切开始于一个微弱得几乎感觉不到的母体内的运动：一句台词，一段匆匆的对话，一个一闪而过模糊的影子，充满诱惑，和当下的情境不发生关系；可以是一首曲子中的节奏，一条街上的天光，甚至有时候在我拍戏当中，眼前的演员被我戴上新的面具，开始出演那个还没有被我创作出来的角色。

所有这一切都是瞬间的感觉，来去匆匆，稍纵即逝，但它们留给我一丝念想，如对美梦的留恋。

更恰当的比喻是，它们如同是意识的黑暗包袱中露出头来的一些彩色线头，如果我抓到了它们，轻轻地将它们抽出来，一部电影就可能由此诞生了。

我要立刻补充一下，这不同于雅典娜从宙斯的脑袋里蹦出来的神话叙事，这里讲述的都是一种精神状态而非故事情节，但这并不妨碍由此引发的想象和画面。

所有这一切构成贯穿每一部影片特色分明的节奏和韵律，本着图像服务于主题的原则，它们组成不同图案的连续画面。

这个犹如单细胞的生物从诞生那一刻就在寻找一种形式，

但它行动缓慢尚带着睡意，当我意识到这个尚不成型的东西具有足够强大的力量，能够发展成为电影的时候，就要着手写剧本，到了将思维物质化的时候了。

可往往是还没有动笔，问题就先来了。梦变得像蜘蛛网，视野昏暗，缺乏光泽和趣味，一切都显得贫瘠无力，脱离真实。

我本是下决心要拍电影的，而今却面临着一堆复杂又艰难的工作：如何将节奏、气氛、张力、频率、调性、气味等一切，用文字转变为具有可读性的电影剧本？

这是一项异常艰难但不是不可能的工作。

这里唯一算是比较具体的是人物对话，可就是对话也是件敏感且矛盾的事。我们知道（或者应该知道）戏剧剧本中的对话就像乐谱一样，一般读者阅读起来都有困难。理解戏剧中的对话需要有舞台经验，还要有想象力和切身体会角色的能力，这种能力有的时候就是专业的戏剧和电影工作者也都不具备。

面对一段对话，到底应该如何去处理和表达它呢？用哪种韵律朗读，在哪里停顿，用什么样的节奏，在对话与对话中间到底发生了什么……这些提示是不可能写进剧本里的，要不然剧本可真就成乐谱了。

故事发生的地点、人物性格以及现场氛围，这些可以用读者能够读得懂的文字在剧本中描述出来，当然前提是我得有一定的写作能力，我的读者具有一定程度的阅读能力，有时候还真不是这样。

接着就到了电影最关键的部分：镜头的剪辑、节奏，画面的内在关系以及让镜头鲜活起来的空间感，要不然拍好的电影就毫无生命力。但我不可能在剧本中用文字描述电影的风格，戏中不同情景的节奏变化，以及人物对话中语气的抑扬顿挫，这些我都无法在剧本中用文字做标示。所以我一直都在寻找一种类似写乐谱的方式，能够翻译剧本的节奏和风格，一种能够将作品内部结构鲜明地标示出来的方法。

当我站在毫无艺术灵感的摄影棚里工作的时候，满脑都被这些琐碎又麻烦的细节占据着，我需要以超人的能力努力复原某个镜头或某段画面在我脑中最初的模样，同时我还要回忆起来，一个月前拍的那场戏和眼前正在准备拍的戏之间是什么样的关系。如果在这种情况下,我拥有一个语言精准清晰的剧本，那我在工作中遇到的各种非理性因素就会被克制，在这种明确安全的环境里，我可以任意地调试剧情中整体或局部的内在节奏和关系。

让我们一语道破吧，剧本对于最终的成片来说，只是一个极不完全的基本技术支持而已。

这里我还想借机谈谈一个常常被忽略的事实，那就是电影与文学的非同质性。这两种艺术形式的特点和本质通常是相互对立的，其原因虽然很难确定，但有可能是由于两种信息被接受的过程不同。阅读是通过有意识地吸收文字，带动智力和思考，然后慢慢影响到我们的想象力或情感世界；观影是一个完全不同的过程，在观影中，我们首先感受到的是虚幻的影像，进而通过影像触动我们的意识和智力，为进入幻想世界铺路。

用图像讲故事直触我们的情感世界，无须经知识的转手，所以，我们应该尽量避免对现有文学进行电影改编。这其中的原因有很多，其中最根本的一条是文学作品中非理性的情感核心部分通常是不可转译的，这恰好将死了电影表达非理性的一面。如果我们一定要对一部文学作品进行电影改编的话，我们必须接受一系列复杂的变形，而这样做其结果常常是事倍功半。

我这样说不是没有根据的，我还做过文学评论呢，这和让音乐家评画展，让足球裁判评戏剧有点像。

但电影不同，任何人都以为他们可以评论电影，这是因为电影无法以一种艺术形式自居，它缺少固定的形式，而且与其他艺术相比简直就是一个毛头小孩。电影同经济赤裸裸的关联，对情感生活的原始诉求，都让电影蒙上羞耻，人们怀疑电影直率的表达方式，任何人、任何时候都能够理直气壮地对电影妄加评论。

我从未有当作家的野心，我不想写什么长篇巨作、短篇小说、散文、传记或是不同领域的学术论文，我连剧本都不想写。我的兴趣就是拍电影，以我当下的心态和心情，用我的图像、我的节奏、我的特点拍我的电影。我是一名电影人，不是作家。电影是我的表达工具，不是文字，我用电影和拍电影的复杂过程建立起我与他人的关系。我的创作被视作文学，这令我受宠若惊，因为我创作的是电影而不是文学，别的称呼都是指鹿为马。

写剧本是一个非常艰难的过程，但好处是它迫使我用逻辑思维去考核我的想法的可行性。这个过程中我可能会发现一些特别矛盾的地方，逼着我在选择用电影表达复杂性与我要求绝对清晰的表达方式之间做出妥协。因为我不是为自己或为极少数人拍电影，我拍电影是为了上百万观众的娱乐需求，这条原则是让拍电影战无不胜的前提。有时我也会冒一些险，尝试一些颇为复杂的非理性的叙述方式，令我吃惊的是观众也会顺从地接受。

我很早就对用电影讲故事的方式失去兴趣了，这不是因为我的故事讲得差，而是因为在我看来，电影的诅咒之一就是它和史诗和戏剧性的关系太过紧密。

我很清楚，电影能把我们带到另外一个未知世界，带我们发现现实之外的现实。

因此，这个气喘吁吁的电影工业责任重大，这里是营造游戏，呼风唤雨，飞龙走蛇，飘着彩色肥皂泡的造梦工厂。

达到这样的效果不能说没有，但实在是太少而且也不够真诚。

摄影棚

有时候，当我站在昏暗的摄影棚里，周边嘈杂、拥挤、肮脏，外面天气恶劣，我会认真地问自己：我为什么要从事拍电影这项难以驾驭的艺术工作呢？

拍电影的规矩庞多而繁重：我每天必须完成至少3分钟的成片，必须严格地遵守苛刻乃至不近人情的拍摄计划；我得忍受一台机器对我魔鬼般的欺凌，它总是想方设法地破坏我最好的想法；我每时每刻生活在紧张中，被迫与许多人一起过集体生活。然而就在这样的窘迫环境中，有一项异常敏感的工作需要在安静、专注和安全的环境中进行。

那就是与演员的合作。

有不少电影人大概忘记了，我们的工作是从一张人脸开始的。我们当然可以钻研画面的蒙太奇技巧，可以把物品和静物拍出美妙的节奏，也可以惊艳地呈现大自然的壮美。但是毫无疑问，与一张人脸的亲密接触，这才是电影艺术高贵的特权。因此可以这么说，演员才是我们最昂贵的工具，摄影机只不过是替我们记录这个昂贵工具的行动和反应。但许多时候情况恰恰相反：摄影机的机位和移动轨迹似乎比演员更重要。拍出来的画面是在满足个人需求，充其量不过是些影像幻觉，是糟糕的艺术。

为了最大限度地表现演员的表情，摄影机移位一定要简洁清晰，并且小心地与演员的动作融为一体。摄影机必须是一个绝对的客观观察者，只有在极罕见的情况下参与到表演中。

我们还应该想到，演员最具表现力的部位是他的目光。一个导演能将自己构想的画面完满地转化成指令，在演员脸上完成一个完美的特写，这是导演展现力量的最有力的工具，同时也将他的能力或无能暴露无遗。一部影片中面部特写运用的多与少毫不留情地揭示出导演的天性和他对人的兴趣。

简洁，专注，绝对的参与意识，完美的技术性……这些无疑是拍每一场戏、每一个镜头都必须遵守的规则。

然而，仅有这些还不够。

以上这些规则的存在十分必要，但还不够，还缺少点燃每一场戏内在生命的火花，那才是最重要的。这个充满秘密的生命存在与否只遵循自身的规则，它意义重大，又完全不受驯服。

比如一场戏开拍前大家都要认真准备每一个细节，剧组中的每一个成员都要了解自己的位置，这里容不得半点不确定因素。准备时间不能过长，不能消耗大家的精力和耐心。镜头开拍前的排练要目的明确，技术要准确到位。

然后是正式开拍。我的经验是第一遍总是最成功的，也是最生动的，这是因为演员在第一次实拍时紧张激动的心情会产生新鲜的感受，展现充满活力的自信。摄影机能够记录下这个充满秘密的创作过程，这是未经过专业训练的眼睛和耳朵看不到、听不见的，却可以留在电影胶片和录音磁带上。

对于我，正是这个过程中无法抵御的魔力将我与电影紧紧地拴在一起，这突然被唤起的鲜活生命带给我的欣喜，让之前几千个小时的无聊、紧张和愤怒瞬间变得物有所值。

演员应该能够自如地进出自己的角色，角色代表的身份就像一件外套，随时可以穿上和脱下。所有需要长久集中精力，酝酿感情，然后情绪大爆发的表演全都是不及格的表演。演员应该凭借绝对技术性的能力，自由地出入自己扮演的角色（如果需要，导演可以帮忙），长期过度紧张和超负荷运转是电影演员表演艺术的死穴。

导演要在最正确的时刻指点演员，而不是像秋风扫落叶一样一阵猛吹。话要恰到好处，不多不少。演员在拍戏当中根本听不了高深的学术分析，他需要的就是在气氛最恰当的那一刻的一个直接的提示，告诉他应该怎样表现，做哪些技术性的修正，而不是拐弯抹角的客套话。我注意到我在现场的一个眼神、一个微笑，以及说话的语调都会帮助到演员，这远比任何尖锐的分析有用。这样的操作听起来像在施展巫术,但事实上，这就是导演与演员平行关系中安静有效的管理方式。越是少言寡语，言简意赅，越有更多沉默的共情，便会自然而然地生成忠诚和信任。

关于道德

许多人认为商业电影工业缺少道德，或者说他们的所谓道德都是建立在没有道德之上的，因此用艺术的伦理道德约束这个腐朽的工业是毫无用处的。我们的工作最终都是在和商人们打交道，而他们对电影业疑心重重，谁让电影在他们眼里和艺术一样，都是些不靠谱的东西。

如果大多数人都认为我们这一行缺乏道德的话，那我必须在此借机宣布一下我创立的绝对道德宣言，这个宣言绝对到了几乎难以实现的地步。我感觉自己就像是在原始森林里伐木的英国人，每晚就餐前，都要刮胡子，换衣服，把自己打扮得体体面面。他这样做不是为了取悦森林里的野生动物，而纯粹出于对自己原则的尊重，否则他就真的输给原始森林了。

我深信倘若忽略道德准则，在精神信念上弄虚作假，那就是输给原始森林了。因此，我为自己制定了三项基本原则。下面，我要对这三项原则做一些简单的解说，它们是我电影创作中的基石。

第一条原则可能听上去不够高尚，但它绝对是最高境界的道德标准，这就是：

要永远坚持娱乐。

观众花钱来看我的电影，为我的作品买单，他们有权要求一段令他感动、快活、充满活力的体验，我的责任是创造这样的体验，这是我的职业存在感的唯一责任。

但是这并不是说我就可以随便出卖自己，因为如果这样就背离了我的第二条原则。

第二条原则：

要跟随你的艺术良知。

这条原则比较难搞，因为从本意来说，这是在禁止我做任何与偷盗、撒谎、卖身、杀人、造假相关的事；而同时，我以艺术之名的造假就要另当别论，如果我的谎言足够精彩，那我就可以撒谎；如果杀人对我的电影有帮助，那我就可以对我身边的人、我自己甚至任何人开杀戒；为了让电影精彩，我可以卖身；缺什么东西，我可以去偷盗。

把“跟随艺术良心”这事摊开来说就是这样的，因此，保持平衡就至关重要，因为身下就是万丈深渊，一不小心掉下去那就是死路一条。到时候，围在你尸首边喊话的一群体面的道德卫士就会说：瞧，这儿躺着一个小偷、凶手、婊子、骗子！活该！这时候谁都不会提当初大家认同的，除了导致失败的手段外，为了电影可以不择手段。成功之路必是最危险之路，紧迫感和晕眩感如影随形，是我们创造力的必备食材。没人想过创作中的美妙快感必然也包含着创作中的惊恐、焦灼。无论你念多少咒语，夸大你谦逊的心气，贬低你清高的气质，有一个事实你依旧无法改变，那就是坚持艺术良知是在经历了长期的羞辱，走过辉煌时刻，经历必然的毁灭和不情愿的体验后，植入你肌肤内的一种扭曲变态。总之，无论怎样，最终的结局是同样的，只有当我的忍耐力的极限被触到时，信仰与顺从的组合方才铸造出所谓的“艺术的自然之道”。目前，我还没有达到这个境界，但这是我的目标，我的一切努力都在朝着这个方向前进。

为了避免掉进沟里，我需要让自己强大起来，所以我制定了第三条原则：

每部电影都是我的最后一部。

有人会说这太可笑了吧，这不过是愚笨的警句，或者干脆就是看上去包装漂亮的虚荣心，但事实并非如此。

此话绝对基于现实。

瑞典的电影工业在这一年中几乎陷于停滞。在被迫歇业期间，我意识到同我的个人努力毫不相干的资金难题，可以分分钟把我扫地出门。

对此我无意抱怨、愤慨或是恐惧。事实上，我只是由此得出一个具有极高的逻辑性和道德水准的结论，那就是：每部电影都是我的最后一部。

有了这个原则，我只需树立一个忠诚的信念，那就是忠诚于我正在拍摄的电影。至于之后发生什么或不发生什么都无所谓，我也没必要担忧或是向往，这样做给我带来艺术创作的安全感。尽管物质方面的安全感显然有局限，但我发现艺术创作的安全感相较来说要重要得多。所以，我执行的原则就是：每部电影都是我的最后一部。

这又让我想到另外一件事，我可见过太多的电影同行，他们对自己的事业毫无激情，只是得过且过地完成工作，疲乏地做事，没有一点工作的热情。面对制片人、影评人和观众的指责批判乃至侮辱，他们也无动于衷，不会主动卷铺盖走人。这些人对电影的倦意注定要扼杀电影艺术。

我知道或许有一天观众也会对我冷淡，我被自己的无聊心境阉割，困倦和空洞会像一个个布满尘埃的灰色包袱砸在我身上，扼杀我的快乐，我的脸上布满空虚。

如果有一天我到了这种境地，我会主动打包走人。没有必要苦恼，也不要去争辩自己的作品是否从永恒和真实的角度造福后代。

中世纪的有远见的智者常会躺在棺材里过夜，以提醒自己永远不要忘记每个瞬间的难能可贵，认识生命的有限。

我不会选择这样极端的又不舒服的方式去应对电影工作显然的无意义，不如严肃地用清醒冷酷的方式告诫自己：每部电影都是我的最后一部。

日记节选

（本文为瑞典电影局发布的影片《处女泉》的英文官宣，瑞典文版从未发表过。尽管文章标题为日记节选，实际上与日记并无关系。本文由霍砍·布拉文格［Håkan Bravinger］从英文翻译为瑞典文。）

1959 年初夏，早上七点半，天很冷，下着雨，我们在斯度格弗森（Styggforsen）附近一片寂静的森林小池塘边。今天要拍村里人来陶尔的女儿卡琳被奸杀处的几个特写镜头。

场务在崎岖的森林小道上搭起一条 30 米长的轨道，电工在铺电线，搭灯架，男演员、女演员、化妆师甚至导演都来帮忙。大家都动起来以保持体温，气温刚刚在零度以上，厚厚的云层不时落下几片晶莹的雪花。

我们总共有 22 人，衣服穿得五花八门：雨衣、油布衣、冰岛厚毛衣、皮夹克、旧毯子、靴子、中世纪长袍，以及各种各样服装库里找出来的行头。瑞典的夏天总是有点冷。

我感觉大家在一起的气氛虽不能说是意气昂扬，但肯定也不是心灰意冷。人人都积极参与，这种独特的大家庭的氛围是典型的在瑞典拍电影的环境。

我们先来排练机位运行的轨迹。轨道铺得很糟糕，摄影车也是我们自己组装的。现场所有人都来帮忙拉绳子，举电线，抬灯架。我们排练了一遍又一遍，雨开始变成雪花，路面反倒好走了，大家忙碌着，情绪高涨起来。

突然间，阴沉的天空像被掀开了一角，露出了蓝天。随着一阵大风，太阳出来了。

我们决定开拍。

就在这一刹那间，太阳照在幽暗的森林上，照在森林中隐秘的池塘上，照在桦树枝上透明的叶子中。有人高喊一声，同时把手指向天空。

我们都仰起头。

在松树顶上，两只展着翅膀的鹤，绕着我们头顶的森林，一圈一圈庄严地飞着。它们飞得很慢，有时候看上去好像静止了一般。

我们扔下手里的活，朝着旁边的一座小山岗跑去，想要看清楚这两只大鸟。我们站在小山岗上，看着指着，直到那两只鹤飞过森林，朝西飞走了。

我们欢笑地回到拍摄地，为目睹了这一情景激动不已。

这时候，我想：如果手上多个 15 万美元就好了，如果轨道不那么颠簸，车子不那么咯吱作响也真的很好，如果有机会能拍一部预算超过 25 万美元的片子，那可真是太棒了，那我能学到多少东西呢。可是，尽管如此，我还是拒绝了美国的拍片邀请。

我非常高兴做出了这个决定。

我感觉安全，感觉在家。

关于演员

你想要演电影？

（本文发表于《电影画报》1951年第36期，9月9日，第14、26页。）

“您好，亲爱的导演先生。我叫阿也（Arje），我是一名律师。我想请您帮个忙，确切地说是给我儿子帮个忙。他能见见您吗？您能看看他是不是有演戏的天赋吗？儿子高中毕业后，本来收到了皇家剧院（Dramaten）的面试邀请，可他发了水痘没去成。现在他在一所戏剧学院学了两年，我们也不知道接下去他该做什么。儿子也没有参加过什么真正的表演，就那么在学校里待着。我们想来想去，觉得还是请教一位专家。孩子学校的老师说他是有天赋的，可我们什么也不懂。对了，您听说过这所学校吗？”

律师阿也说了一所戏剧学校的名字。

“这学校可不怎么样啊。”

“我们怎么能知道学校是好还是坏呢？”

“可以去问瑞典戏剧协会，他们知道。”

“瑞典戏剧协会是什么？他们在报纸上做广告吗？”

“不，他们非常低调、高级，不会在报纸上做没必要的广告宣扬自己。”

“这样啊。导演先生，您能帮帮我们吗？听说您是位行业中的资深人士，我儿子说他会听您的教诲，一字不漏地服从。”

“那您怎么说？”

“他可以做他想做的事，但不管做什么都要有个结果，我在他这个年龄的时候……”

“我不能给您建议，您最好还是和戏剧协会谈谈。”

“我说导演先生，咱们都说了这么久的电话了，感觉我们都是熟人了。我就是希望您能见见我儿子，告诉他无论是戏剧、电影还是马戏团，他都没戏。我可以按分钟给您计费，我知道您的时间宝贵,我的时间也很宝贵。孩子们太让人焦虑了，两个月前我家大女儿结婚了，在巴黎和一个画家，南非人，什么都没和我们说就结婚了，我们还是在报纸上读到告示才知道的。孩子们长大了可真要命啊，导演先生，您就等着瞧吧。”

我们约了见面时间，那男孩子准时出现在电影公司的办公室外。我们礼貌地打了下招呼，我带他进到我办公室。

男孩子外表没问题：快乐的眼睛，有点害羞的微笑，浓密的头发，护养得很好的双手，健康的棕色皮肤。

“咱们开门见山吧，你想当演员，你父亲觉得你该去做点正经事，你在一所演员学院里徘徊，还在犹豫中。”

“我只知道如果我不去演戏，我就没法活，我不知道还能做什么，舞台是我的生命。”

“这是实话，但还远不能肯定，你还有很多疑惑的地方。”

“导演先生，您是怎么知道的呢?”

“你受过苦吗? 没有。你还住在爸妈家里，衣来伸手，饭来张口，每周还有零花钱，老爸给你交学费。”

“学校的功课也很苦的。”

“没错，但目前来说那什么都不是，你不过是在玩。你的目标是大剧院的演员学校，目标很高，不过最大的可能是你还是考不上，那就继续再玩一年。”

“我很认真的，不是在玩。”

“斯德哥尔摩现在有太多这种不合格的，有的简直就是违法的演员学校。正儿八经的演员学校只有三所,都不是你上的，这个我知道。老实说，你老爸还不如直接把你的学费扔到海里呢。”

“听起来好糟糕啊。”

“没错，太糟糕了，没人管。你都能自己开所学校，只需要有个地下室,还有和自己的良心一样大的吹牛的本领。不过，这不是我们今天要谈的事。”

“您的意思是我不应该再上学了?”

“绝对不应该了。”

“那我该做什么呢?”

年轻人开始变得脸色苍白，神情沮丧，眼睛里的亮光顿时熄灭了。

“我和你父亲的看法一致，你应该做点有用的事，什么都行，不要继续啃老了。等你有了收入就赶快搬出去住，到那时候你再决定业余时间想做什么，有好多演员夜校可以上。”

“这就是您说的受苦吗？”

“非常正确。白天上班晚上读书是非常辛苦的事，而且也相当乏味，但如果你尊重自己做演员的愿望，你就得这么做。去做一份平常工作能够帮助你积累同人交往的经验，这比什么都重要。”

“可要是受不了呢？”

“那你也受不了演戏这事，还是立马打住吧。演戏和任何体力活一样艰苦，但没有哪个工作比演戏更残酷。演戏这个行业对人毫无忌讳的人身攻击，随意地侮辱和欺凌，在其他行业是想都不敢想的。情感爆发和自我体验的瞬间少而甚少，观众的霸权和毁灭性的恐惧心理更是一对同卵双生子。”

“那您自己为什么还在做啊？”

“因为我放不下。”

“可您却建议我半途而废？”

“我没有建议任何事，因为万一出了问题你不能怪任何人。”

“我就不能试着表演一下吗？”

“没说不行啊，不过我这里没什么机会，除非在遥远的未来可能出现的群众演员的角色。你根本没有听进去我的话，你只是想：我见了一个人，他对我的演出感兴趣，还让我即席表演了，他对我的天赋大加赞赏。这样，我就满足了，可以给老爸交差了。”

“您说得没错，我就是一个没用的自负的人。那我该怎么办？一死了之吧。”

“把你脑袋中的胡思乱想清理干净，不要再幻想和做白日梦了，树立起一个目标，多遥远都行。永远不要再用什么‘天赋，灵感，我觉得’之类的词，要用意志说话。意志，你有吗？去读书，观察，做笔记，去思考，去强身健体，去服服帖帖地不断地做下去：环视周边，认真地观察人。去看戏，一晚接一晚不断地看，选出自己的偶像，爱你的偶像，赞美他们，这又不用花钱。当然也要批评，不过不要忘记赞美会更有意思。这么说吧，你每天晚上可以工作四个小时，周末的时候工作六个小时，那一个星期就有三十个小时，不少时间啊。给自己制订一个学习计划，认真地完成计划。”

———

我们的谈话到这里结束了。小伙子真的说到做到了，他拒绝了家里的资助，让父母大人都伤透了心；他找了工作，晚上去演员夜校读书。有时候他来找我，说上几句话，聊聊他的情况。他的问题蛮大的，前途颇为暗淡。在演戏上他略微起步了，参加了学校剧团的演出。然后小伙子不好好吃饭，开始犯胃病，他爱上了一名年纪比他大的女人，人家闹着要和他结婚。小伙子开始失去信心，沮丧起来。

“我努力啦。”

“好吧，你努力过了，没有成功。这很好，你恢复理智，返回你老爸的怀抱去吧，这很好呢。”

“您为什么不鼓励鼓励我呢？我父亲那边朝我挥着去国外旅行的机票，唯一的要求是要我离开戏剧。我这么努力却始终一事无成，上帝啊，为什么还要努力呢？我和那么多导演、剧院老板联系，可没人需要我。我不干了，戏剧让我恶心，这种恶心无处不在，尤其在这儿。”

小伙子用拳头敲击着自己的胸脯，发出响亮又悲哀的回声。

“人必须有信仰，可我现在什么都不信了。我的未婚妻像个破门一样吱吱扭扭地烦我，就连那个最普通的演员也比我强不知多少倍，我完蛋了！”

“你不是还有工作吗？”

“工作个鬼啊，两个月前我为了参加那个巡演，早就把工作辞了，可那巡演压根就没影了。”

“你的学习计划呢？”

“就剩下仰面朝天躺在床上吃肝酱了。”

“演员学校呢？”

“演员学校？谁还能一辈子上演员学校啊？这一切都有什么意义呢？得了吧，您呢！别了，我的青春梦幻，我还是打道回府吧！”

第二天，小伙子又出现了，这一次他看上去精神焕发，还戴着一条新领带。

“从您这里回家后，我看到家里桌子上放着一封信，是国家剧院的来信，我入选那个巡演了！一个小破角色，总共有五句台词，不过我的出场很体面，留着小胡子。我还要负责团里的道具，多亏我没来得及和我爸说，我们要在外面巡演三个月，够长的吧。我和我的未婚妻掰了，这是唯一正确的事，没有后顾之忧。星期三就开始排练了，我还会有排练费呢。这个剧团很不错，我又有学习的机会了。我这就去签合同，就是先来和您打个招呼。谢谢您，再会了！”

一个演员诞生了。

亲爱的伊娃和哈里特

（本文发表于《人物画报》，1956 年，第 12 期，第 12、39 页。1955 年，伊娃·达尔贝克［Eva Dahlbeck］、哈里特·安德森［Harriet Andersson］荣获《人物画报》颁发的年度电影奖，伯格曼受邀为两位演员写一封公开信，本文在画报发表时的副标题是“英格玛·伯格曼写给电影姑娘们的信”。）

亲爱的伊娃和哈里特！

到了我要在报纸上为你们写点东西的时候了。起先我觉得这事很诱人，给两位至今我算是相当了解的美丽女士写篇文章不会是件难事吧。如果用那些只认识你们俩两个小时的周报小记者的手法来写，那会是这样的：

伊娃是一名天资聪颖的女演员，不仅如此，她还是位相貌美丽、善解人意、性格鲜明、女性气质十足的女人。同样的描述也适合用在比伊娃小几岁的哈里特身上。两位女士相处得非常和睦，彼此用“声音小的大演员”和“声音大的小演员”相称，至于这是说她们两位中的哪一位，还是请读者们自己来判定了。两位女士都是天生的演员，真正的艺术家，然而两人都爱给自己和他人制造一种她们不喜欢演戏的错觉。

在我绞尽脑汁地写出上面这段话后，我发现没有更多要说的了。要我写一些我们合作中发生过的趣事吗？不行，我怕大家会误解趣味的含义，弄不好会被当作是太过严肃或太不正经。要我描述你们的心灵世界吗，姑娘们？我们肯定能扒出几件让大家都脸红的鲁莽往事，不管那是真相还是谎言。

还有你们的能力：哈里特能做一手好菜，伊娃能写剧本，我可以无止境地历数下去，你们的能力和品德都是女中强人。我再这样写会让小报失去读者，因为读者都希望看到新出道的年轻演员身上的劣迹。

要不然换个方法，如今很流行的一种访谈方式。访问者以居高临下的口吻，讥讽地指出被访者的过失和错误，最后用一层轻蔑的面纱罩上整篇文章。

我了解你们的错误和弱点，这可是一个把你们赤裸裸地展现给大家的绝好机会，把不利于你们的东西捅出去，任由别人阅读和评判。可是，你们也同样了解我的错误和弱点，也可以如此这般地回敬我。所以我还是不能这样做。

这情形有点让人不悦和恼火，我还真有点不知所措了，干脆就像人人对你们的赞美那样，写写你们漂亮的外貌吧。可要这么做还是在撒谎，我看到过你们清晨七点走进摄影棚的样子，那可不能说漂亮；我看到过你们脸上化妆的油彩在经历摄影棚里平均60摄氏度的灯光长达十个小时的照射后脱落的样子，那样子不敢恭维；我见过你们感冒流鼻涕，脸上长粉刺，身体贫血，肚子疼的样子；你们哭起来眼泪把脸上的妆冲出的沟壑，睫毛膏流进眼睛里，哪里还是什么女神啊！然而在公众眼前看到的你们，是无可挑剔的漂亮脸蛋。为了这张脸的照片，你们是怎样地折磨身边的化妆师、发型师、摄影师、服装设计师，尤其是你们自己。至于那张脸蛋下面的身体，还是把它当作咱们之间的小秘密吧。

那我到底该写什么呢？写不了，我爱你们，对，爱你们，需要解释吗？我爱你们，因为……因为我喜欢你们……因为你们……因为你们是……

这封信写得好艰难，但也很真诚。对那些还不明事理的读者，让我来告诉你们：给你熟悉的人撰文实在是件不可能的事，尤其是文章还要发表在报纸上。干我们这行的人都无限地热爱阅读所有关于自己的事，我们被赋予的性格，我们做过的事情。我们拼命让自己扮演媒体把我们塑造成的天才或天真的样子，大多数公众对这样的美誉也是照单全收。如此，三方的合作如同是一场游戏，无须合适的理由，大家一起玩。有时候游戏还显得高尚，不过大多数情况不然。

我、伊娃和哈里特，我们不玩这种游戏，我们仨的游戏要比这高级太多，有趣太多。我们的游戏充满秘密，甚至荒唐。

什么游戏呢？难道你们不知道我们仨在一起拍电影、演戏吗？那是我们的世界，那是我们不会放记者进入的世界。

至于记者，就让那些不明白的人去请吧。

此致

敬礼

英格玛

安德斯·德·瓦尔[1]和最后一个角色

（本文发表于《人物画报》，1956 年第 18 期，第 11 页。伯格曼以执导瑞典戏剧家比约恩－埃里克·惠约［Björn-Erik Höijer］的话剧《窝棚之光》首次登上国家大剧院的舞台，于 1951 年春首演在国家大剧院的小剧场，这是演员安德斯·德·瓦尔于大剧院的最后一次演出。文章中提到的约瑟夫森［Josephson］是厄兰［Erland］的叔叔罗纳·约瑟夫森［1891—1966］，他曾在 1948—1951 年期间担任大剧院院长。）

我们事先说好的，一定要保持友善、理解、容忍，乃至敬重的态度。毕竟，他是大师，我们都觉得和一头德高望重的老狮子在一个笼子里工作蛮刺激的。

我们也相互安慰，他不会真的像人们说的那么难搞。再说他在这部戏里只是一个小角色，他要演一个吸血鬼，这个巫师一样的角色大多数时候只需要一声不吭地坐在角落里，然后他

1 安德斯·德·瓦尔（Anders de Wahl，1869—1956），瑞典戏剧舞台的泰斗级人物，1920 年出演影片《走向幸福》（*Erotikon*）成名。1956 年参与伯格曼执导的瑞典戏剧家比约恩–埃里克·惠约的话剧《窝棚之光》的演出，完成他演员生涯的最后一个角色。

会突然冲进邻居家,进攻倒在血泊中的受伤女子。从台词上说,这只是一个小角色,却是一个难度不寻常的角色。我们几乎相信万事俱备,这会是一次完美的合作。

可是,才不到两天的工夫,他就让我们的美好希望全部落空了,我们的同情心、期待以及合作的愿望全被耗尽了。他憎恶我们的戏,说他要帮约瑟夫森写一部瑞典语的原创作品;他骂我们剧组太糟了,为演出被安排在小剧场而大为光火,他骂导演、剧务以及剧场老板,对,基本上所有人都被他骂过了。

为记住他的15行台词,他紧张得一塌糊涂,在小纸片上把台词翻来覆去地抄写到无法辨认的地步。他还要更改台词,抱怨剧作家缺乏描写大自然的词汇。他花大把时间和别人聊斯特林堡的《父亲》(*Fadren*),说那将会是他的下一部戏,肯定是在大舞台上演,肯定是和更好的导演和剧组合作,等等。

令人几乎无法忍受的一个月终于过去了,我问他既然如此不满意所有一切,为什么还要来演出呢?他回答说毕竟他不愿意让同事们失望,我告诉他说我和剧院老板谈了,如果他不想演的话,老板同意找人替换他。他回答我说没有人可以替他,我告诉他有的。

我清楚地记得我们的那次谈话是在一个下午,在他的化妆室里。那是一次残酷的谈话,也是我们彼此第一次真实地面对面。他直言他的害怕:害怕记不住台词,害怕在台上摔倒(他在剧本里只有一个要摔倒的情节),他害怕自己演砸了被大家骂。接着他又一口气告诉我他在海湾大道四楼的住所没有电梯，爬楼梯回家让他害怕，瑞典戏剧协会让他害怕，但是，最让他感到害怕的是死亡。

我看着他那一双昏暗惨白的眼睛散发着不安的恐惧，心想：你是一位了不起的演员啊，你的表演气场宏大，在台上坚决果断。我还记得他特别有名的台词："你可要记住见好就收啊，千万别变成人家的笑柄。"那句台词从许多方面来看本身就是艺术，经他的口说出来，立刻把坐在气氛私密的小剧场里为数不多的观众统统震慑了。

如果那一刻他是在表达自己的真实想法，我或许还不会被他完全打动，但他的表演中流露出的苦涩的直率，让一切变成无可置疑的真实。

我们谁都不相信这次谈话会改善我们的合作，如果不是适得其反的话。不过我们倒是找到了一种沟通的方法，从现在起，无理取闹的不只是他一个人了，连我也加入进去。他说他的道理，我说我的道理，不可思议的是，比起之前我随时小心谨慎地照顾他的感受，他竟然喜欢上我的这种方式了。离首映只剩一天了，这老家伙如同一团燃烧的火焰，照亮了我们所有人的眼睛。

最后一次着装排演，他说他嗓子痛说不出话来。后来到了他的戏，他的声音不高但全场都听得到他第一次一字不漏地把台词完整地说出来。戏的高潮快到了，我无法解释到底发生了什么，台上这个人在我眼前变得熠熠闪光。他越来越高，眼睛透亮，上了油彩的脸也越来越大。他变得伟岸、可怖、不可言喻，如同施展魔法的魔术师，那老人家的一团破烂肉身此刻变成我们每个人内心深藏的隐秘力量。

戏演到了吸血鬼要来吸血了。他来回搓着双手，身体开始痉挛，刚刚还是惨白的面孔，此刻变得酱紫。他闭起双眼，但我们依旧能感觉到他的目光尖锐。接着，他把双手举过头顶，动作非常非常慢。就在那一刻，一种绝对的认同感穿透我们身体，令血液凝固，我们都感受到了一种神秘力量强大的在场。

他双手散开，直挺挺地倒下去，随着低沉可怕的一声响，他一动不动地躺到地上。舞台上所有的表演都停滞了，每个人都僵硬在原地，大家都在想着同一件事：老头子摔死了。

我想：他死了，死在舞台上，还有什么能比这更好的？

我探过身问他是不是还活着，他一动不动。

终于，他睁开一只眼，得意地看着惊慌失措的我们，说："这是欣葛·赫柏[1]教我的。"

他心满意足，不仅因为他把自己的角色演出了他要达到的水平，他打败了我们，抗拒了我们的进攻。而且这是一场伟大的演员的演出，他胜利了，他永远都是那个无可替代的、盖世绝伦的卓越演员。

我们猛然明白了之前不愿或者无法理解的一件事，他曾经是那团燃烧得最旺的火焰，而今火焰的余热依旧令他激动不安，尽管火苗已经熄灭多时。

---

1 欣葛·赫柏（Signe Hebbe，1837—1925），瑞典歌剧演员和戏剧教育家，她创立的浪漫主义、自然主义演艺风格先于著名的斯坦尼斯拉夫斯基的戏剧教育纲领至少60年。

有关维克多·斯约斯特洛姆[1]的日记摘抄

（本文发表于《人物画报》，1960 年第 13 期，第 13 页。这是伯格曼在拍摄《野草莓》时期的日记摘抄，是伯格曼对他的偶像和导师维克多·斯约斯特洛姆的回忆。伯格曼是在斯约斯特洛姆担任瑞典电影工业艺术指导期间［1942—1943］结识他的，当时斯约斯特洛姆负责公司的所有电影制作，伯格曼在剧本部门工作。）

这里是我在拍摄《野草莓》期间对维克多·斯约斯特洛姆的一些简短印象的日记摘抄，这些都是非常个人的随笔记录，记录他给我留下的深刻、鲜活的印象。

我和我的团队在这段拍摄时间里所目睹的，是一场强大的意志与毁灭力量的对抗，在这场战斗中胜败随时可能倒向任意一方。

电影拍完了，演员不再被拍片时必须严格遵守的工作纪律制约了，同时他也失去了纪律给他的保护。敌人乘虚而入，

1　维克多·斯约斯特洛姆（Victor Sjöström，1879—1960），瑞典电影界的开拓者，编剧和演员。

以无法名状的折磨对他进行无情的报复。

他的灵魂被击垮了，无用地挣扎着。他的自我孤立筑起与外界隔离又高又厚的墙，反击变得愈加孱弱无力。

直到死亡将他从这封闭的牢狱中解救出来，这牢狱的建筑师和最严酷的看守人都是他自己。

那位饱受折磨的囚犯终于可以安息了。

我的日记摘抄一

我无法不这样想，老人家就是一个罕见的长不大的婴孩，自出生之际就没爹妈，也没兄弟姐妹。这孩子从未停止过寻求安全感，然而又屡遭拒绝。

因此，他近乎残暴地拒绝任何示好和亲近。他憎恨有人用柔软黏糊的手指触摸他，唾弃那种虚情假意炫耀博爱的怜悯心。

尽管如此。

当他处在极度困惑的精神状态下时，也会毫不保留地将自己的痛苦暴露无遗。

朝每一个走过他身边的人，展示已经感染还在流血的伤口。

他妻子的去世。

他一遍又一遍地抱怨那个不公正的上帝，碾碎了他在这个世上唯一的慰藉，再将他抛向荒野废地。

他的目光不停地转向黑暗，似乎想要穿透那深邃的墨色；他不断地倾听，倾听自己恐惧中的质问，疑惑他的祈祷是否有回应，而回答他的总是更深沉的静默。

我的日记摘抄二

我永远无法停止对这张脸的好奇，近乎不知廉耻地研究这张庄重的脸。

有时，这张脸像在经受折磨，发出无声的呐喊；有时脸上布满疑虑，露出痴呆贪婪的表情；有时又化作自艾自怜，出人意料地多愁善感。

他的动作经常会僵在空中，显出鄙夷的样子，表情空洞、无助、困倦。

但也有那些我永远难忘的瞬间。

他会突然间转向我们，面带微笑。他的动作温柔，语调中带着睿智。

那一刻，我们都心甘情愿地爱上他。我们相聚在阳光下，万事祥和。

我的日记摘抄三

我们拍完了《野草莓》最后一幕的补充镜头：伊萨克·伯格走向清醒、和解，我们拍了他的脸部特写。

那张脸上反射着神秘的光，仿佛来自另外一种现实。脸的线条突然变得柔和起来，几乎显得单薄。他的目光直射，带着温柔的笑意。

仿佛是一个奇迹。

那张脸一动不动，灵魂安宁和清醒于此。我从未经历过也再没有体验过一张如此尊贵、自由的脸。

而这一切不过是在一个破旧的摄影棚中演的一出戏，也只能是一出戏，否则，这位如此谦逊、敏感的老人怎么会将这孱弱、纯净、深藏不露的宝藏，展示给我们呢？只能是一出戏，一场演出。

面对这样一张脸，我想到斯特林堡最后的剧作《大路》结尾处的祷告。向暗处的神祈祷。

保佑我吧
你的臣民
受难于你之所赐
生之厚礼
我行于最前
亦苦于最多

无法成全
我之为我。

戏剧界之财务、政治及艺术

一年的剧目结束了

（本文发表在“斯德哥尔摩传教士联合会”［SFP］报刊1940年第5期，文章中著名的斯特林堡的评论极大程度是伯格曼自己的观点。）

奥洛夫大师花园剧院的演出艰难地取得了不错的成绩。这一年中发生了不少事，但工作进展得有条不紊。外界认为我们是一个有理想的好剧团，我们的演出赢得了观众和评论家的认可。尽管剧团的财务一如往常是个问题，但也没有造成太大压力。总之，今年的成就我们可以引以为豪，当然也不可过分自满。

这一年我们一共上演了五部新戏，推出了七个节目。五部戏是：1.《浪漫主义者 / 秋天狂想曲》（*Romantik-Höstrapsodi*），2.《活了两次的人》（*Han som fick leva om sitt liv*），3.《黑手套》（*Svarta handsken*），4.《麦克白》（*Macbeth*），5.《汤锅 / 沙漏》（*Soppkitteln-Timglaset*）。我们还上演了三个娱乐节目：1.《越癫越好》（*Ju galnare desto bättre*），2.《伯特曼教授的望远显微镜》（*Professor Puttmans Panoptikon*），3.《普拉姆斯和特斯

比》(*Pyramus och Thisbe*)。

这些是剧院演出的情况，我们内部的工作当然还不止这些。7 月 19 日起,我们开始秋季上演的《浪漫主义者》的排练,这一年的工作一直排到来年的 5 月 27 日，也就是这一季的最后一场演出。

这十个月的工作当然不只是剧院排练，还包括很多其他工作，例如剧本分析课，每周一次一直延续到冬季。这门课主要讲斯特林堡戏剧中的浪漫主义剧本，也会分析到他的自然主义的悲剧、室内剧、历程剧和神话剧。我们也把哑剧和滑稽剧表演放入了日程，最近还加了一个新课题，那就是电影欣赏，放映一些经典老片，与团员们共同讨论。这些活动会持续整个夏天，奥洛夫大师花园的其他社团活动成员如果感兴趣，也欢迎加入，可以来找我报名登记。

以上是剧团活动的大致情况，我还想借此机会针对这一年的剧团剧目发表一些我的个人看法。

常有人抱怨剧团的工作过分紧张，一周中有三四个晚上要排练，再加上其他的活动，演员和剧团工作人员都感到压力太大。这话出自一些剧团创始时的元老们，也是情有可原的。剧团的工作强度确实很大，但这样做仅是因为团员们主动要求和我们的工作程序一致。作为剧团的团长，我就是要满足团员们的需求，正确地指导大家，任何压制或是强制团员们需求的行为都是不正确的。

还有一个问题是，为什么我们选的剧目主题都比较严肃，这个的重要原因是喜剧才是最难演的剧目。我们也做了一些实验戏剧，比如《浪漫主义者 / 秋天狂想曲》和《汤锅 / 沙漏》算是这类作品。而且，我们还有深受观众欢迎的娱乐节目，那些剧目肯定没有那么严肃。

第三个问题是关于剧团为什么引进外来技术人员，例如演员。这是因为去年秋天我们和斯德哥尔摩戏剧爱好者联盟达成了互换人员的协议，这种协议其实早该有的。许多业余剧团的演出机会很少，所以不少演员来找我们。我们行业的规矩历来都是优先考虑本剧团的演员，所以外借演员也不会有不公正的做法。只有在绝对急需的场合，我们才会把角色给到外来演员。大家都已经看到，这是一个成功的举措。

一个剧团必须有一个未来的演出计划，而且还要有一个心愿单。

我们的演出计划早已经敲定了，秋季上演的第一出戏是大家熟悉的《消失的旋律》，这部戏和《秋天狂想曲》的调性很像，合适做季度的开场戏。接下去实验性的部分将是斯特林堡，可能选他的室内剧《暴风雨》（*Oväder*）。圣诞节期间，我们将汇集全体力量出台好戏，到明年初春，我们筹划已久的大戏将上演：约翰 · 梅斯菲尔德（John Masefield）的《复活节前夜》（*Långfredag*）。原定春季的实验话剧移到仲夏节期间举行，规模会很大。另外，大家都知道明年是我们剧团十周年庆，我们可能会上演奥拉斯 · 佩特里（Olaus Petri）短小精悍的校园剧《托比亚的喜剧》（*Tobiae comedia*）。

地点就在老城的大广场上。

这里还有一份内容丰富的心愿单。

首先，我们希望有一个属于自己的空间，这个心愿或许二十年后可以实现吧；第二个心愿是我们希望从秋天起能担负起 SPJ 的活动，建立一个专门的儿童剧团；第三个心愿是这个夏天能够拍一部电影。剧本是现成的，也拍了一部分试片，可是缺钱；第四个也是最后一个心愿，希望有一天一位善良伟大的金主能热情地给我们剧团送来一袋钱，为激发艺术，为我们能够在老城广场上继续生存下去。

一年的剧目演完了，回首往事，悲喜交集，但主要还是欢喜。发生了那么多的事，那么多的台词、曲调在耳边萦绕，但最重要的是那么多的面孔，那么多的人用不同的方式帮助我们，将一个个的剧目从上演带到成功。这些人在剧场中的作用难以定义，变化不定，但有一件事是确定的，他们都愿为做一件有意义的事倾心尽力。

不管他们这样做是有意还是无意，他们都成全了一个共同目标，那就是：奥洛夫大师花园剧团。

童话剧院的介绍

（本文是伯格曼为童话剧院上演《打火匣》的节目单上的撰文。该剧于 1941 年 8 月 29 日首演，时任该剧导演的伯格曼在演出结束后走上舞台亲自做介绍，启发观众要以不泯之童心欣赏演出。当晚的台下观众中有当时大剧院院长的波琳·布鲁尼乌斯［Pauline Brunius］。）

这是一个给孩子们的实验性剧院。

世界许多地方早就有这种由成人和孩子参与演出的儿童剧院，可瑞典至今还没有。之前有过尝试，不过由于各种原因都没有成功。可能是严格照搬国外儿童剧院的模式反倒做不成，也可能是有关部门对这件事缺乏兴趣，缺钱缺时间，找不到好的空间，等等，总之，之前的计划都半途而废了。

我们从 1941 年春季起就开始在这里尝试做儿童剧院了，但结果不尽如人意，原因是没有得到青少年观众们的认可。

如今我们再次把儿童剧院办起来，也需要有一套新的管理理念。

剧院管理层最应该搞清楚的事，是我们的小观众到底想要看什么，他们理解什么，懂什么？（而不是他们的奶奶或是其他带他们来看戏的监护人想看什么。）

要找到这些问题答案的唯一方法就是剧院与学校的校长、瑞典语老师、绘画老师紧密合作，通过写作文、绘画让孩子们描绘他们想要看什么戏剧。我们要了解这些小观众内心的想法，他们的好恶取舍。

有好多学校已经表示了对这个项目的兴趣，展开对学生的调查。不言而喻，越是更多学校加入，就越有可能迅速地得出积极的结果，帮助我们更快地确定今后的工作方向。

孩子们选择的儿童剧院的首场演出毫无悬念地落在了安徒生的剧目上，这位童话大师肯定是儿童剧院的形象代表。这之后我们还要演除了童话剧外的梦幻剧，具有教育理念或当下流行的剧目。

被改编成话剧的《打火匣》少了点童话原著中古怪离奇的氛围，但保留了编织美好希望的愿景和安徒生式的完美。所谓“教育”功能在这部戏中估计找不到，不过这类功能对于今天的青少年观众来说也没有多大吸引力。

如果这部戏真的传递了什么道德寓意的话，那就是人活着不要太在乎钱吧。做个快乐善良的人，只要高举头颅，保持“母鸡喝水前的样子”，准保你会赢得美丽的公主和半壁江山。

故事情节跌宕起伏，场景不断快速地变换，不同艺术形式的混搭凸显矛盾冲突，都是为演出增添魔幻效果。面对一群低龄的小观众，有一点绝对不容忽视的是，表演的视觉效果一定要强烈。

不过，正如我之前提到的，我们还在摸索和尝试，不乏缺点和探索性。

不过到了下一个项目，莎士比亚的《仲夏夜之梦》，我们就会有更清晰的方向了。那时候就是决定命运的时刻了：

这到底是一个成功的实验，还是一个失败的实验。

斯德哥尔摩，8月

一份开诚布公的心愿单

（本文是伯格曼为赫尔辛堡城市剧院在 1945 年上演的话剧《雅各布森和上校》的节目单撰写的文章，当时的伯格曼担任该剧院院长，他是当年全瑞典最年轻的剧院院长。）

第一，我们的剧院要成为这座城市里的不安之角。这话以前说过，但说多少次也不算多，我们要成为整个斯康纳省（Skåna）最活跃的文化先锋，这是我们的目标。但不幸的是，我们的影响力太小了，从这里往南二十公里有个小城叫兰斯克鲁纳（Landskrona），城里有个带绿色阳台的漂亮小剧场。我们想去那里演出，但那里没有观众。老百姓才不理会戏剧呢，没有这个需求。北边的哈格纳斯市（Höganäs）情况也差不多。要说观众，我们有儿童观众，那也不错，我们就以儿童为目标，尽我们所能为孩子们排戏。

第二，我们应该是一个年轻的剧团，一片培养新苗子的试验田。让那些还不确定人生道路的年轻人在这里成长，让他们在这里发芽、抽枝、开花、结果。让他们活起来，改变人生。

第三，我们的剧团应该是应对自我批判能力的试金石。所有的艺术家都有自己是天下第一的想法，不过敢大声说出来的只有极少数。我们的剧团允许大家失败，一次两次再次失败；但我们不允许在刚刚成功了一点点后，就趾高气扬。已经有这样的例子出现了，一定不能继续下去。

第四，我们的剧团应该是一个游乐场。说到这里，有人捅一捅我，那自律呢？对，自律也要有。但剧团提供的首要条件是，我们不能让飞翔的大鸟们在地下室里折了翅膀。这话说得轻巧，快让人受不了了，我知道，这不是心愿单嘛。

第五，关于建造新剧场的危险性。就我所知，还没有哪个现代建筑师成功地建造出一座令人心仪的剧场，我能想到的也就是大剧院里的实验小剧场，尽管那地方也有点怪。剧场不能像个电影院，也不能像是个拳击场或是新教徒聚会的场所，剧场首先要看着像个剧场，要有手绘的幕布，涂着金色、白色和红色，要有踩上去吱吱作响的舞台地板，后台要有演员的休息间、活动地板，还有那种神秘、美妙的剧院沙龙和舞台的气味。我对造新剧场很担心，还是来改建老剧场吧！我们还有那么多事情要做，秋季演出马上要开始，理想爆棚，野心无限！

第六，现在比任何时候更需要的是开怀大笑、友善和幽默，我们可以在剧团里挖掘潜力。作为一个年轻的剧团总是更喜欢演比较阴暗沉重的剧目，但要当心，让观众开心一笑要比让大家伤感多虑有意义得多。我们常常说“搏斗中的剧团”，可大家都没搞清楚搏斗的对象是什么，最常见的是被搏斗打倒在地的快乐本身。我就是一个做“搏斗中的剧团”的人，这事我绝对有发言权。如果哪个剧团是以无聊、痛苦或其他苦难为搏斗目标，给观众带来几个小时现实中的逃避，那我们绝对跟着他们一起干。

有些人可能会说我们拿了那么多补助，怎么才做这么少的事。我倒是觉得如果我们每个晚上都能让来剧场的一小伙人，让他们从烦心事中解放出来一小会儿，那我们拿的补贴绝对是物有所值的。

赫尔辛堡，9月

一种附录

（本文是伯格曼为马尔默城市剧院上演的话剧《鹈鹕》的节目单撰写的文章，该剧的首演在1945年11月25日。这是伯格曼公开发表的赞扬奥洛夫·莫兰德［Olof Molander］对斯特林堡戏剧改编的文章之一。颇具讽刺意义的是，20年后，身为大剧院院长的伯格曼须执行大剧院理事会的决定，将莫兰德从大剧院辞退。）

如果有一个人让我们瑞典人认识到斯特林堡作为一名剧作家、革新派和戏剧新诗人的伟大之处的话，那此人当之无愧就是奥洛夫·莫兰德。面对斯特林堡那炼狱般的剧本，每个欧洲导演的头脑中都有自己的愿景。大家像是被深度分析过的弗洛伊德式的深海鱼，努力地构想各种方案、计划、布景、道具。这些创作成功地实现了导演的作品，但他们展现的作品都不是斯特林堡的作品。

莫兰德让我们看到了斯特林堡戏剧中的魔力，他让我们明白舞台在戏剧中的独特性以及斯特林堡式的对话的完美性。莫兰德没有塞给我们一个说教式的或是体现导演意愿的斯特林堡，他让我们聆听作品，忠实文本。他让我们听到一个被焦虑折磨的诗人发烧的脉搏，一个饱受苦难，痛哭着，被邪恶感染了的人类近亲，一段独特暗哑的室内乐，一个从惊悚恐惧和异样之美中诞生的一出梦的戏剧。

《鹈鹕》就是这样一出戏。戏上演后，我在幕后站了一个又一个晚上，我无法解释为什么。然后是《通往大马士革之路》（*Till Damaskus*）、《林荫大道》（*Folkungasagan*）、《鬼魂奏鸣曲》（*Spöksonaten*），这是你永远不会忘记的时刻，挥之不去的记忆，尤其是你还是个做导演的，有一天也要排一部斯特林堡的戏。如果我导演的《鹈鹕》成功了，我要把它敬献给奥洛夫·莫兰德。不过这得等戏上演以后才知晓，有时候根本就无法知晓。所以我写下这篇短文，以表达我的敬意。

马尔默，11 月

说点糟心事

（本文是伯格曼在伦敦当代艺术学院发表的演讲稿，发表在《谢幕》（*encore*）杂志上，1964 年 5—6 月刊。瑞典文版在 1964 年 10 月大剧院上演易卜生的《海达·高布乐》的节目单上发表，伯格曼当时担任大剧院院长。）

让我们不要谈什么一切都好极了吧，不要谈什么高尚、工整、有序、才华横溢、幸福美妙了吧。

让我们来说点糟心事吧。

一年时间对于一个剧团太短了，对剧团团长那就更短了，什么还没做呢，一年就已经到头了。所以，剧团的一年计划都是无效的，至少三年，最好五年才比较合理。任何缺乏耐心的表现都是危险的，无论是外表的野心还是内在的艺术性。剧团不是一个空屋，或是财务废墟。就拿大剧院来说，这里有各种各样性格迥异的人：有的个性突出，有的沉迷自我，有的固执己见，有的手艺高超，也有的就是性格腼腆的普通人。

所有这些人要在一起紧密地、忠诚地合作，共同塑造一个充满活力的、丰富的、勇敢的、快乐的集体，在艺术上能够相互信任，创造高水平的、有品位的艺术。

剧团的所有计划都应该以激发艺术家之间真诚的信任、达到共同的目标为目的；任何迟疑、误解或半信半疑的谎言引起的厌倦和被迫的妥协都会带来直接后果，艺术家们开始变得谨小慎微，困惑多疑，开始对自己的剧团失去信心，最严重的，开始失去自尊。

*

瑞典开始沦为一个穷困艺术家的国家了，人人都可以过得好，可艺术家除外。辞职的，放弃的，年复一年，条件越来越差，靠做艺术养家糊口就是在生存线上挣扎。

一贯以来，文化政策的单一性和犬儒主义不提也罢，我们必须认识到长此以往的不堪后果。

一个教育水平本来就不高的演员签了一份八个月的演出合同，带一份血汗工资。他工作得很辛苦，永远也不会有闲钱出国旅行，也没有时间和精力读完一本书，看画展或是学点其他的本事。这样的演员本来水平就不高，而今他突然得到了一份与他的劳动还算匹配的工资，他会怎么做？他非但不感恩，反倒不满甚至愤怒，内心的阴暗面在膨胀。他要求更多的补偿，以憎恶回报那些好心施舍的人。

在这片灾难中，大剧院是一个受到保护的安全岛。在这里，传统和创新齐头并进，大剧院的舞台就像是一块实验田，培养了众多瑞典演员。然而，就是大剧院也无法摆脱财务忧虑，直接影响到为演员和观众创造更多机会的可能性。

演员的工资到底应该怎么定，如何定？这是一个经常被讨论的问题，也有五花八门的答案。（政府部门给国家剧团演员制定的工资水准是每月 2500 克朗，这个水平需要很大的妥协。）

我倒是觉得这个问题很简单。

演员应该被视作是一种精神辅导员或是世俗宗教导师的一员，他们的工资水准应该同讲师、教授、教堂工作人员、传教士、牧师、神父等一类人属同一水准，用这个标准对待演员，今后就不要再为演员工资的问题为难了。

另外一个糟心事是戏剧观众太少了。有个统计数字说，剧院的上座率乐观地估计有八成左右，实际情况要比这糟。演出时剧院里的空座位太多，而且我们的观众似乎对票价还很敏感。

这都是我们的错，不是观众的错，我们必须想办法改变现状。大剧院的演出应该是演出开始前就场场售罄的，黄牛贩子应该躲在剧院后街等退票。

我们目前还是太脆弱，太不坚定，太依赖批评家对我们的好评。我们必须建立观众的主导权，用来自观众的自发力量摧毁那些包围着我们剧院和艺术家们的苍白无力的傲慢。

我只有一次成功地创造了剧院的观众纪录，我向观众分发了赠票。原来，大剧院每年都发出去几万张赠票，那些完全有能力自己付钱看戏的人都以各种莫名的理由拿到赠票，拿到大戏院的赠票被视作是一种地位的象征。那一次，一大群高级官员气愤地给我们打电话要赠票。那场景太奇妙了，简直好笑。

*

社会福利制度下的瑞典不需要剧院，剧院太高级了，如果你没有什么更有趣、更重要的事做，那就进剧院来坐一坐。这对我们这些在剧院里工作的人来说简直是侮辱，可也是活该。长期以来，我们一直把自己放在可使用的奢侈品的行列，这样一来，可怕的事发生了，剧院这个最远离宣讲教义的地方，变成了教徒们聚会的地方，而实际情况本该是相反的。

如果剧院只是我们文化生活中一个不重要的机构，人们对它没多大兴趣，那我们真该讨论一下这一切还有什么意义，为什么还要浪费钱。反之，如果剧院还是我们的理想，是健康的血液循环中蓬勃的心跳和脉搏，那就丝毫没有理由去考虑钱的问题。

瑞典戏剧界已经压制我们未来的戏剧观众太久了，所幸我们还有一个在不同部门支持下不断发展的校园戏剧，无论是剧院，还是政府无心插柳支持的校园戏剧，对未来的戏剧观众都很重要。这是我们最重要的立足点，我们必须尽快地培养起国民看戏的习惯，创造看戏的需求，培养看戏的兴趣。要达到这个目标，需要我们同学校和老师建立全新的合作方式,要把去剧院看戏列入学校教程上的必修课。全瑞典的剧院，包括国家剧院和电视剧场都要参与进来，这件事迫在眉睫。

在我看来，我们已经到了最后的时刻。

我差不多每天都开心

（本文发表在《快报》，1979 年 3 月 31 日，该报之前发表过两篇文章，呼吁流亡德国的伯格曼回国。）

自两年前起，我开始在慕尼黑的公民剧院（Residenzteatern）工作，每年排一到两部戏，参加团里的组织工作，安排演出计划。我差不多每天都开心。

这边的工作有些地方和在家里是一样的，不过大多时候不一样。演员的水准、排戏的数量、排练、工作时间，还有所谓的艺术自由都和在家里差不多；我们的演出时好时坏，大多数时候是不好不坏，这情况也和在家里相似。

除此之外，没有任何可比之处了。

我们在这里上演的剧目以古典戏剧为主。从希腊到易卜生、斯特林堡，很少排演现代德国戏，包括布莱希特也不在剧目内。另外，我们还上演用巴伐利亚方言表演的民间剧，算是我们剧院的特长。德国演员的工作条件比我们瑞典同行差多了，这里的工会组织势力很弱，几乎没有什么雇用保护制度。最近有位波鸿剧团新任命的团长，一上任就把前团长手下的

44 名工作人员解雇了，没有一个人出声，简直太可怕了。演员的命运全都掌握在团长手里，所以剧团里人人自危，诚惶诚恐，彼此的怨恨情绪严重。

民主进程鞭长莫及，身处其中如陷泥潭，被政治斗争感染的剧团工作变得神经过敏，举步维艰。剧团的固定员工缺乏团结精神，相互钩心斗角，争风吃醋，毫无忠诚度、安全感可言。

一种来自神奇的歌剧界的可怕毒菌开始在话剧界传播，直接影响到演员们的艺术发挥。剧团竟然不认可本团的导演（也有若干例外的），导演们则带着剧本到外面找自己的演员来挑大梁，而让团里自身的演员班子演配角或是跑龙套。这样的发展简直是灾难，这种拼凑起来的松散演出团队会威胁到真正健全的剧团的所有发展形式。

（我害怕未来的戏剧舞台上将被一些拿着高薪、活跃又强势的特殊演员占有，他们才不要和剧团长期签约，固定演某几个角色。而其他演技不突出的演员怕是连一台戏都撑不下来，长此以往，这些人会成为政府的财政负担，最终导致整个剧团的解体，我的忧患是不无道理的。）

来自媒体的反馈也是寒风凛冽。

起先我还吃惊，后来也就习惯了。我们和一个德国南方报业做了一个戏剧状况的普查，把公民剧院过去八年上演的 65 场剧目都拿出来让观众评分，1 代表最好，5 代表最差，最后我们得到的平均分是差一点 4。

观众的反应与媒体的评论截然相反。演出上座率平均

95%，高于德国其他地区的平均值。可喜的是，我们的演出服务了观众，而不是媒体。如果倒过来，那才可怕呢。

公民剧院保持中立的政治倾向，换句话说就是保守、封闭，也就是腐朽的立场。让我来给你举个例子，有一次我接受了一家有名的戏剧杂志的采访。记者是位体面的先生，我本以为我们能谈得不错，没想到我大错特错了。

来访的记者在我办公室的沙发上坐下来，用黑胡椒粒一样的瞳孔盯着我看了半天，然后说："伯格曼先生，我们有点担心您。"

我大吃一惊，不知如何作答，记者先生接着说："我们为您担心，因为据我们所知，您在和一位非常差的演员合作。"我补充一句，这个采访没有继续下去。

我在联邦德国工作的这短短几年，让我看到了德国戏剧界混乱与愁怨的对立面。所幸我已到了这个年纪，在艺术上也有足够的自信而不为所动，否则还真够刺激的。年轻导演冲在舞台的最前沿，这里的竞争你死我活，为此付出代价的是古典剧目和观众。这些年轻人对需解读的艺术疑心重重，布莱希特就被他们宣告死亡了。导演在台上"手淫"，一群和他们一样的青年戏剧评论人拍手称快，好评如潮。团里有经验的老一辈诚惶诚恐，不知所措。

这些人用臆造、讥讽和恐惧掩盖他们的平庸无能，在他们的神圣联盟中谁都不得精彩出挑，狭隘的地方主义泛滥成灾，这可真是愚蠢反智、灵魂腐烂得以发扬光大的时代。有时候，这一切简直可笑，也令人气愤，不过大多时候都相当无聊。

与此同时，围绕着这些滑稽剧团活跃的还有一批思想尖锐、行动激进，充满活力和天分的戏剧人：多恩（Dorn），斯坦（Stein），诺埃尔特（Noelte），丽莎（Litzau），吉辛（Giesing），帕利奇（Palitsch），克莱门斯·林德伯格（Clemens Lindberg），邦迪（Bondy），等等。

战线在剧院和剧团之间拉开，愤怒无助夹杂着执迷和活力，结果是精彩刺激的神经发作。联邦德国自然没有什么艺术首都，也没有一个拥有绝对权威地位的剧院，这里到处充斥着不安、自满和地方保护主义，有时候简直令人窒息。不过，如我所言，大多数时候我是开心的。

这种情况下我的角色自然非常尴尬，我不过是慕尼黑的过客，我和上司、演员，尤其是演员都相处得很好，我觉得迄今为止我还没排出过一部像样的戏，这也是必然。

语言是最大的问题。在来德国之前我本以为我的德语还不错，可是工作起来立刻捉襟见肘，我感觉自己完全是残疾，害怕又无助。我排演《一出梦的戏剧》的时候，尽管团里的演员们都非常令我满意，我还是觉得如同做了一场噩梦。

直到今天，语言障碍基本被克服了，而且我们建立起发自内心深处的更重要的联系和信任，但还没有到可以完全撒手的地步。

对外来说，我还是心存疑惑：我本是个电影导演，而且也从来没有以戏剧导演自称。（观众倒是慷慨通融，我导演的几出戏都是剧院票房最成功的。）

有一次当地报纸拍到我和州长弗朗茨·约瑟夫·施特劳斯（Franz Josef Strauss）[1]在一起的照片，我很少参加聚会或是全国庆典之类的活动。我拒绝了不少很炫耀但太费时间的工作。我不做讲座，我拒绝媒体对我的演出进行恐怖袭击。

当然也可以像法斯宾德那样，他把自己伪装得像个德国中产阶级的小丑：苍白发黄的圆脸上长满胡须，就是在屋里还戴着顶海员帽，肥墩墩四方方的身体上总是穿着色彩亮丽的西装，一到公众场合他就装醉，肆意地侮辱记者。那些被他吓到却又通情达理的人都惊叹道：这才是真正的艺术家啊！

这可太浪漫了！

法斯宾德从他的墨镜后面露出疑惑又友善的目光，看着他的德国中产们，他可是聪明过头，知道什么时候该收场的。法斯宾德，我太喜欢这家伙了。

1 施特劳斯是德国政坛要人，1978—1988年间是巴伐利亚地区的州长，慕尼黑机场以他的名字命名。

第二部分

评论与批判

评论

塞尔玛·拉格洛夫[1]文学创作的若干特征

（本文是伯格曼就读于帕尔梅格林师范学校［Palmgranska samskolan］期间，瑞典语专业［拉丁语系］1937年春季会考的考试作文，伯格曼获得了全专业最高分A。本文的节选及学校老师亚瑟·约翰逊［Arthur Johnson］的评语，共同发表在OBS杂志，1949年12月7日出版的圣诞专刊上。）

塞尔玛·拉格洛夫在她的一篇小说中描写到一片从屋顶上垂下来的冰挂：时值寒冬，太阳挂在碧蓝的天空上，阳光洒满了白雪覆盖的大地。有一线光正好照在这片小小的冰挂上，慢慢地，阳光温热了冰挂，将它照得晶莹剔透，如同一片珍奇的珠宝在阳光下熠熠发光。冰挂将自己无私地呈现给大自然，也只有大自然担当得起。冰挂开始滴水，直到整片冰从房檐上落下来，以悦耳的叮咚声投入大自然。

1　塞尔玛·拉格洛夫（Selma Lagerlöf，1858—1940），瑞典作家与教师，1909年诺贝尔文学奖获得者，她是瑞典第一位获得这一荣誉的作家，也是世界上第一位获得这一文学奖的女性。拉格洛夫的代表作有《幽灵马车》《耶路撒冷》《阿尔纳的宝藏》等，她的许多文学作品被当时起步的瑞典电影工业改编为电影。她最为广泛流行的作品是她为瑞典小学地理课教学创作的儿童小说《尼尔斯骑鹅旅行记》。

19 世纪 80 年代的男作家们用“照片写实”的方式创作文学，他们舞刀弄剑，围着被捆绑在耻辱柱上的社会现实，跳着战舞。为了让火苗燃得更旺，他们把屠刀架在瑞典文学院的院士们的头上，威胁他们就范。

教堂也蠢蠢欲动，但出于病态的自尊心还不敢明目张胆地表态。这是一个聚合鲁莽的乐观主义，拉仇恨、集恶意，以挖掘人类深重的苦难为乐的时代。

就在这时，塞尔玛 · 拉格洛夫如一股清流横空出世，一位小学老师蜕变成为一位伟大的女作家。

如果有人问：塞尔玛 · 拉格洛夫的文学作品中最迷人的地方是什么？收到的回答很可能会是：她小说中人物的爱情。拉格洛夫小说中的人物反映的是她自己的内心情感，读者在阅读中能够被她感动，与她共情。她的人物有血有肉，鲜活地从书本中走出来，他们和我们一样拥有爱恨情愁，他们性格迥异，却又具有普遍的缺点和长处。

橡树村（Ekeby）的将军太太是位宿命者，她知道自己的人生就是一出悲剧。《幽灵马车》（*Körkarlen*）里的酒鬼和流氓注定是两个废物，他们的良心上盘踞着一条女人的生命和一个男人的终身牢狱。这两种人物性格无论多么迥异，他们的共同点是他们都是人。

我们可以把拉格洛夫笔下众多的人物排列出来：这里有许多品德高尚的农民，额头闪烁着智慧和理智的男人；这里有相貌平平，性格坚韧或美貌如花、柔情似水的女人；这里有风烛残年的老人，有明眸好奇的孩子；最后，这里还有隐于阴暗之中的超自然灵物，他们也时不时地显现在我们面前。

这些灵物是被施了魔法的人类认知，发自人类的潜意识，它们代表着人类所信仰的、羞于表达的、心怀敬畏的力量。它们的介入或带来欢喜，或引发不测，它们以一种不可理喻之力凌驾于善恶之上。

超自然力在拉格洛夫的小说中占据着重要的地位，对，有人甚至说过多的超自然力的介入成为她创作中的一个缺陷。然而，我们也可以将这种力量看作是女作家的主动所为，是她为自己的内心情感赋予的可触之身。

拉格洛夫的个人风格就如那片被阳光照亮的冰挂，晶莹剔透，闪烁发光。

女作家作品的另一个显著特点是她对大自然的情感。她笔下描绘的大自然大多是内陆风景，她从未特意去神化大自然或像新浪漫主义者那样去哲理化这一切，但自然在她心中是一种神秘的存在：丛林深处的簌簌飒飒，撒满落叶的神话之湖，电闪雷鸣是巨人的呼喊，远山披着山妖的外形。

自然生机勃勃，劳作于斯的人能够感受到那将他与脚下的土地紧紧系在一起的坚固耐磨的链条。

在《耶路撒冷》的第一篇中，女作家将这种联系描写得相当动人：“朝圣者们朝火车站走去，他们最后一眼再看看一路走过的村庄、树木、岩石和脚下道路上的沟壑。突然，他们感觉到有什么在跟着他们，他们抬眼，看到一个带着面纱的陌生女人和他们并排走着。人们开始感到不安，看着那女人，看着地面、树木、石头、路上的沟壑。”

等他们到了火车道边上，那女人消失了。

拉格洛夫的诗歌是乐观主义的表达，她描述的情感和故事，都围绕着善与恶的角斗，爱与恨的对峙，魔鬼与超灵的较量，并且最终都以善的胜利而告终。

她的诗歌是用色彩鲜艳的幻想编织的丝网，你无法抓住它们，而它们却与女作家和大自然相濡以沫，融为一体。它们华丽耀眼，如房檐下的冰挂，同大自然自身一样光彩照人。

塞尔玛·拉格洛夫的著作散发着鲜活的生命力和超越时光的永恒性，这样的比喻通常用来形容经典的艺术作品，而我用来描绘她的文学作品，连我自己也说不清理由。或许是阳光吧，那照在冰挂上的神圣的阳光，那将冰挂变成自然奇观的阳光。

SFP[1] 的戏剧活动

（SFP 联合会期刊，1939 年第 2 期，第 1 页。）

斯德哥尔摩戏剧界近来很忙碌，尤其是 SFP。大家都知道眼下我们正在夜以继日地排练斯特林堡的《幸运儿佩尔的旅行》，同时给 SFP 构思一出别出心裁的“戏剧之夜”的节目。这个节目包括两部分：一部分是一出关于丹麦小说家阿克塞尔·E. 贝佐尼奇[2]的戏，另一部分是将芬兰剧作家瑞纳·席尔德[3]创作的来自黑暗处的文学作品《疯癫病人》（*Galgmannen*）中最感人的一段搬上舞台（前提是剧团领导能够通过我们提议的话）。这两部戏将在同一个晚上上演，首演计划在 3 月底。如果 SFP 的领导有能力认可我们的实验性，那将令我们感激

1 SFP 是瑞典语 Stockholms Förenade Prästerskap 的缩写，意为“斯德哥尔摩传教士联合会”，伯格曼担任团长的“奥洛夫花园剧院”是联合会下属经营的对全社会开放的文化活动之一。在世俗化的瑞典，教会传教的本职工作常常被融合在为市民服务的文化教育工作中。接下去的几篇文章都是伯格曼为联合会出版物撰写的电影、戏剧评论文章。

2 阿克塞尔·E. 贝佐尼奇（Axel E.Betzonich，1852—1899），丹麦作家，著有多部小说和剧本。

3 瑞纳·席尔德（Runar Schildt，1888—1925），芬兰出生的瑞典语文学家，作品《疯癫病人》曾被多次改编成电影。

涕零，激励我们继续勇敢地探索实验性戏剧。

剧团领导有他们的顾虑，他们要给 SFP 呈交一份独特的年报。而我们这些戏子——教堂顶上的天使，破衣烂衫的乞丐，我们深知观众有多挑剔，评论家有多无知。上次排演《阴阳之间》（*Till främmande hamn*）时的荒唐事仍记忆犹新。

但我们顽固不化，这么说吧，大家尽管来耻笑我们拙劣的表演吧，但不要缺席。要知道，哪怕是给一个不喜欢我们的观众表演，也好过给一个空荡荡的剧场演出。

另外还有一件事，如果哪位想过来给我们搭把手，到木工房里帮个忙，抬东西、涂油漆，只需给斯图雷·杰尔夫（Sture Djerf）吱一声，我保证他会欣喜若狂。

好吧，前面不是说了吗，斯德哥尔摩的文化生活最近很活跃。

有人想过吗，如今的电影水平普遍都很高，水平最高的几部法国电影：《舞会请帖》（*Un carnet de bal*）、《生活的初学者》（*Entrée des artistes*）、《清教徒》（*Le puritain*），以及《街女》（*Gatflickan*）。这几部片中我首推《清教徒》，这部改编自文学作品的影片，将原著的思想转变为一场讨论人性狭隘偏执的视觉宣教，对主人公——一位狂热分子的分析很到位：自私，阴暗，猥琐，憎恨他人，自恋。此人身上也有一些闪光点，比如，他强大的信仰。主人公最终受到惩罚，剥开他身上的狂热和自大，剩下的只是一个可怜的废人，踽踽独行在通往精神病院的迷雾中。

新剧院的小剧场在演一部卡埃·蒙克（Kaj Munk）的戏《赢家》（*Segraren*），很值得一看。蒙克将一件发生在阿比西尼亚的真实悲剧上升到人性的普遍性上来：到底是怎样的环境、契机以及绝望逼迫一个人犯罪呢？人怎能丝毫不顾忌灵魂的折磨而对他人施暴？只可惜导演对流行的误读，让演员们全都穿着意大利的服装行头。

白剧院（Blancheteatern）离开了他们一贯受欢迎的卡尔松博士，开始上演斯特林堡，勇气可嘉！《玩火自焚》（*Leka med elden*）和《继承者》（*Fordringsägare*），都需要仔细打磨，还有不少养分挤得出来。这是我们这些“斯特林堡铁粉”和“斯特林堡仇敌”，尤其是对斯特林堡不太熟的观众都翘首以待的。

另外值得期待的，还有大剧院上演 T.S. 艾略特的《大教堂谋杀案》（*Mordet i katedralen*），和最近很火的莫伯格（Vilhelm Moberg）的《贞节》（*Kyskhet*）。最后，当下最有活力最具争议的作家佩尔·拉格奎斯特（Pär Lagerkvist）的新作《暗夜行舟》（*Seger i mörkret*）将由广播剧团在 3 月中完成。

我想借此机会向大家展示一下眼下各种活跃的文化活动，斯德哥尔摩的戏剧界已经走出泥潭，拥抱新鲜空气。戏剧能滋养人性，而能够生存和繁荣，需要外界的关注和鼓励。

两部法国电影

（SFP，1939 年第 5 期，第 7 页。）

今年的电影季快结束了，虽然眼下还不断有新片首映（每周都有五六部首映），但大多是些赶着末班车上映的片子，内容和制作都比较轻松简朴。

有两部影片让人难以忘怀：《滑稽戏》（*Drôle de drame*）和《罪与罚》（*Crime et chatiment*）。这两部从不同角度描述阴暗面的高水平艺术片，带给我全新的观影体验。

《滑稽戏》完全是导演马塞尔·卡尔内（Marcel Carné）的艺术创造，这位导演在之前的作品，如《雾码头》和《北方旅馆》中，不留情面地将人生的虚无描绘得扣人心弦。在《滑稽戏》的结尾处，卡尔内让一只惊恐万分的小狗如箭一般地穿过湿漉漉的柏油马路，直至被黑暗吞没。这种卡尔内风格的象征语言在《北方旅店》中也可以看到：一对重聚的恋人迎着初升的太阳，背景看得到一座水闸桥，一个废弃的舞池，里面一支困倦的铜管乐队在吹一曲吱吱呜呜的华尔兹，这一切看上去无聊、浅薄却又近乎完美。《滑稽戏》的气氛貌似轻松有趣，但实际上却恐怖悲观，像一种令人毛骨悚然的舞蹈。影片中的人都冷酷、愚蠢、厚颜无耻，片尾一群恶嚎的人突出了影片巴洛克式的邪恶张扬。卡尔内如同魔术师一样在我们眼前大变活人，一个有血有肉的人通过他的短视角的镜头即刻变成了一具行尸走肉，他让我们感受到速度和角度的快速变换，让我们不去想面临的同样危险：从人变成一群惨白机器人中的一员。

尽管《滑稽戏》是一部令人感到不舒服的影片，但我还是要推荐它，艺术就该展示我们达成共识之外的其他感受。

关于《罪与罚》这部电影我就简单说一下，这部根据陀思妥耶夫斯基的原著改编的影片，集中展现了主人公拉斯柯尔尼科夫与审判官的心灵斗争，以及拉斯柯尔尼科夫在行凶前后良心演变的过程，直至沉重的良心谴责将他带入灭亡。强烈对比的镜头语言、象征主义的音乐，以及男主人公的扮演者布朗夏（Pierre Blanchar）神经质般抽动的手和充满懊悔的脸，凸显影片中的矛盾和冲突。

十月观影

（SFP，1939年第8期，第7—8页。）

一天晚上，我决定去电影院看场电影。因为没有事先决定要看哪部，我就认真地研究了一下报纸上的电影栏目。不看不知道，一看吓一跳，每部电影的推介全都是好评如潮，我就在这一片夸赞中选了根据勃朗特姐妹原著改编的同名电影《呼啸山庄》（*Wuthering Heights*），电影的海报上满是影评人送的花，赞美之辞不胜枚举。

我想：这是一部可以写写的电影，给下期的SFP杂志投个稿。对，之前我还真没有想过，我要评论电影。

《呼啸山庄》是一部爱情片，导演和演员都是真正的艺术家。观众的期待很高，就像在期待着医学怪兽的出场。然而，等到剧中的爱情戏拉开大幕，影片就变得索然无味。

故事说的是两个笨蛋男人和一个麻烦的小女人，其中一个笨蛋男人爱上了这个小女人，两人在山上追逐戏耍，采花折草，风吹发梢，欢喜自在。偶尔那男人也会愁眉锁眼，有一次，他还给了那个小女人一记耳光以表达他有多爱她。

另一个笨蛋男人就不多说了，他有个妹妹，他还有挥金如土和酗酒的恶习。每次出场，这个男人总是一脸的汗水，翻着眼珠，一副受苦受难的模样。接下去悲剧发生了，那个小女人嫁给了这个男人，更确切地说，是嫁给了一头塞满金币的羊，给夫人买得起爆乳长裙和一张可以死在上面的高级大床。小女人临死前，昔日的忧伤情人赶到她床前，让这女人在咽下最后一口气之前对丈夫出轨。不是行动上的出轨，而是思想和语言上的不忠。之后，小女人一命呜呼，观众终于可以喘口气了，岂料她的鬼魂又开始游荡，令她的忧伤情人无法安宁。于是，昔日情人呼唤着她的名字，义无反顾地冲向暴风雨中。这部影片的一个惯用套路就是恋爱中的情人在风雨交加的夜晚呼唤着对方的名字，那情景太感人了，简直会让人相信这一切都是真实发生的!!!

我要说的是：所有那些还没有被麻烦小女人和笨蛋男人折磨过的观众，你们真是幸运儿，而每一个经历了这场爱情折磨的观众都应该学会一个道理：永远不要相信电影海报上的广告词，因为，没有人能像电影院老板那样会开愚人节玩笑。

对于尚未失去童心的观众，我要给你们推荐一部与乏味的《呼啸山庄》截然相反的影片，一部担保会让你心满意足的影片——《铁面人》(*Mannen med järnmasken*)。这部影片如一阵清风把你带回童年的冒险游戏，这里有勇敢的火枪手、曼妙的美妇人、邪恶的阴谋家，以及崇高的一国之君；这里有决斗的场面、阴暗的地牢，贞节得到保全，罪恶终被揭穿。最后，有情人结成眷属，银幕上下皆大欢喜。让我引用大作家塞尔玛·拉格洛夫的话：去看吧，那才是一部真正的电影。

还有一部大家都在谈论的片子《万世师表》（*Goodbye, Mr. Chips*）。

我也要为这部难能可贵充满人性的电影送上一朵小花。影片讲述了一位教师的一生，从他踏上教师岗位，在男生寄宿学校遭到冷遇，到他事业生活的转机，获得成功，最后安详入殓。整部影片不急不躁，无哭天喊地的感情宣泄，波澜不惊的叙述方式将观众牢牢吸引。

我是和一位戏剧学院学表演的朋友一起看的这部电影，我们满怀喜悦地走出电影院，谈论着这两小时的观影到底给了我们什么，最后我们一致认为这部电影启发我们发自内心地要做一个更好的人。

人们常说，评论电影需要一些距离感，随着时间的推移对电影的批判会变得更尖刻。电影有一种奇异的功能，它在侵入你的意识后又会无声无息地彻底消失，有时候，哪怕是一部气势磅礴的大电影也会如此。然而，《万世师表》却恰恰相反。在我的记忆中有许多这样让我难以忘怀的影片，比如瑞典电影《幽灵马车》（*Körkarlen*）、卡尔内的电影、《狂喜》（*Extas*）、《魔像》（*Golem*）、《舞会请帖》（*Drömmarnas vals*）、《梦之唇》（*Trånande läppar*），等等。这些影片在浩瀚的电影海洋中自动凝固成不朽的画面，被珍藏为重要、难忘的记忆。在我的电影记忆库中，《万世师表》也被安放进去了。

我们的小镇

（SFP，1940 年第 1 期，缺页码。桑顿·怀尔德［Thornton Wilder］的话剧《我们的小镇》（*Our Town*）于 1940 年 1 月 1 日在大剧院首演，由佩－阿克塞尔·布拉纳［Per–Axel Branner］导演。）

见微知著，由小见大，人生的百般艰辛磨难以永恒之目光审视时，无非是散落在时空中的无数细枝末节。这是桑顿·怀尔德小巧的剧作《我们的小镇》带给我们的思考。

这部戏最大的挑战是布景和道具，有人说了：舞台戏剧就是要悦人之目啊（戏剧一词的词根“teao”原本就有看的意思）。没错，眼睛是应该能够看到除了旧椅子、烂梯子和破雨伞之类的舞台道具，我们还要看到布景和演员的服装，要不然还叫什么戏剧，不如回家听广播剧好了。

这话说得不无道理，戏剧是要有可看之物，但问题是戏剧中的可看之物或许并不只是舞台上的道具，演员身上的服装，甚至都可能不是演员本身，戏剧要展现的是戏本身。

在怀尔德的作品中，戏就是一切的核心。

观众的所有注意力都集中在剧中的台词本身了，演员脸上的表情变化、灵魂之窗的眼睛、手的动作、声音的起伏，其他一切不重要的都不会干扰到我们。这部戏里没什么波澜壮阔的风景，就像戏中的韦伯先生对他的格罗佛角小镇（Grover's Corners）的邻居和朋友们说的："我们这里不比别处好，也不比别处差，我们这里就是一个无聊透顶的小镇。"

你和我，就住在这里。

整部戏以优美的现实主义和绚丽的诗歌体推进，不急不躁，也没有讨好观众的献媚，无论剧情是否精彩，这种不同寻常的呈现方式不带任何噱头。我们跟随着格罗佛角小镇 12 年的变迁，从镇上的两位少年入手，他们从同窗好友变成爱人，然后结婚生子，直到剧中年轻的妻子不幸身亡。这一切都平淡无奇，几百万人有过同样的命运，几百万人也将会有。然而，这部戏的寓意在于，尽管命运残酷，生命如斯，日复一日，年复一年，人类心中贮存着有一种不可摧毁的东西，一种永恒。

全剧在这种乐观向上的基调中结束，如我之前所言：平淡无奇的剧情，却留给我们普通人的日常生活中一些值得思考的片段。

大剧院剧团的表演值得称赞，尽管有些不足之处，比如舞台的背景过于暗，演员服装体现明显的时代感，不过这也可以作为导演不想过于惊吓观众的辩护。

演员的表演无可挑剔，没有一句假声，没有一个过分的动作，由心而生的自然派表演充满愉悦。亲爱的读者，你可以自己试试一边划火柴，一边轻松自然地谈话是多么不容易，那你就明白台上的表演有多难了。

总而言之，我极力推荐大家去看《我们的小镇》，看完之后稍微想想，你是否从这部戏中领悟到了什么。

巴黎圣母院的钟声

（SFP，1940 年第 4 期，第 6、15 页。）

笔者颇感震撼地从电影院出来，眼膜上似乎还残留着刻印在上面的电影画面，不禁感叹一声：这是我看过的最好的电影之一。回家洗洗睡了。

次日醒来，在书桌前坐定，想要把昨晚强烈的观影体验写下来，这才禁不住思考，这部电影到底强悍在哪里？最初的回忆是从混沌渐渐变成清晰的声响，那是影片中人群的嘈杂呐喊，自然地与剧情冲突的发展合为一体；之后更多的画面和声响一同涌来：一张可怖但真实的人脸，一群面相狰狞的乞丐，光非常讲究，少女出众的美貌；接着几个连续的短镜头发出恶臭的中世纪的气味，巫术（包括上天的惩罚），教堂的大钟，喜剧表演。

我可以将昨晚那些铭刻记忆的精彩瞬间历数下去，尽管电影或是艺术作品常常就是由一个个的精彩瞬间构成的，但这些瞬间总是在彼此连贯中共同浇筑成为一个不可分割的整体，这才是真正的艺术作品最突出的特点。不幸在影片《巴黎圣母院》

中，观众很快感受到从制片人到导演到每位演员的不遗余力，就是他们把影片打造成为一种令观众眩晕的景观制作。

事实正是如此，看完电影后我感到头脑发晕，本来期待能有所感悟却是颗粒无收。我这样说可能会让有些人认为《巴黎圣母院》不是一部好电影；相反，这是一部做工精良的上乘之作，只是导演的炫技非但没有打动坐在观众席上的我，反而让我昏昏欲睡。可我还是建议您去看这部电影，我敢保证许多人会兴奋不已的，只是笔者没有被打动罢了。

另外我还想推荐几部电影：《三支华尔兹》（*Les trois valses*），是一部轻松美妙的歌剧电影，有三种不同历史时期的音乐；《难熬之夜》（*Den gäckande natten*）可能是自《绿电梯》（*Gröna hissen*）以来最搞笑的瑞典电影了；再有一部很特别的法国电影《毒药与老妇》（*Arsenic and Old Lace*），用紧张直率的现实主义风格讲述一起凶杀案，有别于传统犯罪电影追求的残暴粗俗的特效。

这里我要提醒大家，《六月之夜》（*Juninatten*）简直是对正在提升的瑞典电影业的谋杀，然而这部糟糕透顶的片子还得到一致好评。佩·林德伯格（Per Lindberg）的导演平淡无奇，英格丽·褒曼看着都无聊。总之，小心你的钱被骗！！

莎士比亚

一个童话

（SFP，1940年第3期，第4页，伯格曼在后来的《魔灯》中，描述了奥洛夫大师花园剧院上演《麦克白》时魔幻氛围的由来。）

这是中世纪的苏格兰，绵延的博南森林覆盖着周边的丛山峻岭，山顶上的邓西嫩城堡正慢慢地陷入黑夜。

地平线上乌云翻滚，只有时而穿破云层的银色闪电，万籁俱寂。

这样的一个夜晚，人的思想注定会从平静中走神，陷入恐惧、愤怒和癫狂之间。一个邪恶可怕的念头开始不断地涌现出来，你把玩着它，开始与它亲近，盘算着它的细节，扔掉它又再捡回来，抚摸它。你被这念头折磨着，心生恐惧；但这念头慢慢地、无情地占据了你的意识，成为你思想中的一部分。它开始钻得越来越深，让你痛，泯灭掉你心中任何他念，成为你的万能主宰。

夜色越来越深，一场暴风雨正在天边汇集。远处不时传来雷鸣，邓西嫩城堡周边，猫头鹰在惊叫。

麦克白，邓西嫩城堡的主人，手持短剑，正站在成为一国之君的门前迟疑着，他还在为是否执行这犯罪犹豫不决。他还有时间选择，一边是做君王的虚伪荣耀，一边是尊严和声誉，可他还怀揣着麦克白太太的嘲讽和他自己的博大野心。

此刻，城堡里的钟楼发出清脆的钟声。

他心中的恐惧在那一刻被熔断。恐惧、悔恨、喜悦、愤怒瞬间被冲出他的身体，剩下的只有一个空洞冷酷的决心：谋杀国王，哪怕这都不是他自己的愿望。

邓西嫩城堡上空电闪雷鸣，倾盆大雨轰然而至。

夜晚，城堡被浓雾包围着，看不清轮廓，白天，森林覆盖着的城堡也不见天日，在终日的蜡烛光和不断滋生的恐惧中，苏格兰进入了秋天。

麦克白坐上了王位，黑暗的念头逼着他终夜难眠。他在城堡里游荡，在他行凶之前没有想到的是，良心折磨着他无法入睡。他的头脑无法停止想象，对他自己犯下的罪孽的恐惧让他变得疑惑多疑。他雇人行凶，报复好友，监视他人，但恐惧依旧寸步不离他。

终于，在一个大型宴会上，灾难发生了。他的自我控制终于冲破了崩溃的极限，意志放弃了他。宴席上，他仿佛看到了死去的国王，面对高朋满座，他喊出了自己的恐惧。

大家的疑心得到了证实，人们愤怒了，纷纷远离他。麦克白孤身一人，城堡被攻破了，在一场殊死决斗中，麦克白倒下去了。

童话讲完了，城堡上升起了次日的红太阳。

以上是莎士比亚著名的悲剧《麦克白》的大致内容，该剧将于4月13日在我们剧院首演。这部戏的文学性毋庸置疑，这是世界文学史上最著名的悲剧之一。对我来说，这部戏的精彩之处在于它汇集了深刻的心理分析、强烈的氛围以及犯罪推理剧的惊险和逻辑，所有这些因素构成了这一部完美的戏剧。

今晚

（本文是伯格曼为童话剧院上演话剧《仲夏夜之梦》的节目单撰写的文章。伯格曼对原作进行了大手笔删减，1941 年 10 月 12 日，在斯德哥尔摩新建的公民之家剧场首演。）

今晚我们演莎士比亚的《仲夏夜之梦》。我是斟酌再三后决定担当起这个重任的，谁都知道，这是莎翁剧作里神话中的神话，老一代的观众一定还清晰地记得当年上演这出戏的演员优秀的演技，大舞台上神奇的魔术机关，再加上门德尔松的美妙音乐，《仲夏夜之梦》简直就是戏剧导演的毕业考试，要在海德堡的废墟剧场或是莎翁家乡的剧场呈现才淋漓尽致。

而我们这群刚刚出道的导演和演员，如何在一个面积只有 5×6 平方米，有两个小出入口的舞台上，通过留声机播放的门德尔松的音乐，如何为我们的观众呈现这出伟大的神话，哪怕只是一丁点？

如果我们从一开始就想这些问题，估计就不会有今晚我们请您来看莎翁之夜的事了。

我们把问题倒过来：为什么不演呢？如果我们不演，我们的观众可能根本就不会看到莎翁的《仲夏夜之梦》。我们的观众很可能和莎翁时代的观众有许多相似之处呢，他们对舞台的缺陷、演出中的即兴报以包容、开放、天真的心态；我们的观众很可能和当年文艺复兴时代的人一样，才不理会戏里那对缠绵的恋人爱情的发展呢，大家的注意力更是在仙王奥布朗，仙后蒂泰妮霞、小淘气浦克和其他的仙女仙人们，而这些人也是我导演这部戏的核心和目的。

门德尔松的音乐早已把莎翁的戏给化学杀菌了，我们用留声机来播放音乐至少可以减少其伤害性。戏中出现的几段巴洛克音乐，只是用来衔接气氛的。在我们戏里演小淘气的也不是身穿绣衣的漂亮小妹，而是一位赤裸身体的 12 岁男孩。

我们的决心是用最简单、动人、诙谐有趣的方式讲故事。

如果我们成功了，那要归功于伟大的莎翁；如果我们失败了，就只能怨自己了。

斯德哥尔摩，10 月

我们要演《麦克白》

（本文发表于1944年11月14日，《赫尔辛堡日报》第7版，时任赫尔辛堡城市剧团团长的伯格曼讲述了他第一次排演《麦克白》时，正传来德军占领丹麦、挪威的消息，战火时局下，伯格曼意识到作品传递的反纳粹隐喻。此事件激励伯格曼再次将《麦克白》搬上舞台，整个20世纪40年代，伯格曼共导演过三次《麦克白》。）

我曾与学校里的一群业余爱好者一起把《麦克白》搬上过舞台。我们把戏里出现的场景全都搭建在学校礼堂的舞台上：英国城堡、宴会大厅，还有台阶、吊桥，我们把校长气得直跳脚。

最后一次排练完后的那天晚上，我慢慢地穿行在斯德哥尔摩的大街上，朝家走去。突然间，一队武装到牙齿的巡警的摩托车从我身边飞驰过去，巡警头上戴着钢盔，手中紧握着钢枪。那一刻，探照灯从开始滴雨的早春的夜空划过，沿着斯维亚大街宽敞的街道驶过一排排鬼影一般的运输车，车里坐满了士兵，跟在运输车队后面的是一排排小钢炮、机关枪。一股强烈的晕眩感袭击了我，恐惧占据了我的心头，和目睹这一切的寂静的夜和街道一样，我们都被惊呆了。路上的人们相互低语，谁都不知道到底怎么回事，但大家都能感觉到有什么不可逆转的可怕的事情已经发生。感觉就像一个好友离开了我们，满腹愁怨的呼叫，仿佛远在天边却又听上去近在眼前。

首演日自然是泡汤了，我生活中最精彩、最奇妙的一天不存在了，取而代之的是报纸上的头条。不过我们早从收音机里听到了新闻：丹麦被占领，挪威处于战争状态，全国军队动员，棕色的征兵信封落入千家万户的邮箱，一切都被立即叫停。

此刻的《麦克白》就像是来自另外一个世界的另外一种生活，一个游戏，一场梦，一颗黑暗中闪光的珍珠，虚幻的，被征服的，被碾碎的。电话铃声不断，剧团的人员要应征入伍。然而，《麦克白》竟然要上演，怎么演？不可理喻，一场此生无法复制的生命奇迹就此诞生了。剧组来到学校时，整个校园都变成了战备中转站，士兵分散在校园里的各个角落，单单在演出那天，礼堂被空出来了一个晚上。

那天晚上，首演的气氛是无法用文字描述的。《麦克白》讲述的是暴力，是被欲望驱使下贪嗜权力者的自我毁灭，一出道德美学的游戏彰显出的预见性与现实的惊人重叠，让我们几乎拥有了超人的感觉。我们这些戏剧爱好者们在那一刻触到了戏剧的真谛：戏剧是一张用血肉、精神、表象、事实、死亡、重生共同编织出的精美罕见的网，它将人性永恒的谜团，生命中无底的悲剧的深渊，无尽的美的感受都统统笼络在内，通过戏剧这片透视镜，生活可以被放大或简化，也可以在阳光的聚焦点上被集中地暴露、点亮、燃烧。

*

今年夏天，在我准备城市剧团的秋季演出剧目的时候，我突然意识到我们要演《麦克白》，让《麦克白》承担起戏剧的言辞，那在几年前还被看作是无意义的表达，而今是对现实最清晰的反射。

我深深地理解城市剧团的资源已经到了崩溃的边缘，但我们坚持要演《麦克白》，这是我们的权利和义务。我可以用这些词来描述这部戏：沉稳的，暴怒的，惊悚的，表达现代人性的，极简的舞台布景、宗教仪式。

这一切听起来很迷幻，我不能再说了，借用一名德国哲学家的话：Künstler rede nicht! 住嘴吧，虚伪的人！

赫尔辛堡，1944 年 11 月 13 日

斯特林堡

《幸运儿佩尔的旅行》的创作笔记

（SFP，1939 年第 3 期，伯格曼在奥洛夫大师花园剧院上演《幸运儿佩尔的旅行》，这是伯格曼第一次将斯特林堡的戏剧作品搬上舞台。演出结束后，纳伊玛·维夫斯特兰德[1]、贝尔托·布莱希特[2]写信给伯格曼表达祝贺。）

等到下期杂志出版的时候，《幸运儿佩尔的旅行》的上演就是一个既成事实了。

鉴于这个原因，让我来按照常规给大家简单介绍一下这出戏。

《幸运儿佩尔的旅行》是奥古斯特·斯特林堡创作的一部五幕童话剧，与他的其他大手笔的剧作，例如《奥洛夫老师》《通往大马士革之路》相比，这出戏没有那么激烈和宏大的剧情，但这并不影响观众对它的喜爱，事实上，它是斯特林堡剧作中上演次数最多的一部戏。缘由何在呢？首先一点，创作《幸运儿佩尔的旅行》时的斯特林堡是一位年轻气盛、才气

1　纳伊玛·维夫斯特兰德（Naima Wifstrand，1890—1968），瑞典女演员。
2　贝尔托·布莱希特（Bertolt Brecht，1898—1956），德国诗人、戏剧家。

横溢的作家，他内心平和，目光炯炯，词语间闪烁着真诚和幽默，他用充满艺术性的笔锋麻利地把自己写进寻找幸福的佩尔中。这个佩尔总是在挑刺，总是在寻找，总是在还没有成就之前就半途而废。他表面上爱着丽萨，可其实只爱他自己，仇视人类,等等。这些性格在斯特林堡的奥洛夫老师身上也有，但不同的是，在奥洛夫老师那里刺耳的不和谐变奏，在佩尔身上被罩上一层幽默自嘲的面纱，直到以和解告终。佩尔在经历九九八十一难后，重新获得爱情，发出快乐的欢呼：这是失而复得的天堂啊！在剧终的这句台词和开场的教堂圣诞夜之间，斯特林堡给我们讲了一堆严肃、可笑和嘲讽的故事。之后，嘲讽变成了笑话，笑话带着神圣和荒诞，直到最后，一切又归于戏剧。佩尔的灵魂被毒药浸透，他追逐幸福的旅行将他变成一个幻想破灭的悲观者。在佩尔的旅行接近尾声处，响起了这段仿佛来自审判者的台词：

> 佩尔，你这一辈子像个傻子一样在追逐幸福，可现实中，单是祝福和心愿是带不来幸福的，一切皆辛苦。佩尔，好好劳作吧，劳动是神圣的。人生如沙漠，但沙漠中也有花开；人生如大海，但大海中也有绿岛和港湾。

这是整部戏的核心所指：生活是好坏参半，福祸相依，人最终还是善良的，劳动最光荣。

斯特林堡的这种认知，在《一出梦的戏剧》中借因陀罗的女儿之口说出：

> 人非善，也非恶。竭尽所能地活着吧，人生如白驹过隙。

如同一道闪电，照亮幸运儿佩尔穿越地狱的旅行，此刻音乐缓缓响起，最后落在降调上。

《幸运儿佩尔的旅行》是一件艺术品，一部有趣又严肃的优秀的艺术品，最主要的是，我们每个人都可以从中有所获得。

导演

天国的钥匙：神话剧，梦剧，历程剧

（本文为伯格曼于斯德哥尔摩大学修文学史专业的毕业论文，完成于1940年，之前从未发表过。）

第一章 《天国的钥匙》分析

《天国的钥匙》严格说来是一部从未受到重视的斯特林堡的剧作，据我所知，这部戏从来没有被搬上过舞台，文学评论家对它的批评之辞也相当刻薄。卡斯特伦（Castrén）称它是“一部色调黑暗，混乱无序的神话剧”[1]，拉姆[2]认为：“作品的创作时间间歇过长，就连斯特林堡最拿手的戏剧性在此剧中也显得贫乏。反之，将它作为一部斯特林堡的心理笔记倒是颇为有趣，从中可以清楚地看到作家在回国后精神世界的深度坍塌。”[3]厄

1 Schück-Warburg: III. Sv. Litt. Hist. VII. s. 132.

2 马丁·拉姆（Martin Lamm，1880—1950），瑞典文学史家，著有多部斯特林堡文集。——译者注

3 Lamm: Strindbergs dramer I sid. 388 f.

德曼（Erdmann）的文集完全绕过了这部戏，赫丹[1]的文本中也只粗略地分析了这部戏中的几个点。造成《天国的钥匙》被集体忽视的情况当然令人好奇，如果只是因为它的内容晦涩难懂，那《一出梦的戏剧》和《复活节》绝对有过之而无不及，《天国的钥匙》被打乱的叙事结构也不应该是造成它被冷落的原因，《一出梦的戏剧》的讲述方式要更穿越。

这部戏唯一可能有明显缺陷的地方是戏的节奏。节奏往往是在阅读斯特林堡时首先吸引人的地方，幕与幕之间顺其自然地发展令对话清晰明朗且掷地有声，这种无法定义的魔力在《天国的钥匙》中是体会不到的。然而，从另一个方面来看，我认为这部作品的重大意义在于，斯特林堡从这里先驱性地开启了戏剧实验性的探索，这不仅成为今后斯特林堡戏剧最重要的特点，他也为世界戏剧带来了革命性的内容，那就是梦幻剧和历程剧[2]。

在分析斯特林堡作品时常常读到这样的描述，他在自己的童话剧剧本的标题旁边写着“幽暗、悲伤、困惑、绝对的怀疑者”[3]，他在给比耶·曼能（Birger Mörner）的信中写道：“目前我最关注的是我的孩子。”[4]如果把这两句话放在一起，我们

1 埃里克·赫丹（Erik Hedén，1875—1925），瑞典文学评论家，斯特林堡和易卜生的研究专家。——译者注

2 斯特林堡博物馆馆长卡米拉·拉尔松将斯特林堡使用一种表现主人公人经历不同的人生驿站的戏剧形式，以《幸运儿佩尔的旅行》为先河的剧作，称为景观站剧，或历程剧。——译者注

3 Saml. Skr., Tjänstekvinnans son, del II, s. 148.

4 Birger Mörner: Den Strindberg jag känt, sid. 76.

可以大致复原出1891年时斯特林堡的精神状态：他刚刚离婚，孤独，想念家庭和孩子。为了在经济上自救，他决定写一部童话剧，希望带来像《幸运儿佩尔的旅行》那样经济上的成功。

但创作《幸运儿佩尔的旅行》时期的斯特林堡处于另外一种状态，那时候的他生活甜蜜和睦，事业发达。当他试图在1891年重塑当年的心境时，却无可救药地彻底失败了，因为斯特林堡是一名绝对不可能在欺骗自己内心感受的情况下创作的作家。所以，《天国的钥匙》从第一行开始就将读者或观众抛入烦躁和苦闷的情境。

舞台上的布景展现铁匠的家，屋子正中放着三张空着的小孩床，地上有小孩子的玩具，全能的医生安静地坐在一边，认真地读着一本书。铁匠入场，一段独白表达他对被瘟疫夺走生命的孩子们的悲伤。

> 悲伤啊，到底何处是尽头？如何治愈我的哀伤呢？
>
> 啊，把孩子还给我吧，那样我就痊愈了。[1]

差不多和剧本同期创作的诗《拉奥孔》[2]中也有同样的感叹：

1 Komedier och enaktare, sid. 118.

2 Ordalek och småkonst, sid. 299.

发发慈悲吧，阿波罗，不是为我，
播种女人的男人，神殿的毁灭者
不是为我，特洛伊的友人，希腊人的敌人
发发慈悲吧，阿波罗
为我的孩子，我心爱的孩子们
发发慈悲吧。

接着，铁匠和医生之间展开了一场谈话，医生想要吸引铁匠和他去周游世界，用时间忘却丧子之痛。接着，我们来到了与幸运儿佩尔的处境非常相似的场景。[1]

医生问：
你难道不向往去旅行吗？
铁匠：
啊，旅行，去看外面宽广的大世界，而不只是道听途说！
哪一个青春没有过梦想？
哪一个青春不怀有希望？

上面这段台词几乎逐字逐句地再现了《幸运儿佩尔的旅行》中精灵和佩尔的对话。[2]

---

1 Kom. o. Enakt., sid 121.

2 Tidiga åtti-talsdramer sid 276 f.

精灵：

你站在长廊的时候，有没有感觉到

有种力量在拉动你，想把你拉到更深的地方？

佩尔：

是的，我感觉到了。看那边的黑暗中

在光与暗相遇的地方

白日里它是一种样子

起风时它还在动。

铁匠渐渐地被说服后开始上路了，这时候，一个非常特别的人物出现了，那就是圣佩尔。他把天国的钥匙搞丢了，请求铁匠为他打一把新的。把这个寓言穿起来的红线，即“天国的钥匙”。

不同的理论家有不同的解释。赫丹认为铁匠的旅行是为了寻找他失去的孩子们。

拉姆则认为，“铁匠之所以跟着全能医生经历一路的艰辛万苦，是因为他想进天国”。[1]

在我看来，这个旅行早在佩尔出现前就已经确定了路线，而且行程和《幸运儿佩尔的旅行》几乎一致。斯特林堡在剧中请进佩尔的目的，是为了缓解戏开头浓缩的沉重心酸的氛围。

1 Lamm: Strindbergs dramer, I, sid. 380.

这部戏用佩尔丢失的钥匙命名，也是为了突出作品的戏剧性，除此之外，我不认为钥匙或是天国之门有更多的寓意。

斯特林堡在《科威城旅行记》(*Kvarstadsresan*) 中写了这样的现象[1]："做什么都像是在鹦鹉学舌，懂不懂都没关系，学脏话的本领特别强。当鹦鹉要唱歌的时候，它会跳到一个木棍上，撅起屁股，得意扬扬地唱起来。等它唱完了，鹦鹉会转过身来欣赏自己的杰作，发出一声赞叹：棒极了！"这种极端自恋的表现反映了赫丹[2]提到的斯特林堡的模仿者西格德(Sigurd)。斯特林堡无疑是一位自恋者，这场戏就如报纸的漫画一样，缺乏灵性，对于整场戏无关紧要。倒是结尾处，佩尔的台词非常美妙。[3]

歌队：

你在钓那些干瘪的老渔夫吗？来，来，小鲜肉在这里。

佩尔：

这话我听过

很久很久以前听过

人老了，记忆背弃了我

可我还是能够看到他

1 Likt och Oliket, II, 46.

2 Hedén: Strindberg, sid. 224.

3 Ibid.

在云雾中行走，明亮、温柔
手和胸口都受了伤
他从不读书，只是不停地走
一个人走
在森林里走
在山岭上走
在村庄，在城市……

赫丹[1]写道：跟在佩尔身后云游的人，代表宗教、衰老、迷失和荒谬。

我认为赫丹的结论与他所引用的台词之间的出入很大，总之，《天国的钥匙》的第一幕就这样结束了，同时，斯特林堡对这部戏的兴趣也结束了。他把文稿放到了一边，直到后来把这仅有的一幕寄给了邦尼出版社。斯特林堡在隔一段时间后开始创作第二幕，他在 1891 年 12 月 7 日写给邦尼出版社的信中，请求他们把第一幕寄还给他。“我把第二幕写好了，故事可以继续了。”[2] 1892 年的新年，斯特林堡完成了写作，《天国的钥匙》于 4 月 1 日正式出版。拉姆写道[3]：“很显然，斯特林堡没有按照他常规的方式写作，作品是在间隔很久后完成的，他本人也一直对作品犹豫不定。1891 年 9 月 27 日，在写给博赫（Bergh）

1 Hedén: Strindberg, sid. 238.
2 Landkvist 在谈论本剧时引用了该信（喜剧和独幕剧，第 456 页）。
3 Lamm: Strindbergs dramer, sid. 379.

的信中，斯特林堡表示有时候开心，但基本上忧郁，写作勾起许多难言之隐的回忆。”在我看来，这些正是典型的斯特林堡创作“第一幕”时的心情，《天国的钥匙》的第二幕与第一幕迥然不同，失去孩子的悲伤似乎被忘记了，对《幸运儿佩尔的旅行》的拼命模仿也被彻底抛开了，整部戏完全就像是变了一个风格，从对话到道具都发生了质的改变。许多评论从文学意义上讨论，将第二幕视为剧的核心，拉姆提出他的批评，认为第二幕是对类似《佩皮塔的婚礼》（*Pepitas bröllop*）一类的重塑浪漫主义作品的引用。

在我看来，第二幕中出现的几个新人物是最有趣的地方，而且他们在戏中起着支撑结构的独特作用，我要在下面详谈。

我认为最有趣的人物首先是情妇，其次是堂吉诃德和桑丘·潘沙。

情妇和铁匠那段戏几乎以悲喜剧交加的形式勾画出斯特林堡的女性观，这里斯特林堡无疑是以自己的第一任妻子为原型，这个最终被揭穿但斯特林堡依旧存有爱意的女人。

堂吉诃德和桑丘这一对滑稽可笑的人物，对于斯特林堡时代的观众意味着什么呢？19 世纪 80 年代的理想主义者和反叛分子已经变得肥胖油腻且精明滑头了，他们身边干瘦奸猾的桑丘·潘沙，依旧怀揣着堂吉诃德有一天要骑他的马的梦想。堂吉诃德自己也高呼：哈！这小子可是我一手栽培出来的。然而堂吉诃德也不是省油的灯，他在罗密欧与朱丽叶的死亡银婚庆典上自由发挥的讲话让罗密欧大跌眼镜，他对身边的朱丽叶低语道："这回我真信了，他可是真疯了。"

至此我们已经见识了斯特林堡在这部戏的前两幕中处理的是自己过往生活的经历，第一幕中失去孩子，也是彼时的斯特林堡正面临的状况；第二幕的堂吉诃德与桑丘的关系反映出斯特林堡的自恋心态。这之后，斯特林堡转入了唯物主义，铁匠和情妇的关系逐级发展。

第三幕中占主导的是尼采的超人哲学，从1882—1893年的十几年间，斯特林堡热衷于尼采的研究（斯特林堡告诉卡尔·赛德克［Karl Strecker］：尼采一个人找到了囊括我近十几年所有感知和思考的语言[1]。），这里，铁匠—斯特林堡—许佩伯雷人（Hobergsgubben），三人分别在静默中俯视着山谷和山谷中如蚁的人群[2]。

"哎，山谷里那群可怜的亲戚啊，瞧他们忙碌着，摇铃铛，画十字，他们相信古老的神话，被长青剑刺死的巴德尔[3]被洗净涂上颜色尊为白神；但他们不相信巨人，他们宁可去投石，才不要被矮人的石头击中。"

这种认知在小说《贱民》（*Tschandala*）中也再次出现，书中的主人公阅读了《摩奴法典》后醒悟到[4]：

《摩奴法典》通过种姓高低论创造了一个被用来

1 Erdmann: August Strindberg, II, sid. 263.

2 Kom. o. Enakt., sid 162.

3 巴德尔（Balder），北欧神话中的光明神。——译者注

4 Svenska Öden och Äventyr, sid. 375.

侮辱的低等族姓，他们生来就该在社会的最底层，如同滋养土地的肥料，热腾腾地被埋在土地的最底层。百余年来，高等级的婆罗门可以随意地在这片沃土插花弄草。

在《天国的钥匙》中，人类仰视许佩伯雷人的视角就如同矮人仰望巨人，但很快巨人就没耐心了，矮人被不眨眼地干掉，佩尔惊呼[1]：

你就这样干掉那些矮人了，你这个可恶的巨人！
许佩伯雷人：
对呀，他们还想威胁巨人我的地位。

在《天国的钥匙》的创作时期（1892—1893），严格意义上斯特林堡已经厌倦了超人理论，尽管这种想法在斯特林堡之后的作品中还时有出现，不过铁匠这番嘲讽的话足以被看作是对超人理论的彻底埋葬[2]：

好吧，可怜虫，现在你满意了吗？坐在高位俯视下面的草民贱生。

在这片人生的杂草丛中，你寻到走出来的线索

1 Kom. o. Enakt., sid 169.

2 Ibid., sid 183.

了吗？

正如我之前指出的，堂吉诃德从来都没有成为他想做的“绝顶聪明的唯物主义者”。在第三幕中他又转回去做理想主义者了，桑丘·潘沙也回到了之前那个没有前途的跟班，两人达成和解。堂吉诃德归从绝对的、纯洁的、单一的爱情（这是在影射斯特林堡和他的第二任妻子弗丽达·乌尔（Frida Uhl）的关系吗？），鼓励桑丘继续和他云游[1]。

走吧，桑丘，走出山谷，朝高处走吧，

上山顶吧！

桑丘：

啊，又要上山顶吗？有时候还是下山谷。

第四幕中主人公处在一个典型的斯特林堡式的环境中：社会在这里以施拉芬国（Schlaraffenland）为象征，这是《幸运儿佩尔的旅行》中第三幕的再现，或是《林荫大道》中的埃尔斯多夫（Esldorf），以及《通往大马士革之路》的第三幕。这里的人物与《秋日霜雪或社会的危险改革者》（*Höstslask eller Den samhällsvådlige reformatorn*）[2] 都有亲戚关系。我认为这是斯特林堡按照他的认知描绘出的一个理想的关系结构，那就是

1 Kom. o. Enakt., sid 180.

2 Likt o. Olikt, sid. 199.

万事皆不如意。在第 189 页中佩尔的独白可以证实我的想法：

啊，多么美丽的国度，我的云游真的就结束在这里了吗？

这就是天国啊！

第 196 页：

我想我是进了地狱。

在理想国中发牢骚的写法，同《幸运儿佩尔的旅行》中那段因为在城里铺石板而争吵的戏也有关联，可能更接近《一出梦的戏剧》中封储藏室门的那段戏。这几场戏都是从最平庸的琐事中发展出巨大的痛苦，对于打造戏剧氛围的贡献正负抵消为零。铁匠最后的台词总结了整部戏的气氛和内容[1]：

我累不累？打一开始我就看透了人生
就没有不累的
凡我目光所及，痛苦无边无涯
比上不足，比下有余
先把下面荒废了

1 Kom. o. Enakt., sid. 198.

再去向往上面。

这段台词可以是从《幸运儿佩尔的旅行》中直接摘取的，不过语气更冷酷、更绝望，这里有地狱投下的影子。

第五幕的氛围完全有别于前几幕，童话剧的特色完全被梦幻剧取代。这个过程是如何发展的？我还要寻找线索。我认为第五幕从教皇在圣彼得大教堂出现的第一场戏开始，就缺乏对前四幕建立起来的人物关系的整体关照，关于这一点我想以后再找机会谈。

第五幕的头两场戏，铁匠和圣佩尔跋山涉水寻求完美的旅行终于来到了罗马，圣彼得大教堂。和第四幕一样，只要对斯特林堡的宗教认知和他对世俗化的意大利的看法有所了解，就能预见会发生什么。拉姆认为，这个结尾是斯特林堡在为被标以“天主教的同情者”[1]的怀疑开脱而添加上去的，所以，结局不出所料，教皇把铁匠和圣佩尔一同逐出大教堂，圣佩尔为教堂感到羞耻，铁匠却说[2]：

好吧，你愿意这么想也行
不过你真的相信我愿意待在这里吗？
我要被这些管事的给吓死啊
佩尔：

1 Lamm: Strindbergs dramer, I, sid. 385.

2 Kom. o. Enakt., sid. 205.

我从来没有过像现在这样

距离天国如此遥远！

第二章 《天国的钥匙》和《一出梦的戏剧》

在上面一章，我主要针对斯特林堡的几部戏中涉及戏剧性的点，根据它们的真实情况和之前评论家的点评，进行分析。在这个章节，我想从另外一些角度谈一下同作品相关的其他方面的研究，如《一出梦的戏剧》在斯特林堡戏剧家生涯中所占的中心位置，当然我知道这个提法本身具有的争议性。

把《天国的钥匙》和《一出梦的戏剧》放在一起讨论的原因首先是它们外表形式的相似性。两部戏都由简朴克制的内部结构支撑，让人感觉作者就像是将一些四处散落的笔记拾回来，再用一根细弱的红线把它们串起来，叠成一部剧本一样；不过进一步研究，两部戏的区别也显而易见。上面的描述准确地概括了《天国的钥匙》的创作方式，然而《一出梦的戏剧》的构思却大相径庭。这部戏的艺术理念和叙事技巧反映的完全是梦的逻辑，《天国的钥匙》之所以也被看作是同一种创作方法，这是斯特林堡信马由缰的想象力的成就。艺术能够控制想象力，而梦是无法驾驭幻想的。

不可否认，两部戏的内部关系也造就了它们的相似性。受苦受难是它们共同的情绪，我们之前引用过的描述“幽暗、悲伤、困惑、绝对的怀疑者”的论调遍布剧中的每一个角落，“就像大多数的梦都是悲惨的、欢喜的梦实属少见一样，这个曲折的故事一直都浸淫在晦暗伤感的悲情中”。[1]

文字在剧本中各有千秋，但重要的目的只是起到传递主题、塑造人物关系的作用。从《天国的钥匙》的第一幕舞台设计的描述开始，斯特林堡已经把梦幻剧或者历程剧的特色投射上去了[2]：

> 屋里墙上挂着《圣经》题材的画，描述骑士远征和耶稣降到地狱的情景。

剧中随后出现了“绿色壁炉”，这个道具到底是斯特林堡想要强调剧情里中世纪的氛围还是随意的选择很难判断，总之，我找遍了整部剧，唯一准确地体现故事发生在中世纪的描述就是第一幕中舞台设计的描述。

我在上一章说到过，《天国的钥匙》第一幕几乎是在复制《幸运儿佩尔的旅行》的开篇，但剧中的梦幻性并不是那么强烈。这里我要提醒大家注意的是，斯特林堡在舞台技术上的超前实验性，来看这段舞台设计的描述[3]：

1 Kom. o. Enakt., sid 205.

2 Ibid., sid 115.

3 Ibid., sid 121.

在这一幕和接下去的一幕中，先是孩子们的鞋从舞台上消失，然后玩具消失，再接着是衣服，逐一发生。

用这个技术性的处理方法，斯特林堡表现出死去孩子们的记忆如何在铁匠的意识中逐渐消失。据我所知，用这样的技术解决记忆“去物质化”的安排在斯特林堡之前还没有人想到过，也没有哪场演出真正实现了斯特林堡的意图。最近，佩尔·拉格奎斯特（Pär Lagerkvist）在他的表现主义风格的独幕剧《黑暗时刻》（*Den svåra Stunden*）中用了同样的技巧，可以看看他做得如何。还有一处非常有意思的舞台设计我想给大家指出：

他吹了一下哨子，舞台上的布景开始转换，幕布从铁匠坊和屋子之间的空隙落下来，后面的换景被遮住，绿壁炉被拉进来，等等。[1]

此处医生的台词很幽默：

我是巫术大师
我的魔法天成有道
这里，不过是舞台布景

1 Kom. o. Enakt., sid 130.

一点雕虫小技
说得漂亮点
换景，来吧！

这样的舞台设计要到20年代初的先锋剧场才有人做。

斯特林堡是描写鬼魂宴席的大师，没有人能比他更会制造阴森恐怖的气氛。如《通往大马士革之路II》中金匠的宴席，《等待》（*Advent*）中的地狱舞会，《黑旗》（*Svarta Fanor*）中的晚宴，《鬼魂奏鸣曲》中的鬼魂宴席，以及《通往大马士革之路I》中边朗诵着摩西十诫边喝粥的戏，都是噩梦重现的场景。按照斯特林堡创作的时间顺序，《天国的钥匙》中的第六幕，罗密欧与朱丽叶的死亡银婚庆典是斯特林堡第一次写鬼魂宴席。这对殉情恋人的婚礼仪仗队从一口枯井中走出来，我们可以把这一幕看作是彼时的瑞典文学发展中，年轻活力与旺盛的浪漫主义的苦涩结合。但斯特林堡在他之后的戏剧中埋下了一种噩梦式的气氛，比如这里，把医生向前来参加婚宴的宾客施魔法的一幕运用到梦的形式：

以我留在人间的阴影，
穿扮我的思想，
重返阴间！
再现灵光，
迎着枯井中呼啸的阴风。

前进吧，阔步同行！

情妇走下枯井时，铁匠跑出来要陪她，被医生劝阻住了。这一幕的舞台设计也展现梦的情境。第五幕中的第三节比较奇特，乍看结构简单，斯特林堡后来在《一出梦的戏剧》中也延续了同样的结构，目的在于通过戏剧化的表达，增强观众对于舞台上呈现时间流逝的理解。在《一出梦的戏剧》中，斯特林堡用转动的灯塔式的灯光照在舞台上制造出时明时暗的效果，“明与暗，明与暗”。剧本中有这样的旁白，剧中因陀罗的女儿重复道：“昼与夜，昼与夜！……仁慈的天意降福你的等待，白日飞快，追逐夜的到来。”在《天国的钥匙》中，斯特林堡要表现人类在许佩伯雷人的影子下等待三代人时的时光流逝。这时舞台上灯光的明暗变化虽然不能达到《一出梦的戏剧》中的效果，但足以让观众体会到这是在表达时间的流逝。

下面是历程剧中常有的一个细节：

女主：

故事快要结束了，我们到了最后一幕。

一个声音回答：

刚巧我们到了第七站，正是我们当初开始的地方。

在《林荫大道》中，猎人到了最后一站也用同样的口气说：

……朝前走，隐入黑暗中。

《天国的钥匙》里医生说：

最后一次，最后一首诗

我们到了，朝着罗马，朝着天国，前进！

《天国的钥匙》的第五幕完全用象征语言再现梦的逻辑。开场我们看到教皇和佩尔一段奇特的对话，从寒暄打招呼过渡到宗教认识的对立争吵，整个对话的梦幻气息，奠定了这场戏的氛围。接下去一场戏骑士出场，从梦的逻辑分析，巴别塔这场戏最丰富，充满了梦的隐喻。斯特林堡在铁匠身上赋予了希腊神话中伊卡鲁斯、普罗米修斯以及与耶和华摔跤的雅各的故事情节，最终，斯特林堡将自己赋予铁匠之身。此刻，从通天塔上落下梯子，铁匠不解，医生为他解释：这就是著名的雅各的梯子。

铁匠：是天使升天时的梯子吗？

医生：也是他们下人间的梯子。

我以灵魂发誓这是诱惑，

无论你有多么深信天堂的念头，

铁匠：那便是罪恶自身吧！

在梦幻剧中，剧中的每一个人物在剧尾依次出场表白，作为对整部故事的总结。在《林荫大道》的结尾，也就是第七个场景中也有这样的安排，猎人把每个场景的故事做一个总结回忆。在《幸运儿佩尔的旅行》中，“影子”出来回顾了佩尔的一生，这时候“诗人”出来总结全剧：“我听说人生走到尽头时，万事万物皆休矣。这是结束了吗？”

医生：看到了吗？
这里有巨人在吞噬小孩，投掷乱石
拇指姑娘被他撞上，变成他的口中餐
灰姑娘被他撞上，成了他的老婆
给你的童话添了新故事
还有蓝胡子和他的老婆们
圣彼得的骷髅在人间游走
耶路撒冷的鞋匠，施拉芬国
准备好了吗？要回家看孩子了。

《天国的钥匙》与斯特林堡在经历了“地狱危机”[1]之后写

1 1892年，经历了斯堪的纳维亚实验剧院的失败之后，斯特林堡在戏剧界销声匿迹了三年。他带着复仇之心重返，创作了七部剧作：五幕剧《天国的钥匙》，独幕剧《借方与贷方》《最初警告》《面对死亡》《母爱》《玩火者》《婚约》。六年之后，斯特林堡才重拾久辍之笔，而他在“地狱危机”阶段的经历也造就了他戏剧的形态。——译者注的几部作品，其语言和结构都具有相同性。

《天国的钥匙》结尾，医生鼓励铁匠登上了梯子，他走进了铁匠作坊旁边的一间屋，屋里放着三张小床。铁匠触景伤情："我再不要看到这个房间。"但医生坚持：

> 这房间你不是很熟吗？
> 不要想天堂落到人间，
> 不要想天使扶梯而下吗？

在舞台设计方面，斯特林堡提示让孩子站着屋里墙上的龛内，位置在梯子上面。用这种方法，斯特林堡还在提醒观众这是一部梦幻色彩的神话剧，剧中的铁匠在经历了各种磨难后重返自己的生活，返回铁匠可以通过自我修炼创造的天国，这也是整部剧的道德昭示。最后，医生离开了铁匠，斯特林堡严格遵循将梦幻和现实分界开来的表达：

> 现实击入你的大梦
> 不要再建那摇摇欲坠的巴别塔了。

斯特林堡自然主义的创作阶段至此告一段落，但他依然坚持在戏中将梦境、诗歌以及现实混在一起。在《一出梦的戏剧》中那段常被引用的诗人和女儿的对话可以作证：

诗人：我曾经为此写过诗！

女儿：那你应该知道什么是诗？

……

诗人：我知道什么是梦……什么是诗？

女儿：诗不是现实，但高于现实……不是梦，但是清醒的梦……

在《天国的钥匙》中，斯特林堡并不执意将梦与诗同现实做区分，在微乎其微的事实基础上编织出新的图景和梦境，“人物被割裂、重叠、交错，被蒸发、浓缩、离散、汇合”。《天国的钥匙》要比斯特林堡的其他戏剧更加强化这种撕裂离散的特点，戏中的每一个人物：以铁匠为主，还有堂吉诃德，全能的医生，甚至连圣彼得在内，全都处在相互对立以及自我矛盾的状态。

同样地，《一出梦的戏剧》中的人物：军官、诗人、律师，以及拿着绿色渔网的广告员，统统都是斯特林堡的个人化身，但他们还不只是他的传声筒。我发现这两部戏中的人物有一些互通的共性，比如堂吉诃德和诗人都喜欢泥浆浴，也都向往登高望远；铁匠和军官都陷入了不可救药的爱情，铁匠爱着情妇，军官爱着维多利亚；全能的医生和因陀罗的女儿都拥有神力，无论剧情如何发展，他们都不为所动。两部戏最大的区别是作者看待人类的态度，在创作《天国的钥匙》时，经历了1891年秋离婚后的斯特林堡充满了对人类的愤恨，剧中的矮人、小人、恶人令人憎恶且需提防。

《一出梦的戏剧》时的斯特林堡的处境发生了大变化，他扮演起受难人类的律师，愿意站在人类一边，为拯救人类而呼吁呐喊。

因陀罗，天之主宰
听我们叹息！
人间并不洁净
生活并不美好！
人类不恶
也不善良
他们勉强生活
岁月蹉跎。

第三章　《天国的钥匙》和历程剧

斯特林堡在《一出梦的戏剧》的按语中，把《通往大马士革之路》称为“前一部梦剧”，他在给正在排演此剧的“亲密剧院”的导演的公开信中写道：

这部剧要按梦的逻辑去排练演出。同一类型的梦剧还有《林荫大道》《复活节》《天国的钥匙》，《林荫大道》被称为“七个场景的历程剧”，上面几部作品也符合“历程剧”的称呼，另外还有《幸运儿佩尔的旅行》和《罪上加罪》。

历程剧这个定义首先就如其字面意思，是具有云游经历的戏剧。剧中的主人公通常会在不同场景中游走，最后返回出发点。拉姆指出，“历程剧给观众一种如在梦中的感觉，故事情节一环接一环地连续发展，将观众渐渐带入越来越清醒的意识”。在《通往大马士革之路》中，这种叙事手段今天看来几乎有点直接，但斯特林堡在给格耶斯达姆（Geijerstam）的信中不无骄傲地写道：“对，这算是首有一半真实的诗歌。结构和布局对艺术的重要性就如克尔凯郭尔（Kierkegaard）‘重复’的象征意义，这部戏的故事朝着终结的疯人院一步步发展，在与命运相遇之后，故事又辗转回来，朝圣之旅，生命教训，所有的一切再次回到原点，终点成为起点。你可能没有注意到，《通往大马士革之路 I》的舞台设计是按照剧情发展的倒序从后向前安排的，以结尾的疯人院为起点，就像咬到自己尾巴的蛇。这就是戏剧[1]。”斯特林堡一直在努力地发展历程剧的实验性，在我看来，还没有哪部剧有《通往大马士革之路 I》这样刻意的舞台设计，尤其是第四幕的第一场。下面，我还想从《天国的钥匙》《一出梦的戏剧》和《罪上加罪》中摘取几个例子来

1　原文为法语 c’est du théâtre。

阐述。

在《天国的钥匙》中有一个对于舞台技术和剧情发展都非常关键的“景中景”，那就是铁匠作坊旁边的小房间。这个房间的门一直都敞开着，面对门外的大路，也就是舞台的中央。在第一幕中第一场和第二场戏换景的时候，舞台设计提示写道：幕布在铁匠作坊和小房间之间落下，房间内部的换景可以在幕布后面进行。在《一场梦的戏剧》中，斯特林堡运用了同样的技术，这一次是侧幕推进来分割整个舞台，此处侧幕上面还绘着风景画，斯特林堡用一件道具在舞台上制造出空间、建筑和风景。法尔克（Falck）在“亲密剧院”上演《罪上加罪》时用了同样的技术，“我把侧幕一直保留在舞台上，充当舞台上的柱子，我只需要更换柱子下面的基座”。

这三部戏中，舞台上的“景中景”从舞台戏剧性上起到了标注戏的开始结束的作用。《天国的钥匙》尽管以巴别塔剧终，但在大幕缓缓落下的同时，我们也看到铁匠朝着小房间和孩子们走去。另外，《幸运儿佩尔的旅行》《一出梦的戏剧》和《林荫大道》都有同一类型的开场：

《幸运儿佩尔的旅行》的开场：

幸运儿佩尔从教堂钟楼上看着下面的人：

不是说人类终究没有那么坏吗？

你看富人家着火的时候，

那么多穷人跑过去做什么，是去救人吗？

哎，我可是看到人们跑进富人家的厨房，
从餐桌上抱走沉甸甸的银餐具往城外跑呢，
这不是太过分了吗？

因陀罗的女儿和父亲站在天上：
不要这么说，现在我听见了欢乐的喊声，
爆炸声和敲击声，看到了闪电，
现在钟声响起，篝火点燃，千万种声音
……
他们唱着赞歌，感谢上苍……
（停顿）
你的话过重了，父亲……

《林荫大道》中的猎人站在阿尔卑斯山顶向下看：
苍白无力的大地！
引诱者
你把我带入地下，
自己却花枝招展！
绿色是希望，
蓝色是信仰，
粉红色是爱情。

《通往大马士革之路》和《一出梦到戏剧》都用到了对称

结构，其中后者在这方面发展得更完善。如果不算《一出梦的戏剧》的开场，因陀罗和女儿的对话算是这部戏的序幕，那么整部戏一共有 14 个场景：

1 生长的王宫（源起）
2 监狱
3 父亲和母亲（坚守职责）
4 剧院（等待）
5 律师所（受难的代言）
6 教堂（荆棘王冠，一杯受难酒一饮而尽）
7 监狱的地牢（第七场景，转折点）
8 律师的家（善行成真）
9 耻辱峡（机械的地狱，天堂的影子）
10 美景湾（暴露的天堂，气氛同 9）
11 地中海（同 9 和 10，这里是天堂，这里是地狱）
12 芬加尔洞
13 剧院走廊（解答世界谜团）
14 生长的王宫（返回源起地）

以上 14 个场景，在第 7 个场景转折，接下去的场景经历“重复和吞噬”。这个创作模式是否为作者刻意为之还无法确定，但无论怎样，数字“7”在斯特林堡剧中扮演着特殊的角色，这个在《通往大马士革之路》《林荫大道》中也可以看到。

《天国的钥匙》中有一个技术因素，那就是不断出场的铁匠的家。这部戏如果不算序曲同样也是7个场景，在第7场中剧中所有的人物都聚在一起，为了突出历程剧的特色，斯特林堡将剧中的全能医生换上亚哈随鲁[1]的装扮，圣彼得和堂吉诃德在这里也结束了他们的云游，走向最后一站：

不，你还不能歇息，
此生之罪仅走过一半

有些树下是不能歇息的
不能把自己的十字架转嫁他人。
一时畅快但修身无果！
起来吧，完成你的目标。

不难找出这段台词与斯特林堡之后的“地狱”“通往大马士革之路”系列的关联。

《罪上加罪》有着刻意的技术性，这也是一部历程剧，但不同于在大路上的云游，主人公游走于巴黎街头的餐厅和公园之间，与自己的良心做斗争。和所有斯特林堡的戏剧一样，开场第一幕的场景设定就向观众交代了全剧的氛围。我们先来到一片教堂墓地，之后转入火葬场。剧中的冲突从这里展开，

1　亚哈随鲁（Ahasuerus），犹太人国王，著名的云游者。——译者注

下一个场景转到布洛涅森林，结尾再次转回到戏的中心场所，即火葬场，面对女儿的死亡。《罪上加罪》依照历程剧的发展进程，在游走和变换场景中矛盾冲突渐渐走向和解。

在《罪上加罪》的创作草稿中有一张纸条，斯特林堡在上面描绘了这场戏的舞台设计和剧本初衷等细节，场景设计与《通往大马士革之路》不乏许多相似之处，我把斯特林堡的手稿在这里复原一部分：

第一幕

教堂墓地

火葬场

第二幕

欧贝琪阿德瑞酒店[1]

布洛涅森林

第三幕

火葬场

欧贝琪阿德瑞酒店

第四幕

~~塞纳河岸~~

卢森堡公园

火葬场

1 Auberge des Adrêts。

~~教堂墓地~~

《复活节》这部戏在结构方面不同于其他作品，剧中“圣灵”的一些台词体现了本剧与历程剧的关联：

我的任务是鞭策你们
把你们赶到十字架，我们后会有期。

……

和你老年的安逸告别吧
你将孤独地承受沿途的鞭笞
你将独自隐忍无梦之夜的折磨。

本文用大量案例做比较，列举历程剧在斯特林堡的创作中基本保持相同或近似的结构形式，并证实《天国的钥匙》属于这一类型剧。以我之见，《天国的钥匙》也承袭了《幸运儿佩尔的旅行》的框架。斯特林堡的戏剧创作从 19 世纪 80 年代开始，延续了自然主义创作风格，在《天国的钥匙》中得以加强，在作者经历了“地狱阶段”后，他的自然主义风格在《一出梦的戏剧》中到达顶峰。

斯特林堡对历程剧的偏好有可能和他本人的经历有关吗？他本人就是一个不安的游荡者，至少他是这样总结自己的。在散文《孤独》(*Ensam*)中，他如是表达：

看到那搬运箱后面的面孔了吗？忧虑不安、疲顿操劳，可就是那样一个人，要搬家、要出游，要把一身的劳累抛掷身后，重新出发。我一生都在搬家、云游，直到今日我坐定，回想我颠沛流离的一生，吟诗一首，名曰《犹太王亚哈随鲁》(*Ahasuerus*)。

上路吧，上路吧，
告别你的暖屋；
花砖墙刻，
属于你的家园
像迦百农一样被摧毁破坏；
远别的妻子孩童，
火光吞噬了的村庄，
大地荒芜。

关于《鬼魂奏鸣曲》

（1954 年，马尔默城市剧院上演《鬼魂奏鸣曲》，伯格曼为节目单撰文，这是伯格曼第二次导演该剧。）

我第一次读到《鬼魂奏鸣曲》时，是 12 岁，我是在一家旧书店里买到这本书的，大概首先吸引我的是书名。

我不能说那一次的阅读给我留下了什么印象，为数不多能记住喜欢看的几个情节是住在橱柜里的木乃伊，台阶上的死人，还有不爱吃饭的小姐。这些幼稚的恐怖场面在我的幻想中留下了深刻的印记，可以说直通我自己的童年经历。

后来我在《鬼魂奏鸣曲》中找到了许多儿童式的恐怖情节，如身体肥硕的厨娘，隐秘的钟摆声，令人不安的瘸子和逗鹦鹉时诡异的游戏。剧中一群老人家的死亡晚宴带着仪式感，恐怖又迷人地反射在一个孩子的幻想中。

象征和寓意对我们的深刻影响，远在我们的理性分析能力成型之前，音乐韵律的舞台决定了我们对戏剧的情感。

1941 年，我在只有 99 个座位的斯德哥尔摩公民剧院当导演，我们的观众主要是孩子，所以我们演《打火匣》《仲夏夜之梦》和《小丑皮波》。直到有一天来了成人观众，于是我们演了《鬼魂奏鸣曲》。阿兰·克里安德（Arland Colliander）演老人，达内·林德（Dagny Lind）演木乃伊，古纳·比约斯坦德（Gunnar Björnstrand）演上校，彼得·林德格林（Peter Lindgren）演大学生，还有斯杜·艾里克森（Sture Ericsson）演死神。演员的酬劳是演出当晚每人10克朗，排练是义务的，当年的情况就是这样。

我们这只草台班子居然还获得了不小的成功，以奥斯卡·劳森（Oscar Larsson）为首的市政府文化部门力挺我们剧团，后来普及各地的著名的“阁楼和地下室剧院”都是由我们带动起来的。奥斯卡为我们带来了他许诺的文化赞助，我们演儿童剧《小红帽》，是给孩子们看的“鬼魂奏鸣曲”。

我还记得我们的小剧团乘风破浪、无所畏惧地尝试戏剧的魔幻性，自己的不足或缺陷不仅不会击倒我们，反倒让我们一路向前。

直到有一天发生了一件彻底摧毁我的事：莫兰德导演的戏在大剧院上演。我就像一只没有见过世面的小鸡被带到雄赳赳的大公鸡面前一样自惭形秽。那天晚上，走在被雨水打湿的黑漆漆的回家路上，我发誓要聆听父母大人的教导，离开我的“马戏团”返回学校继续读书。那晚我在剧院经历的一切令我感到如此无法超越，现在想起来仍然如此。

莫兰德在《通往大马士革之路》《一出梦的戏剧》《鬼魂奏鸣曲》所展示的无可置疑的高水准，为年轻的导演们指出了一条典范之路。无论我们今后会受到哪位外国导演的影响，莫兰德都是我们高山仰止的导师。

今晚的演出可以说是一个爱情的结晶。我在公民剧院的尝试算是今晚这出戏的母亲，莫兰德导演的《鬼魂奏鸣曲》是孕育这个孩子的父亲。孩子身上必然带着爸妈的深刻印记，但它并不是一个没有主见的复制品，相反，它从开始就摇晃着要走出一条自己的路。

现在我只是希望，父亲能够接受这个孩子。

朱丽小姐的三道伤

（本文为伯格曼为1985年斯德哥尔摩大剧院上演《朱丽小姐》的节目单所撰写的剧目介绍，文章讨论了斯特林堡的原作在首演时被划掉的台词。在伯格曼导演的大剧院版本，以及他四年前在慕尼黑公民剧院导演的版本中，伯格曼都选择了还原剧本的原本台词。）

在《朱丽小姐》剧本的开场有一处被斯特林堡划掉的台词，在后来出版的《斯特林堡戏剧集》中，这句台词就再也没有出现过。戏开场处，让告诉克里斯汀他看到朱丽小姐在“驯服”她的未婚夫。

让：她让他从鞭子上跳过去，就像驯狗一样。他跳了两次，每次都挨一鞭子；但是第三次的时候，他从她手里夺过鞭子，在她左脸颊上抽了一鞭，然后扬长而去。

克里斯汀：怎么会是这样呢？难怪她把自己的脸涂成白色！

斯特林堡为什么在把这样一句如此重要具有解说意义的台词划掉呢？我们只能猜测。这句台词在戏的开始表露了朱丽的心情：她既愤怒又害怕。这也解释了她为什么没有跟着父亲去亲戚家过节，而是留在庄园里。当人们在仓库昏暗的光线下看着脸上带着羞辱烙印的朱丽小姐像马戏团小丑一样，先和护林人跳舞，再去挑逗让，那样子真是非常可怕。

那么斯特林堡为什么划掉这句台词呢？我的猜测是斯特林堡当初答应了他那时的妻子，后来也成为演员的西里·冯·埃森（Siri von Essen），在《朱丽小姐》哥本哈根的首演上担任主角。埃森女士在了解到自己在剧中的造型，先是脸上要有道伤,然后还要把脸涂成小丑一定吓坏了。很有可能，她把上戏剧学校时用过的化妆盒拿出来试了试，对着镜子在脸上画马鞭抽过的伤痕和小丑的白面具。很有可能，这活真不那么简单，这点我们做戏剧的人都了解，埃森女士或许画了很久都不满意。

彼时的丈夫走进妻子的化妆室，两人都对化妆结果不满意，不过各自的想法截然不同。西里悲伤地想：好不容易要演一次主角，怎么可以像个小丑一样在台上跑呢！奥古斯塔安慰妻子，回到书房把那句台词直接划掉。斯特林堡从来都不苛刻对待他的演员，他也不难为自己的台词。

结果呢：朱丽就像一只受伤的鸟，在她的仇敌的领地——克里斯汀的厨房里，蹦来蹦去；她在和让的残酷游戏中又受了伤，而这第三道伤，她结束自己生命的那一刀，不过是前两道伤的后果。

节目单摘抄

再谈实验剧场

（本文发表在SFP，1939年第9期，伯格曼为在奥洛夫大师花园剧院上演佩尔·拉格奎斯特的剧作《活了两次的人》撰文介绍该剧。）

最近几个月，剧团一直在紧锣密鼓地排练佩尔·拉格奎斯特的戏《活了两次的人》，说实话，我们之前从来没有对一部戏从心理层面花这么大力气斟酌研究，包括舞台布景、灯光、演员面具等都做过细致分析。简而言之，这将是我们剧团迄今为止上演的思考最深刻、表达最真实的一部戏。对于我们，排练《活了两次的人》有时就如同劳作一天之后沐浴的精神洗礼，如果我们能把这种感受传递给观众，哪怕只是一丁点，那我们的努力就没有白费。

《活了两次的人》首先引发我们思考的一个独特的问题是：如何区别文本中“活着”与“存在”和“生存”的含义，进一步考虑发现这个问题还远比想象复杂得多。

谁没有过这样的奇想：发生在我身上的一切都不是真的，都不过是一场噩梦；或者，这一切都太美好了，我以为这是一场梦。我这样说可能和我本人对于情感的认知颇为局限有关，在我的世界里情感就存在于这两个极端，而且它们无法抵达。换句话说，我活着，日子一天天地过着，但内心深处总有一团东西在渐渐萎缩。我是谁？我怎样能成为一个真正的人，哪怕只有一次？每当我鼓足勇气试图把自己从麻木中唤醒，现实的大棒就无情地砸向我，把那刚刚敢露出一点头的赤裸脆弱的自我恐吓回去。我内心深处的灵魂搏斗总是以同样的悲剧收场：灵魂的大败和无情肆虐的生活的全胜。

拉格奎斯特以极端个人化的激进笔法直抵这个问题的核心，就连冷漠的人也会为之一振。他之所以选择让一个男人重新再活一遍，是因为他要对这个难题展开更深层次的讨论。主人公丹尼尔的前生失败得一塌糊涂，不能算是个真正的人。而剧的结尾处，丹尼尔的儿子自杀，令他不堪重荷，在与生活的斗争中丹尼尔再次被击败，生活战胜了他。

尽管戏中弥散着悲观主义的情绪，我还是认为大家都获益匪浅。戏中许多精湛的台词，闪烁真理的智慧，滋养和丰富着我们。

亲爱的读者，你们一定明白这不是一件容易的事，我们上一出戏《疯癫病人》（*Galgmannen*）大获成功，今天这部戏的观众将如何接受和评价，我们不安地等待裁决。今后戏剧是在既定的道路上安全行进？还是继续先锋戏剧的实验？

亲爱的读者，决定权在你们，对，只有你们和你们买这本杂志花的 5 毛钱能够决定。

导演

萨克里斯·托佩柳斯

（本文发表在 1941 年 11 月 29 日，童话剧院上演《蓝鸟》的节目单上。这是伯格曼执导的剧院 1941 年秋季演出季的第三部剧，在《蓝鸟》上演之际，伯格曼撰文介绍了剧本作者。）

萨克里斯·托佩柳斯（Zacharias Topelius）历来没有被视为一位伟大的作家，即便从文学史的角度看，他的小说和戏剧也立刻被许多其他作家的名字淹没：沃尔特·司各特（Walter Scott）、因格曼（Bernhard Severin Ingemann）、尤金·苏（Eugène Sue）……托佩柳斯不是一位创新的作家，但从他开始当作家起，他的作品就深受读者们的喜爱，无论在芬兰还是瑞典，托佩柳斯都是大受欢迎的流行文学作家。

那你一定会问，他的作品为什么会流行呢？直到今天，大多数年轻人根本不知道托佩柳斯是谁，可为什么还爱看他的戏呢？

让我们从他的戏剧中的人物设定去分析就会发现，托佩柳斯完美地保留了经典童话剧的故事结构，他是一位了解观众想要看什么的作家，所以在他的戏里你可以与一连串经典童话世界中的人物相遇：睡美人、磨坊王子、真相珍珠，还有那些需要我们善待的穷人、织女、明月和蓝鸟。

这些童话剧对今天的年轻观众大多已经失去了吸引力，戏中那些精心设计的情感发展和强烈的道德说教，很难让今天的年轻人买单。但至少有两部戏，就是今天看来也依旧清新活泼，不会让人失望。我说的是《蓝鸟》和《睡美人》。

《蓝鸟》取材于古代民间传说和歌谣，剧中有传统童话剧中所有的典型人物：继母、糖果国王、美丽纯真的公主和用牛奶洗脸的丑笨公主，以及王子和巫女。这里有民间传说中的阴森氛围，热闹的民间音乐和明暗交替的中世纪故事主题。剧中洋溢着善良快乐的情绪，并不失时机地注入笑话和幽默。一眨眼，我们就从塞浦路斯的婚礼上回到了托佩柳斯的教授家里，餐桌上大口喝粥的野蛮将军，贪杯的荷罗浮尼[1]，穿围裙跳舞的公主们，还有脸上长着胡须的巫女伪装成的“恐怖魔头”。最后，全戏以尤金妮姨妈在必不可少的“稀粥游行”中载歌载舞结束。

游行的领队正是头发花白的变老的教授。

斯德哥尔摩，11 月

1 《旧约》故事中的人物，亚述将军荷罗孚尼，在攻打犹太人国后，被装扮成仕女的犹太寡妇朱迪丝在醉酒后割下头颅。——译者注

致观众（《小红帽》）

（本文发表在1942年3月28日，童话剧院上演《小红帽》的节目单上。）

如果要你说出几个专门写童话剧的瑞典作家的名字，你可能琢磨半天后能憋出几个名字：萨克里斯·托佩柳斯，海伦娜·纽布卢姆（Helena Nyblom），或许还有艾尔莎·布什科（Elsa Beskow）。童话剧院成立的时间不长，但遇到的困难都是最基本也是最复杂的，排演什么戏就是其中之一。童话剧不是没有，如果你去图书馆随便查询一下，“童话剧”下面至少能找到400多个标题，但我没有找到一个能够符合我们童话剧院特殊工作条件的戏。

在童话剧院刚成立的时候，我找来几名年轻的瑞典作家聊聊未来的打算，他们都向我保证愿意为我们写新剧本。愿望当然是美好的，但能力也同样是有限的。一部童话剧需要简单清晰的故事，紧张有趣的情节，鲜艳明亮的舞美设计，而且演出时间还不能太长。一部戏里单是有公主、王子、国王、皇后，再加上仙女、妖怪等是不够的，还需要有戏剧性的幻想。

我在瑞典本土作家群中搜寻无果后，转去寻找俄罗斯的儿童剧。结果发现他们的状况和英国一样，在当前的形势下也都无法兑现，并且技术要求也过于复杂。于是我把目光转向德国，发现他们正在改编《格林童话》，这是一直陪伴我们这代人成长历程的文化财富。所有童话的剧本都由罗伯特·波克纳（Robert Bürkner）改编，据我所知，这个演出在德国和海外都大获成功。

从儿童戏剧的角度来看，我认为波克纳的改编几乎是完美无缺的，在将德国版的《小红帽》搬上瑞典儿童戏剧舞台的困难在于，我们今天的小朋友们对格林童话很陌生，如何将原剧中人物对话使用的亲和的德国南部口音，找到对应的瑞典语口音，还有用瑞典儿童朗朗上口的儿歌替代剧中的德国儿歌。

除此之外，我愿意在此放下自己一贯坚持的严肃导演的方法，跟着感觉走，我们用的文本是印有精美木刻插画的《格林童话》第一版，希望给大家展现一个魔幻的童话世界。

斯德哥尔摩，1942 年 3 月

致观众（《小丑皮波》）

（本文发表于1942年5月16日童话剧院上演的《小丑皮波》的节目单上。这是伯格曼创作并与舞美设计艾丽萨·菲舍[1]紧密合作的成果，首演后的第二年，伯格曼同菲舍结为夫妻，并生下长女莲娜。《小丑皮波》后来上演过多次，1944年，伯格曼曾带此剧参加人民公园的全国巡演。）

在童话剧院刚成立的时候，我就联系过为《蓝鸟》做舞美设计的艾丽萨·菲舍，希望她能为孩子们创作一个舞蹈节目。这个想法固然不错，但我也无法预见童话剧院的小观众们是否会喜欢舞蹈这种艺术形式。

童话剧院有限的小舞台是我们所有演出面临的同样问题，所以，我们需要一个适宜在“玩具舞台”上表演的舞蹈节目，舞台上的演员不能过多，每个人物要个性鲜明，表演也要干净利落。剧本几经修改和打磨后，我们把故事发生的场景设定在马戏团中，剧中人物有小丑、芭蕾舞女和坏蛋，全都是真正的

1　艾丽萨·菲舍（Els Fisher，1918—2006），伯格曼的第一任妻子。

戏剧中必备的关键人物。

我们把剧情确定后，就开始四处张罗找演员，优秀的舞蹈演员也不是一夜长出来的，有了演员还要为舞剧配音乐。去年秋天在童话剧场落成的首演上，我曾经在欢迎词中强调过剧场就像一个实验室，就是要把各种不同风格的戏剧展现在对它们不熟悉的观众面前。今天，我非常高兴地向大家介绍今年春季演出季的最后一部戏，也是一部全新独特的舞剧：《小丑皮波》，又名《被劫走的茶花女》。

好了，借此机会欢迎各位的到来，感谢大家为今晚我们剧院本季度的最后一场演出赏光，希望秋天再度与您相聚在剧场。

斯德哥尔摩，1942 年 5 月

或许是个天才

（原文刊登在《无线之音》杂志1946年第50期，伯格曼为凭借《夏天》获得广播剧大赛二等奖的剧作家比约恩－埃里克·惠约撰文。）

要描述比约恩－埃里克·惠约可不是一件容易的事，他是个让你爱恨交加的人，他积极正面，绝顶聪明，你能感受到他的激情四射，同样也会觉得他滑稽可笑、自负、冲动、友善、固执，时而坚强，时而软弱，时而什么也不是。

在你读惠约的剧本时，头一天你会把剧本扔到墙上，愤愤然地表示：我才不要把我短暂的生命耗费在这样信马由缰的癫狂写作中；可到第二天，你又会从桌子凳子下面把他的剧本捡回来，在你耳边回响起广播剧大赛评委的评语：或许这家伙真的是个天才，文学史一定要赶在他死之前将他载入史册。

以我之见，这还不是对惠约的唯一评价。有谁知道如何定义一个剧作家？我非常主观的定义是，剧作家是一个能够写出让导演为之颤抖的台词的人。我知道这个定义很糟糕，但我想不出更好的。

我在阅读惠约的小说和剧本时，脑海中总能生出图像，听得到人物在银幕上或是舞台上说话的声音，他的作品生动的画面感完全可以直接转接到舞台或是银幕上。而且他的戏剧完美地解析了关于戏剧创作的基本规律：那就是剧本的第一幕一定是写得最好的。

一个真正的剧作家在看到自己的文本被替换成为舞台上的演员、布景、灯光、音乐等戏剧的元素时，常常会被感动到落下眼泪，惠约也不例外。如果导演坐下来跟剧作家讲他对剧本的理解和对舞台呈现的构想时，剧作家一定会做出惊奇状，有时候他也会说："这都是我在雷雨天做的。[1]"惠约肯定就是这样，面带微笑一脸严肃地说："看你怎么办！"

如果我们看看今天的"40后"作家，他们通常都是些技巧高超的手艺人，精心打造作品的形式、修辞和娱乐性，这些人中不到三分之一可以被视为天才。就是那些最顶尖的"40后"作家，花钱买他们书的读者最多也就是三百人。但剧作家不能是这样的，剧作家的作品必须排练出来，搬上舞台，与观众发生共情，而一个小说家从来不需要看到读者打着哈欠把他的书扔到一边。

一个真正的剧作家首先是一名观众，或者在写出剧本后变成一名观众，这一点惠约很清楚，他能够将观众吸引在自己的

1　原文为德文 Donner Wetter hab' ich das alles getan!

作品周围。他的处女作《安魂曲》(*Rekviem*)在赫尔辛堡剧院上演的时候，观众有的激动，有的思考，也有的愤怒，但绝对没有无动于衷的，这就是戏剧应该带给观众的反应。

一个真正的剧作家是为剧场而生的，他的天分就像一种疾病，是为爱燃烧的火焰，写作是他内心不可抑制的愿望，是如同吃饭喝水一样自然的生理需求。惠约就是这样一个人，他不停地写，越写越好，越写越清晰，越来越熟练地把握了戏剧这件庞大复杂的乐器，灵活地弹奏出优秀作品。

就拿《夏天》这部戏来说，虽说这是一部专门为收音机写的广播剧，剧中场景迅速变换，从农庄到小桥，到教堂墓地，到河岸，两个女人在死者前的对话栩栩如生，画面感非常强烈。老实说吧，我被深深地打动了。

关于惠约，我有太多想写的了，他本人可能不喜欢。我甚至想把他创作成功的秘诀归纳出来，但我可能完全搞错了。我想说的是，每一个剧作家都是围绕着一个基本的经验进行创作的，那是他所有创作的根源。就像有的梦有一个或几个主题，它们从灵魂深入的密室找到脱逃的出口。在惠约这里，他的创作源头在他的小说当中都包含了，《致敬》和《安魂曲》的主人公都是缺席的，他们都属于死亡。一个貌似完美清纯的好人，惠约一点点地拨出他内心的腐肉。在惠约的创作中，他不断回到的主题是：揭露、罪恶、蜕变。一切所见并非作为。

我有时候会想，惠约的写作背后到底隐藏着怎样的心理或是生理的创伤或抑郁呢？有时候我觉得我找到了答案，有时候又想这将永远是作家内心的秘密。就如珍珠，是沙粒在蚌壳患病的肌肉中被打磨出来的。

关于《三毛钱歌剧》

（本文发表在 1950 年 10 月 17 日，伯格曼导演的布莱希特的《三毛钱歌剧》在亲密剧院上演时的节目单上。）

我记得那是 1933 年的夏天，我们躺在码头的栈桥上，随身携带的留声机里放着音乐。我们的目光从夜空下的大海转向手指间的烟头，地平线泛着白边，透过深深的夜色在我们眼中闪烁。我们几个手中拿着剧本，学着犯罪电影中的声音朗诵台词，手在不抓挠背上的蚊子包时夸张地在空中舞动。

突然，留声机里传出来民歌《海盗珍妮》，主唱洛特·蓝亚（Lotte Lenya）的歌声在刘易斯·鲁思（Lewis Ruth）的乐队伴奏下，立刻充满了周边的空气，歌声一直传到山顶的风车，传向整个处女峡湾。

那一刻，我们都被感动到了，汗毛直立，热泪盈眶，歌中那股来自远方世界的气息几乎比洒在留声机上的月光更加遥远陌生，迷惑我们的心智。我们怀着怜悯心跟随着珍妮的海上冒险，听她一声令下，想那满地人头乱滚的场景，与她的七张大帆、五十门火炮的战船一起游走天下。（必须承认，随着年龄的增长，我对《海盗珍妮》故事的内涵才有了更深的了解。）

我是在很晚的时候才接触到《三毛钱歌剧》的。经历了纳粹“焚书事件”的暴力，布莱希特的作品几乎无处可寻。当我终于在几年前找到这个剧本的时候，才发现自己过去只是熟悉这部剧的音乐部分，而故事情节一直是折磨我想象力的一个坎儿。在读完剧本后，我不得不说我被它干涩具体的文字描述震惊到了，在我看来，剧中的悲喜元素都缺少形式感，最让我受不了的是当情节发展到令人难忍的痛苦时刻时，文字却表现出近乎冷酷的客观性。

再者，我认为也是更重要的，《三毛钱歌剧》的困境是无解的。一方面，一群混得不错的音乐家向城里富裕的公民唱道：吃啊，先吃好了再谈道德；另一方面，一群没吃饱的歌唱家把同一首歌（用不同的音高，因为这群音乐家没吃晚饭）唱给一群饥肠辘辘的从贝尔森集中营被解放的囚犯。这群人在城市的荒废地上找到了一家废弃的银行建筑，他们把地方租下请演员们来演戏。这两种境况无论哪一种都是不恭不敬的。

结尾出现了一个绞刑架，吃饱了的城市公民根本不理解这意味着什么，而对于那些贝尔森集中营中逃生的囚徒，这是他们每一天的日常。怎么做都不正确。

这之后我逐渐意识到，这种情况对一切萎靡不振的艺术困境都具有代表性。（更加显现《海盗珍妮》中珍妮的行动多么具有吸引力。）

作为导演，我是花了很久才明白我手中拿着的剧本原来是一部杰作，字里行间罕见的简洁充满战斗性，客观地隐忍痛苦远远比煽情的浪漫有必要得多，也重要得多。

导演不应事先设计戏的场景，我们很难准确地把大脑里想到的情景准确地描绘在纸上，要真能做到，那还有问题了。鉴于这个原因，我尽力避免用套路分析剧本，至于这部“关于人性缺乏奋斗”的剧作所表达的观点和意见是否合时宜，我将这个裁决留给各位尊敬的观众。

所有把《三毛钱歌剧》当作是一个艺术游戏的观众，会像脑袋钻进树林里一样碰壁。

今晚演出的剧本以 1938 年伦敦出版的布莱希特作品集为准，作品翻译很到位，这个版本里同时增加了布莱希特为这部作品的出版新增和修改的文字。

对自己作品的评论

《折磨》：一把切开脓疮的刀

（本文为1944年影片《折磨》首映时，伯格曼为瑞典电影发行公司［SF］的节目单撰写的文章。）

我高中毕业那年夏天，生病住院躺在床上，《折磨》的主意就是在病床上突然造访我的。故事在我脑中汩汩冒出，行云流水一般，几乎是逼迫我在一本拉丁语的旧练习本上一气呵成。之后，我把文章从头到尾读了一遍，感觉如释重负。练习本被我扔进了橱柜里的抽屉里，从起笔到封笔的那一刻，在我看来，那个黑漆漆的抽屉都是这个故事的唯一去处。

至于《折磨》是如何从遗忘中被重新发现，经过修改校正成为一个电影剧本，以至于最终被拍成了电影，那是另外一个传奇故事。

关于这部电影，我有三个希望，非常荣幸在这里和大家分享：

1. 我希望《折磨》能够像一把切开脓疮的刀，给观众带来一股自由的气息；同时我希望观众在观看后，感觉自己的电影票钱没有白花。

2. 我希望“卡利古拉”（Caligula）能够被彻底揭露、清除和缴械。生活中有各种“卡利古拉”，有的大，有的小，有的看似无害，有的简直就是魔鬼化身。他们都具有“卡利古拉”的特点：积仇、愚昧、腐朽并怀有害人之心。他们孤僻独行，缺乏与外界建立联系的能力，生性冷酷无情。

3. 我希望大家能对“卡利古拉”赋予同情心，邪恶就如他体内滋生的细菌和毒素，非他自己的意愿所能控制。他缺少对恶的认识，是一个无人理睬的孤家寡人；他自己内心的愤怒、恐惧和邪恶令他坐卧不安。大家可以在字典上查到“卡利古拉”的注解：

卡利古拉：生于公元 12 年，死于公元 41 年，罗马帝国第三任皇帝，日耳曼尼库斯之子，是一位杀人如麻的嗜血暴君，被称为“疯王”的卡利古拉，最终被谋杀。

关于戏剧的电影改编

（本文发表于1946年《电影新闻》杂志第4期，伯格曼将他最喜欢的人物杰克写入他执导的第一部影片《危机》中。杰克这个人物也曾出现在伯格曼的剧本《杰克和女演员》中，该剧本由邦尼出版社于同年出版，是伯格曼出版的第一部剧本。）

这一切都令人兴奋也充满未知，第一次读到剧本，向剧中的人物一一问好：你好，你好，希望今后有机会合作！无论是真心还是假意。

我手上拿着的是一个丹麦语的剧本，这是一个短小精悍、气氛愉悦的喜剧，台词很多，但剧本很精彩。

剧中的所有人物都相敬如宾，就是在看似一塌糊涂的情况下，他们也都喜笑颜开，活力四射，你简直想不出这部戏该怎么结束。

可当这部戏要被改编成电影搬上银幕的时候，和睦的频率全都被打乱了。我几乎被逼得发疯，把剧本一次次地摔到墙上，一共摔了14次，而且每摔一次，我都让自己和周围的人明白，我摔得理直气壮。

剧中人还是一如既往地友好，只是我感觉自己越来越邪恶和绝望。

直到最后，一部电影剧本诞生了，这一切就像我说的令人兴奋又充满未知。

这个剧的故事有两条发展线索，但在舞台上，其中的一条线索被砍掉了，舞台只需要几个场景，再来点眼泪和笑脸，以及漂亮的台词，就可以了。但电影不同，电影的节奏要快得多，也强硬得多，摄影机能表现更多的内容。在电影中我们不要“听说”，我们要“看到”。

那么在舞台上被砍掉的那条线索包含着什么秘密呢？

其实很简单，就是女主妮丽进城的一出戏。我们在银幕上看过太多表现年轻女孩在大城市被引诱的情节，这不过是极平常的一场戏。

在舞台上，这个情节是通过台词讲述出来的，但在银幕上我们就要把整个过程展现出来。首先，我们要有一个引诱者。说到这里，我的兴趣来了。

有这样一个引诱者，他存在于我写的一部还没有发表过的剧本里。我知道要来引诱妮丽这样的女孩，非杰克不可。于是，我就把杰克从我的另一个剧本里请出来，他欣然同意了。

戏从这里开始立刻精彩起来，无论是我本人还是戏里的每一个角色，都被迫在与杰克的对峙中做出反应，展现他们的另一面。原来戏中那种人人与世无争的美好关系，被邪恶无助地击垮了。剧中美丽动人的牺牲和母爱在与其对立面近乎无望的斗争中，成为非常必要和重要的。

我个人当然认为电影改编得比原剧好，不过也不是如此，至少我愿意这样相信，要对自己有信心，要相信自己做的是史无前例的，是最好的。只有隔段时间回头再看时，才能发现原来的问题和缺陷，这样，每一次新工作都是一次再出发。

好多人问我：你想通过《危机》表达什么？我的上一部影片《折磨》也遇到过同样的问题，那我就把两个问题放在一起回答了吧。简单而真诚地说，我只有一个目的，那就是我想讲故事。那为什么讲这样的故事呢？《折磨》是因为我憎恨学校，尤其憎恨那些怀着施虐心理的学校领导。《危机》呢，是因为我想让杰克在电影中活起来。因为这是一个令人厌恶又折磨人的家伙，聪明又无情，他用不着边际的想象力无耻地骗取他人的好感，而最终又成为自己的牺牲品。

对我来说，《危机》是关于杰克的电影，这点我可以不加掩饰地大胆承认。（如果有人想知道的话）我希望影片能够得到大家的认可，希望将来有机会把杰克这个人物的故事完整地展现给大家，他值得拥有。这家伙是用来看的，不是用来读的，而且不是在舞台上看他，他的生命属于电影。

赫尔辛堡，1946 年 2 月

广播剧《城》的笔记

（本文发表于《无线之声》杂志，1951 年，第 19 期，伯格曼为广播剧《城》首播撰文。）

关于《城》的笔记之一：如果我把头伸进意识，这个像鸟窝一样挂在腹腔神经上的黑口袋里，首先我会听到窸窸窣窣、低低切切的声音，如同许多小机器在转动，这是意识的生理机制在行动。四周布满了它们演奏的不同声音，余波被收入黑口袋里的一只耳朵或是听觉管道。当我的眼睛渐渐适应了口袋里的黑暗后，眼前开始显现图像。起初比较模糊，然后越来越清晰，图像的边缘呈现出奇异的轮廓，彼此交错又以各种优美的角度区分开来。我的当下或是未来的认知能力开始扫描图像（这些图像代表着几乎是无边无际的任何东西，让我感觉有些不舒服），探测在意识的载体上是否患有消化不良或是神经过敏。

有时候，声和光的力量汇聚在一起，创造出非常具体的情形。这一刻，写作变得迫不及待，令人不安又使人获益，尽管有时甚至是痛苦的，但总的来说是有益的（对于写作者来说）。

关于《城》的笔记之二：我看到自己站在意识的交汇处，身体越变越小。突然间，眼前的景象转换成一个交通繁忙的十字路口。这是一座灰蒙蒙的法国工业大城市，城市和居民区位于河的右岸，左岸是工厂和已经荒废的矿山。这是一个夏夜，空气中弥散着暴风雨将至的气氛，闪电不时划过头顶，路上人群川流不息。

我决定加入人流中。可我在城里树敌不少，为了不被敌人发现，我将自己打扮成“裸身约瓦金”。在这个匿名外衣的伪装下，我去体验在过去、现在和将来发生的离奇事件。

写作中的笔记：约瓦金8岁前的人生，在野蛮生长中发展出残酷的世界观，他不相信世界上有怜悯两字，这有些可怕，但这还不至于引起慌张。换句话说，约瓦金也没有对当局或对自己抱有多大幻想，他唯一的难题是他有恐黑症，有时候光天化日之下也会发作。造成这种痛苦的缘由和它背后的真正隐喻，他从来没有搞清楚过，但他以宿命的念头毫无内疚地接受了这一切。但从他满8岁那天，直到23岁这段时间，问题出现了。从外表看，约瓦金身上就像是罩在阴云里，手脚被束缚着；然而，从乌云中不断传出的诅咒、祈祷和一连串的话语，证实了困在阴云中的约瓦金巨大的困惑和不安。

最后的笔记：如果相信乌云只是偶然发生，随着时间会自动消失的话，那可是天大的自欺欺人。总之，在经历了无数的毁灭和成就之后，清理战果的时候到了。死了的是什么？留下的是什么？扇了谁的耳光？又被谁扇了耳光？哪些是谎言？

哪些是真理?

再过一年左右的时间，大家可能都会变得相安无事，逗乐成了戏剧必须履行的责任。让大家无视感情地傻笑，就像看到小丑跌跟头一样，幸灾乐祸地傻笑。

关于《鱼是电影的爸》

（本文是伯格曼为发表于 1998 年《电影学报》第 4 期的剧本《光晕》撰写的序言。文章中谈到的剧本讲的是《裸身约瓦金》的主人公的荒诞故事。约瓦金遇到了一条鱼，答应可以兑现他的三个愿望，其中一个愿望是约瓦金想要缩回到他情人的子宫里。）

《鱼是电影的爸》突然重现了，我早已把这个剧本的存在统统忘记了。我满心惊喜地把剧本重读一遍，一些记忆的碎片也随之浮现：是啊，剧本写于 1950 年深秋，如果没记错，我只用了一周时间就匆匆写完了。我当时的境况相当窘迫:32 岁，已经离了两次婚，正在急速地朝着第三次婚姻迈进。我的经济状况糟糕透了，大多数钱都付给前妻们作赡养费了。那时候，我的主要工作是修改别人的剧本。有个制片人对我说："伯格曼，写点好玩的东西吧，我知道只要你使把劲，你是可以有幽默感的！"于是我就使了把劲，写出了这部我叫作《鱼是电影的爸》的剧本。然后居然有思路正常的制片人把这本子给收了，那可真是一个谜。赡养费、绝望再加上肠胃疾病有它们自己的运行规律，也自有其暗淡期。

法罗岛，1998 年 11 月 13 日

致《阿勒思家庭画报》

（本文发表于《阿勒思家庭画报》，第 49 期，1959 年 12 月 6 日，该画报开始连载伯格曼的电影剧本《女人的期待》，伯格曼撰写此文。直到 1967 年，《阿勒思家庭画报》一共连载刊登了 16 部伯格曼的电影剧本。）

亲爱的阿勒思家庭画报！

非常高兴贵刊愿意发表我的喜剧作品。

电影是电影，小说是小说。

两者井水不犯河水，这是绝对真理。为电影撰写的文学大多是半成品，非到特殊情况不应该发表。但本人希望这部作品具有足够的独特性值得在贵刊发表，感谢贵刊编辑阿那·塞勒马克（Arne Sellermark）为剧本能够发表所做的优秀工作，让读者有机会在这里读到拙作。

我的喜剧电影是在我人生的快乐时期诞生的阳光之子。

那些趾高气扬的文学评论家们肯定会对我指手画脚，攻击我的所作所为是为了谄媚观众。对，向观众谄媚是他们对我一贯的批评。我不仅做到了，还得到了观众的认可。

让观众开心地笑，问心无愧地笑，这是一件善行。

这就是我的观点。

此致

热烈的敬礼

英格玛·伯格曼

真是非常享受!

（本文发表于《无线电和电视之音》,1973 年 4 月 7—13 日，第 15 期，时值《婚姻生活》电视剧版首映。）

法罗岛，三月。

这样说可能有点不严谨，可是我在创作约翰和玛丽安这两个角色的过程中,真是非常享受。我是从第三幕开始着手写的：丈夫回到家，面对单纯善良的妻子，向她坦白。他决定离开这个完美的婚姻，和另一个女人出走。写下这个情节后，我当然开始想这对夫妻之前的关系是怎样的，真就像他们俩相互描述得那么完美吗？同时我也开始猜测，接下去他们该怎么办呢？

约翰和玛丽安开始变得非常激动，有的时候简直是疯狂。他们有各自的心结，但固定对话形式的镜头语言限制住他们，让他们感到不安，无法达成交流。而且，在创作过程中，我对约翰和玛丽安的许多认知无法苟同，尽管如此，我还是让他们畅所欲言，我唯一的要求是允许我把我的真实想法在结尾的第六幕说出来。

我在之前的两部影片《一种平庸的悲剧》和《接触》中，

也尝试过这种方式。许多人鼓励我继续探索下去，因为这些戏是关于人和具有普遍性的做人的问题，很容易引起观众的共情。

另外一些人很严厉地批评我，要求我立刻回到之前的实验电影去。他们批评我的故事太平庸（这是我故意为之的），情节太感性（这不是故意的）；尤其是他们严厉地批判剧中人物的对话：太琐碎，太日常（也是故意为之）。我想起我的老祖母常说的话：人怎么转，屁股都在身后。这句话给了我很大的信心，成为我生活中不变的真理，而且它完美地总结了我在艺术上坚持的信念：我很愿意聆听大家的意见，但我不在乎。

日子就这样过去了，剧本也一日日地增高。春天的法罗岛美不胜收，海风冰冷刺骨，阳光却温暖人心，充满戏剧性的反差，简直是为思考婚姻准备的最佳场地。

在我写下围绕爱情、婚姻和一切可能不可能的六段对话前，需要给约翰和玛丽安或者说玛丽安和约翰设置性格，他们要做到勇敢、软弱、高兴、悲伤、愤怒、柔情、困惑、胆怯、满足、狡猾、粗鲁、幼稚、邪恶、无理、大度、小气、低俗、无情、愚蠢、悲惨、无助……一句话，他们首先要成为人。

让我吃惊的是，这可能是我第一次塑造了两个完全不是我的声音在说话的人物。我大致估计了一下，写剧本用了差不多两个半月的时间，但我是用了自己整个成年的生活去经历这段故事。尽管我与约翰和玛丽安没有沾亲带故，他们是两个完全独立的个体，但我们有许多相似的地方，比如说我们共同的小资成长背景，对角色的性格发展的双重影响。（这样听起来还行吧！）

约翰和玛丽安都是知识分子，这不应该是他们的负担。他们的生活优越，住着大房子，一人开一辆车，都有体面的职业，而且他们都很习惯于表达自己，但这并不是说他们就比一般人更有见解、更聪明或更爽快。

这里我必须说一下与演员丽芙·乌曼（Liv Ullmann）和厄兰·约瑟夫森（Erland Josephson）的合作，他们俩对角色刻画的贡献功不可没。他们从来都没有离开自己的角色，而是不断地维护他们。许多台词和场景在丽芙和厄兰的要求下进行了润色和修改，才有了今天最终呈现的作品。

我举一个例子，第六幕中玛丽安讲述她与另一个男人发生了关系。丽芙特别不喜欢这里的表达方式，她认为从做人的角度，玛丽安是不会像我安排的那么自由和成熟的。于是故事由丽芙来讲，她表现得深沉凝重，充满了女人内心深处的忧虑不安，让玛丽安这个人物显得更加真实可信，增强了剧情的前后一致性。

厄兰本身就是剧作家，一直都在帮我改进剧本中细节和形式上的欠缺和不足。

作为导演，能够和这样的演员合作真是三生有幸。

剧本前言

《假面》前言

（本文为潘/努史德［Pan/Norstedts］出版社出版的剧本《假面》的前言，1966年。）

这不是一部传统意义上的电影剧本，我在这里写下的更像是一段音乐的旋律，需要在拍摄中由我和我的合作者们用各自的乐器一起完成。这里有许多不确定的地方，至少有一处我完全不知在做什么。我发现这个选题涉及一个很大的领域，我这里写的和最终拍进电影里的（这想法好可怕啊）也会极其主观。因此，我在这里邀请读者和观众们，自由地使用我为大家在这里呈现的材料，尽情地发挥你们的想象力！

《安娜的情欲》

（本文是伯格曼手写的笔记，收藏于英格玛·伯格曼基金会，文件号C：014。）

我尝试剥去我的人物身上那层对付现实的保护皮或氧化层，之后，我观察他们的行为表现。我的人物在大家熟悉的风景中活动，我只是帮助大家变得敏感起来，让我们能够分辨出那弥散于日常中的难以描述的焦虑之声。声音、图像、装饰：轻盈的，柔软的，充满隐喻的。

《接触》

（本文出自潘/努史德出版社出版的《伯格曼剧本集》,《伯格曼剧本集》包含《接触》《祭典》《呼喊与细语》等，1973 年。）

写剧本难，可谁说读剧本不一样难呢。词语永远无法抵达电影图像的表达，有时候话太多，无序地堆砌在各种随机的体验上；有时候话又太少，无耻地弃读者而去。无论怎么样，剧本就是一个半成品，一个苍白无力的不安镜像。

这在剧本《接触》中表现得尤为明显。如果我把这部影片在我头脑中的构想全都写成文字，那我得写一部令读者望而却步的大部头。我本人也无此野心和耐心去完成这样一项英雄使命，况且，这样的写作一定会有效地把演员和我的创作喜悦统统扼杀。

因此，这里我为读者们献上的是一个总结性的文本，一个探索未知的密码，最多不过是启动大家各自的想象，开启经验的呼唤。

至于拍出来怎样的电影，目前我可以透露一点：这部影片的颜色是温暖的，调性是明亮的，这里会有亲昵、温柔，也会有一丝伤感。

再多说就无聊了，电影就像人一样，你可以喜欢、厌恶或忽视。

关于这部电影，我希望，也期待您能喜欢。

《呼喊与细语》

（本文出自潘/努史德出版社出版的《伯格曼剧本集》,《伯格曼剧本集》包含《接触》《祭典》《呼喊与细语》等，1973 年。）

亲爱的朋友们!

让我们来拍一部和以往创作截然不同的电影，所以就连剧本的形式也不同。我们要最大限度地调动电影媒介的复杂性，因此，我有必要再次强调我的终极目标，让我们来通过电影的技术和艺术，找到实现目标的方案。

当我在头脑中推敲这个项目的时候，根本没有一个完整的图像。影像像是幽暗中湍流的溪水：面孔、动作、声音、姿势、呼喊、阴影、光线、氛围、梦境……一切都虚无缥缈，瞬间即逝。一个梦，一种渴望或许是希望，一阵恐惧，无法言说的恐惧……我可以无止境地伸展下去，不厌其烦地描述这些场景的色彩和调性，但还是就此打住，让我们开始吧。

故事发生在一个古老的庄园，有可能是 18 世纪的某位显赫贵族为自己的情妇建造的行宫，我也不知道，总之这地方有园林有城堡，面积不大也不小。宫殿外的园林疏于打理，地上盖满了燃烧的秋叶，一切显得遥远、宁静，甚至还带着一丝落寞之感。

故事发生的时间是世纪之交，女人们的衣着华丽高贵，半遮半掩。（这里我们无须把服装固定在某个具体时间段上，19世纪八九十年代都可以，关键是服装要与人物的心理境界统一。）室内装潢也是如此，以塑造我们设想的光线与家具的关系为出发点：黎明与黄昏不同的光，家具上黄铜饰件反射的微光，雪天时光线间接反射上来的秘密的光，煤油灯发出的温柔的光，秋天清爽的蓝天上明朗的太阳光，黑夜中一盏孤灯发出的光。有人穿着拖地长袍从夜色中的大房间穿过，留下慌乱的影子。

同时，道具布景一定不要详细，要塑造一种温顺、缓和、细腻、亲密，具有象征性但不过分的气氛。

但有一点是确定的：屋内所有的装潢都是红色的，不同层次的红色。不要问我为什么，我也无解，我曾尝试回答这个问题，但给出的答案都一个比一个愚蠢可笑，唯一还算能说得过去的解释，那就是我自打小时候就相信，灵魂的内腔覆盖着一层湿润的红色薄膜。

屋内的每一件家具、摆设和装饰都要做到精益求精，这样在我们需要的时候能派上用场。每一件物品都要一致得精美，如同在梦中，都是我们在那一刻向往和期待的东西。

故事的主角是四位女性，我在这里（不按顺序）简单介绍一下她们的状况。

艾格妮丝（Agnes）是庄园的主人，她生于斯，长于斯，父母亲去世后她独自留在庄园，也从未想过离开。艾格尼丝的生活四平八稳，她有一点艺术天赋，画点画，弹点琴，都是些雕虫小技。她的生命中没有男人，爱情在她封闭的内心中是从未揭开过的秘密。37 岁时她却患上了子宫癌，她开始为自己波澜不惊的生命准备无声无息的离别，整天躺在父母亲华丽却破败的睡房的大床上，偶尔下床走走，可病痛又会将她击倒在地上。她不抱怨，上帝在她眼里并不是残酷的，她虔诚地祈祷。她整个人瘦骨嶙峋，唯有肚子浮肿得像是快要分娩的孕妇。

卡琳（Karin）是比艾格妮丝大两岁的大姐。她嫁了个有钱人，搬到他乡，然而很快认定自己的婚姻是一个错误。她的丈夫长她 20 岁，无论是他的身体还是心灵都令她反感。卡琳是 5 个孩子的母亲，可看得出身体似乎丝毫未被婚姻和做母亲的日常改变，无可挑剔的外表露着高傲和冷漠。她表现出对婚姻无可置疑的忠诚，但在她自我控制的外表之下，掩盖着的却是她对男人的憎恶和对生活的愤怒。她的忧郁和绝望绝对不会在白天显露，可当夜晚梦境降临时，她却被折磨得无法安宁。在她被束缚的愤怒表面下，是她具有的掩饰自己内心的顺从和对亲密关系渴望的天赋，这份天赋她一直深藏不露，也未曾用过。

玛丽亚（Maria）是小妹，她嫁给了一个跟她的家庭背景门当户对的英俊有钱的年轻人。她有一个 5 岁的女儿，可她自己也像个被宠坏的孩子一样，喜欢玩耍。她的性情温柔，爱说爱笑，总是充满好奇心，追求享受。她对自己的外貌很在意，追求身体的享受。她不仅对外面的世界一无所知，无论对自己还是他人，丝毫不理会道德规范，她唯一的生活准则就是享乐。

安娜（Anna）是家里的女仆，她30岁左右。年轻时，她生过一个女儿，艾格妮丝照顾了她们母女俩，安娜因此忠诚于艾格妮丝，两个独身女人之间有一种无声的默契。安娜的孩子3岁夭折，两个女人的友谊一直持续着。安娜是一个寡言少语、难于接近的女人，但她总在场，观察、聆听、研究。安娜的一切都与重量有关——身体、面孔、嘴唇、目光。她不说话，或许也不想说话。

这部影片（或者说我们的项目）的基本结构如下：

艾格妮丝的病情恶化，医生说她活不了多久了，她的两个姐妹，她“唯二”的两个亲人，被召唤回来，在病床前陪她。

《婚姻生活》

（本文为潘/努史德出版社出版的《伯格曼剧本集》的前言，《伯格曼剧本集》包含《接触》《祭典》《呼喊与细语》等，1973年。）

为了不让有强迫症的读者们在阅读本文时迷失方向，我就违反一次常规，为剧本的每个章节写了一段评论。如果您认为这种参与是低估了您的智慧，请忽略以下文字。

第一幕：约翰和玛丽安代表着固定的思维方式和衣食无忧的理想生活，他们从未感到自己的小资生活有什么压抑感或虚伪性，也无心改变长期以来习惯的生活模式。这与他们年轻时参加过政治运动的经历并不矛盾，反倒进一步证实了他们的这种惯性生活方式。

影片一开场呈现一个近乎完美的理想婚姻画面，与地狱婚姻生活截然相反，但两者之间却有种关联。表面上，约翰和玛丽安相敬如宾，他们的眼睛中总是闪烁着幸福的笑意，相比另外一对疯子般的可怜夫妇——彼得和卡特琳娜，约翰和玛丽安就是这个世界上最美满幸福的夫妻。在这一幕接近结束的地方，两人之间出现了一点小小的摩擦，逼迫他们做出选择。这点小摩擦貌似无关紧要，伤口很快就会结痂，但结痂的皮肤下面已经开始感染。这是我的认识，诸位如果不认同也无妨。

第二幕：完美婚姻的外表继续发扬光大，甚至更加壮观。所有的不愉快被报之以会意的莞尔而化解。这里交代主人公的职业和工作环境。玛丽安表现出一丝忧虑，她无法定义是什么让她萌生不安，但直觉让她感到在她和约翰之间某种巨大的错误正在发生，她试图去弥补那正在开裂的、无形的缝隙，但皆徒劳。约翰开始接听一些神秘的电话，晚上夫妻俩去看易卜生的《玩偶之家》。（他们还能在一起看什么呢？）两人之间的无言怨憎愈演愈烈，他们都想捅破窗户纸，但最终还是草草收兵，避而不谈。

第三幕：铡刀终于落下，约翰无情地向玛丽安坦白，他爱上了别的女人，完美婚姻破裂了。新鲜爱情的多巴胺让约翰变得果断、自信，玛丽安如同被晴天霹雳击倒，无备无助。我们眼睁睁地看着她顷刻间在羞辱和困惑中伤得鲜血淋漓。

第四幕：久别重逢。约翰的新生活开始出现危机，但他还全然不知。玛丽安终于开始康复，但还没有完全走出旧日生活的惯性：她依旧依附于约翰，依附于脆弱的孤独，她希望一切都会回到从前。两人的会面夹杂着和解的善意和攻击的恶意，痛苦而尴尬。彼此回避的一瞬间又是相互接近的一刻，一切都显得那么脆弱、易伤、易损。我必须承认，这一幕特别悲惨。

第五幕：大爆发。玛丽安开始趋向正常，约翰却越来越迷失于现实。两人想出一个绝妙的主意，他们用同一个律师一起递交离婚申请。初夏的一天晚上，约翰和玛丽安为了在离婚书上签字在约翰的办公室里见面。突然，如暴雨突至，多年积蓄的憎恶，被压抑的怒气，折磨双方的痛苦全都喷泻而出。两个体面的知识分子一点点地剥去人性的外套，变成了互相攻击的两个疯子，头脑中的唯一目标就剩下在身体上和灵魂上的相互折磨。在愤怒的驱使下，他们俩的吵架都赛过了第一幕中的彼得和卡特琳娜，毕竟这两人在婚姻地狱中已经修炼成仙，可以说在刻薄地对待彼此上更具有专业性，而这种技艺约翰和玛丽安还没有掌握。他们怀着的唯一目标就是摧毁对方，有时候他们几乎成功了。

第六幕：这里我决定让两个新人在毁灭的废墟中诞生，也许这样做有点过分乐观，但我还是没忍住。约翰和玛丽安经过了血雨腥风的洗礼，赚足了眼泪，现在他们开始探索新的知识领域,包括如何对待爱。玛丽安第一次坐下来听她母亲的唠叨，约翰也能自省其身，开始像个成年人一样善待玛丽安。一切还依旧混沌无序，盘根错节的各种关系依旧复杂，生活建筑在一堆彼此的妥协上，不过我认为，此刻至少他们俩的心理状态比起以前都更与现实接轨了。然而生活无解，故事到这里画上了一个并没有大团圆的句号。不过我还真想过做一个大团圆的结尾，不为别的，只是为了调侃那些品位高雅的艺术精英们。他们瞧不起这部戏，说它太日常、太通俗，早在第一幕的第一场戏他们就发出美学批评的干呕了。

还有什么要说的呢？我用了三个月的时间写出这部戏，但花了大半辈子去体验这一切，我还真不知道如果把这个顺序倒过来会不会更好，至少会显得更高级吧。我在写作中常与我的人物发生共情，他们充满矛盾，有时候像些心急的孩子，有时候又很成熟。他们废话连篇，但不时有金句出口。他们焦虑、快乐、自私、愚蠢、善良、聪明、无私、顺从、温和、敏感，令人无法忍受，又让人心生爱意。就是这样乱糟糟的一团，现在就让我们看看他们怎么样吧。

法罗岛，1972 年 5 月 28 日

《面对面》

（潘 / 努史德出版社，1976 年。）

亲爱的同事们：

现在我们要来拍一部电影，在某种意义上是一部关于一次自杀未遂的电影，但事实上，它又是关于生命、爱情和死亡的（和往常一样，剧本还在撰写中），因为没有什么比这更重要、更需要去完成，更激发我们思考，更让我们感到忧虑和快乐的。

如果有哪位认真的朋友让我认真地回答我为什么要写这样一个剧本，认真地说，我答不上来。在我内心深处长期以来一直有一种说不出原因的焦虑感，就像一种只有我能感受到的牙疼，可医术再高的医生也找不出毛病。我给这种焦虑起过各种名称，但一个比一个缺乏说服力，最终我决定要认真系统地研究一下这件事了。我找到了另一个人来帮忙，我在她的生活经历中感到了共鸣，只是她的焦虑更明显、更痛苦、更直接。

于是我们就有了影片的主人公：她是一个循规蹈矩、严谨正派的成功人士，有着优秀的职业和美满的婚姻，她身边的同事也都聪明能干，围绕她的一切都是“美好生活”的象征。

而我要写的就是这样一个完美人士突然陷入精神崩溃和她痛苦的自愈过程，从现有的素材中，我还为主人公的不幸遭遇找到缘由，也为她设计了未来。

对我来说，这个过程非常有益。那个无法定义的、折磨我的焦虑现在有了一个名字和地址，我终于可以摘掉环绕在我头上的痛苦和恐惧的光罩。如果有类似感受的观众能从这部作品中有所受益，那我的辛苦也没有白费；如果有人从中看到了处在同样境况的自己、身边的熟人或朋友，他可能因此感到幸灾乐祸或是萌发恻隐之心，拿自己的荣耀衡量他人的自卑，也是这部作品起到的作用。

或者有人觉得这部影片就是带来了几个小时的娱乐，这样也行。漂亮的女演员逼真地呈现痛苦，表达戏剧化或是荒唐可笑的场面，无论情景多么复杂窘迫，看着都会精彩，肯定都是娱乐。然而无视它，或是对它无动于衷，那才是对创作者的真正伤害。如果是这样，本人面对的就是公开的耻辱和嘲讽，以及无可估量的经济损失。

还有什么要说的呢？从这本书的厚度大家都可以猜出影片的长度,几公里的胶片是不可避免的。我已经在尽力控制了，但凡事皆有度，我已经学会了只是谨慎地介入演员的表演和台词，在排练中，我们总能碰撞出哪些地方真实可信，哪些属于多余。

这部影片分上下两部，每一部有两幕。第一部分强调现实主义气氛，极度的真实感。第二部分是游离的梦境，比现实还现实的梦，加上我的一些荒诞的评论。我对文学、电影还有戏剧中出现的梦境、想象和愿景保持强大的怀疑态度，可能是因为这种个人情感的流露总是粘带着牵强做作的成分。

尽管如此，影片中还会描述许多梦的情景，不是我自己的梦，而是一连串夸大现实的梦，这些梦都与主人公生命中经历过的重要时刻有密切关系。这里比较奇特的是，主人公珍妮虽然是一位职业的心理医师，却从来没有认真对待过梦对现实的夸大性。尽管她拥有丰富的心理学知识，却几乎是一位心智上的文盲。（这在心理咨询师身上时有发生，可以说是这类人的职业病。）珍妮向来是一位中规中矩的人，对于她来说，奶酪就是奶酪，桌子就是桌子，就如同人就是人而已。

这种认知给她带来了极大的痛苦，因为在某一瞬间她突然意识到自己是另外一个人，另外一个世界的伪装。老实说，我真不知道她要如何对待自己的这种直觉，只能为了安全起见取其下策，让她回到那个原来的自己。那个叫珍妮·艾萨克森（Jenny Isaksson）的女人，拥有标准化的性格和行为，自身就是一个令人窒息的静态组合。但如果她接受这个新发现，任自己在新的宇宙中沿着直觉的光轨滑向宇宙中心，她也同时开启了一场不断地向他人打开心扉的旅程。

还有另外一种令人遗憾的结局：旅程的漫无边际和行程中的机械故障到了令人无法承受的地步，她开始厌倦自己越来越被放大的直觉。灭掉灯，让自己沉浸到寂静无声的黑暗中。

我认为，这些表白很有必要，对我们这部将要一起完成的影片，无论从人性上还是艺术性上都很重要。拍这类电影很容易犯过度艺术化的错误，要做到每一个时刻都清楚地分辨对错、辨识真伪是比较困难的。不能用力过度，一切要顺其自然，并且还要在我们有限的物质条件内完成。

让我们一起去探险吧！

《风流寡妇》

（本文为伯格曼在1973年将弗朗兹·莱哈尔［Franz Lehár］的著名歌剧《风流寡妇》改编成剧本所写的前言，剧本和该前言都未曾发表过。伯格曼基金会档案F：035。）

1

首先：请聆听音乐！这是一部音乐片，音乐是影片的核心和主角，建议读者们听着音乐读剧本。我听的是伊丽莎白·施瓦茨科普夫（Elisabeth Schwarzkopf）和尼科莱·盖达（Nicolai Gedda）演唱的、勒夫罗·冯·马塔基克（Lovro von Matačić）指挥的版本。这里我要警告诸位，卡拉扬指挥的版本那个演奏声音慵懒得容易让人开小差。

《风流寡妇》的独特魅力都在音乐中，音乐从头到尾贯穿全剧（只有骑兵在室内那段清唱没有音乐，这是莱哈尔为了给维也纳的文化圈显示一下他也可以写这类音乐的才能创作的第一部轻歌剧）。

除了歌词，我对整个剧本的改编都很自由。不过这部戏的歌词与其他歌剧相比完全不是障碍，原剧中的一些对话滑稽有趣，有几段戏都成了经典了。所以，我几乎是一字不差地保留，其实大多数歌词我都没有做任何修改。给音乐写新词不仅太复杂，而且许多原剧的魅力也会流失。拍这部戏的过程中，我时常感觉自己就像是一个文物修复员，要原汁原味地修缮一部上世纪的经典，我使用的三个最重要的工具是：呵护、爱心和领悟。

《风流寡妇》中的男生重唱《研究女人是很难的学问》恐怕是对世纪之交的男人们双标的道德观和对性的嘲讽再精彩不过的表达了，真诚和善意更是维也纳式而非法国式的。戏中出现的具有时代感的色情明信片和漫画杂志《西木杂志》（*Simplicissimus*）里的低俗笑话都很应景；《女人进行曲》（*Grisettvisan*）是一首脍炙人口的流行曲，伴随着活泼、俏皮的女人们表演的香艳的康塔塔舞，更是无敌；相反，《维莉亚之歌》（*Viljavisan*）是一首民间歌曲，精致单纯，美妙动听又神秘莫测，令人在一刹那间萌生对失落纯真的渴望；当然还有贯穿全剧的《风流寡妇圆舞曲》，四三拍的节奏对情感的呈现完全达到了理查德·施特劳斯和普契尼的水准；再有一曲《双唇缄默》的男女对唱如梦如幻，宛如从一幅浪漫主义的油画或是文学插图中缓缓流出的旋律，极具时代特色。此外，我还使用了一些完整的序曲和结束曲，它们完美的音乐性令我无法拒绝。另外，我还自作主张在莱哈尔的其他作品中摘取灵感，为我们的创作锦上添花。

无独有偶，在拍摄《风流寡妇》的同时，我正好也在筹备莫扎特的《魔笛》。走进维也纳富饶无比的音乐传统，品尝它的苍天大树上生长出来的丰富果实，令我感到无比荣幸。塔米诺（Tamino）与汉娜·格拉瓦瑞（Hanna Glavari），帕帕吉诺（Papageno）与瓦伦切娜（Valencienne），莫可（Mirko）公爵与萨拉斯妥（Sarastro），他们都是同一片沃土上生长出来的。而且，维也纳有好奇、认真又易于满足的观众，以及充满活力的、丰富的艺术创造力。

这简直是一份厚礼：每天晚上他们从舞台深处的黑暗中现身，在台上唱歌跳舞，我们就像小孩子一样满心欢喜，百看不厌，百听不厌。

这简直是天赐良机：（感觉不可思议但又是千真万确的）我们为观众带来快乐、娱乐，同时自己感到安慰。

2

安娜·德约克娃（Anna Djakova）于1884年5月的一个星期天，出生在斯洛文尼亚王国的阿佩庭（Apatin）小镇。彼时的王国周边交界的是奥匈帝国、特兰西瓦尼亚和波斯尼亚。安娜出生没多久，全家就搬到维也纳，父亲在皇家马术学校谋到修马蹄的职位。14岁时，一场传染病夺走了家人的性命，安娜被迫独立谋生。她的监护人，一位在冯·格瑞门斯伯格（von Grimmensburg）公爵家中做仆人的亲戚有幸把安娜安插到府上做侍女。公爵每年都要去巴黎参加赛马比赛，有一年，安娜跟着公爵去巴黎，得以晋升为家庭保姆的助手。

1900年是神奇的一年。乐观主义、悲观主义、资本主义、自由主义、世纪之交、阴谋暗杀、逃跑主义等大小丑闻，全都鱼龙混杂、相继发生在这一年。公爵给自己的太阳穴上送了一枪，公爵夫人去了修道院，安娜的监护人也移民去了美国，安娜再一次成了孤儿。走投无路的安娜去了一家知名妓院，她取了一个适合职业的名字叫“优优”。在这里，安娜遇到了改变她命运的两个人：年轻的俄罗斯骑兵中尉尼古拉·尼古拉耶维奇（Nikolaj Nikolajevitch）和传奇商人亚当·卡拉瓦奥（Adam Calvario），安娜和后者成婚了。

两年后，商人死了，安娜成了欧洲最富有的财产继承人。（莱哈尔的轻歌剧《风流寡妇》发生在1905年，从卡拉瓦奥的死开始，剧中的女主改名叫汉娜·格拉瓦瑞［Hanna Glavari］，年轻军官改名达尼罗·达尼洛维奇［Danilo Danilovitsch］，我们电影中用的就是这些名字。）

与此同时，安娜怀有身孕，还没有搞清楚状况，遗产就被霸占了，她在巴黎郊外的豪华宫殿沦为一片废墟。关于她后来的命运人们知之甚少，据说她和那位被废了的俄国骑兵中尉过上了一种自由关系的日子，生了16个孩子，在双天使大街开了家小餐馆，专营匈牙利、俄罗斯的特色菜。从我获得的颇为可信的资料中还可以证实，老年的安娜和她忠诚的中尉在波尔多附近的一家富裕的农庄共度晚年，他们在那里经营一家朴实的酒庄。据我所知，这对老恋人变得极度肥胖，两人合起来有两三百公斤，他们的孩子、孙子和数不清的曾孙子常来看他们。有一年，《风流寡妇》在巴黎首映，一家法国电视台找到了二老，可未能完成采访。老太太不停地笑，肥硕的肚子上下弹动，她用手抱住她老恋人的脖子，亲他的嘴，对他耳语：我们的生活就是一出轻歌剧，不是吗?

我的电影讲的就是安娜·德约克娃，对不起，是汉娜·格拉瓦瑞的故事。这里遵循的不是事实，而是故事的内在逻辑，要不然就是最简单的轻歌剧也会砸锅。我不能再剧透了，据说电影时长 145 分钟。电影将从年轻的俄国骑兵中尉尼古拉，对不起，是达尼罗开始，他在妓院里为即将告别单身生活的朋友庆贺。145 分钟后，电影结束，结束在哪里呢？我不告诉你。

莱哈尔的音乐与我的故事发展顺序配合得天衣无缝，或者，恰恰相反。围绕着故事的发展，翻滚咆哮的欧洲历史隆隆展开。前无古人，后无来者，就像安娜·德约克娃所说的：这可是出轻歌剧啊!

《秋日奏鸣曲》

（本文写于1976年，未曾发表过，这是伯格曼写在《秋日奏鸣曲》的排练剧本上的笔记。伯格曼基金会档案B：158。）

最重要的，也是最基本，可能也是最自然的一点：我认为摄影机是无可匹敌的描绘人像的工具，因为摄影机能够最近距离地几乎不讲情面地拍摄人的脸：眼睛、嘴唇、皮肤、皮肤上成千上万的纹路，在情感而非意识驱动下才显露出来的数不清的小肌肉群。这是一笔无以复加的财富，为我们研究和思考人性提供绝佳的机会。这里我想提醒一下大家，剧本《秋日奏鸣曲》是在以前写过的有关特写镜头的艺术和技术的基础上发展出来的，我省略了大多数细节描述：墙纸、面容、记忆、思想和咖啡杯，这自然会让阅读感觉有一点费劲。我也没对剧本中人物的动线和位置做具体的描述，原因很简单，我不想在描述细节上迷失，我要完整地呈现。

现在我来说说写这个剧本的动机。我在排练剧本上只写了两个字：感情。我在寻找一种由感情支配、丝毫不受理解力和外在逻辑控制的关系，我在一对母女中找到了这种关系。将她们紧密连在一起的是彼此的仇恨、爱恋、内疚，没有什么明确或自然的理由。她们相互摸索着，撕打着，她们坦白、撒谎、期待、疑惑，简而言之，她们就是两个活生生的人。镜头一直紧紧贴在她们脸上，麦克风录下她们的声音，她们所有隐秘的动机，她们的力量和弱点全都传递给观众——她们的审判者。能亲眼看见精神意识和身体行为一并自然流淌的这一幕，岂不具有十足的吸引力？

《无主之爱》

（本文为《无主之爱》第一版剧本的前言，之前未曾发表过，写于 1978 年 3 月 4 日，为手写稿，收录于伯格曼基金会文献 E：032。剧本《无主之爱》在第二版修改时被划掉，在 2000 年潘 / 努史德出版社出版的《伯格曼剧本集》中未见收录。此文手稿上有伯格曼在 1999 年写的一段文字：此剧本被三位极具责任心的制片人拒绝，他们拒绝剧本的理由各有不同，但说法都是一个：这个剧本没有可能拍成电影，太昂贵，简直就是灾难，是自杀。我渐渐接受了他们的危言耸听，剧本直接入了档案，一个未完成的项目，未实现的梦，如此而已。）

亲爱的朋友们、同事们！

对于交流的尝试，如同写这封信一样，它同时也应该担负更多的使命，具体是哪些使命呢？我也解释不清，因为我正深陷在写作的漩涡里，搞不好会本末倒置。我当然想扮演那个体面的“万能先知”，可我演不了。每次排戏的时候，我首先都会问一个非常具体的问题：作者为什么写这部戏？为什么写成这样？我也会问自己：英格玛·伯格曼，你为什么写这个电影剧本？为什么写成这样？答案是不确定的，并且都被合理化地修正过。如果说我写作是因为我对某些人类行为的无比憎恶，我在政治上的犬儒主义和情感上的最终堕落，那只是一半真相；我写电影还因为我有强烈的需求，想要证实爱情的可能性和人类生存的可能性，稍纵即逝的想象力的丰富性以及人性中善的能力。（如果你觉得这些都太平庸的话，那也请便。我的朋友歌德说了我想说的一切：人就是要适时地妥协。我尝试过用各种形式兑现这句真理，不断地妥协，否则人会变得谨小慎微，为避免犯错不断重复自己过去的成功。）现在说回这部电影的诞生，它存在于生与死、建设与毁灭的对立角逐中。但我必须谦卑地指出，它不只是关于悲惨的，因为许多带着偏见的人一向认为我是一个厌世者，甚至是一个绝望的人。有位知名的美国制片人说过：如果一部电影不能用 15 个词讲清楚，那就不是部好电影。我认为他错了，尽管他有权这么说，毕竟他早就死翘翘了。我该怎么描述一部没有故事情节的电影呢？让我如何逐字逐句地给那些根本都不感兴趣可回头来还要对我的作品品头论足的人讲我的电影？好吧，让我试一试。

故事发生在一个电影厂，制片人阿尔伯特·库摩（Albert Kummer）和剪辑师安娜·伯格曼（Anna Bergman）试图抢救一部被导演搁置的片子。这片子的问题很大，没有剧本，只有十几万米的胶片。在工作过程中，老先生和年轻女子发生了关系，这一切有点像一出和生活本身一样平淡的喜剧，倒是他们抢救的片子更精彩一些。那部片子讲的是一个伪装成资本家的无政府主义者的故事。（这个电影梗概我倒是仅用了 12 个词，看来那位美国制片人还不那么蠢。）影片中还有一些其他人物和无政府主义者发生的各种纠结，最后，还有一位疯狂、无耻、绝望、滥用权势和酗酒的同性恋导演。我必须强调这位导演绝对不是我的自画像，同时为了避免今后的误解，我先提醒大家，影片发生在一个不确定的心理场域，外景与慕尼黑和巴伐利亚的城市近似。影片的布景可以随意发挥，只要像一个发达的工业都市就好。片中的风景表现的都是心理世界，因为整个故事都发生在那个疯癫导演的脑子里。（不是写这封信的导演本人。我马上感到了读者们的讥笑：你这么着急地洗清自己啊。那我就大言不惭地回答：正是！如果凡事都一丝不苟地对号入座，那还有什么意义呢？我们必须留一个半明半暗的房间，让画面更清晰美好，反正周围都是影子。）

我在影片的中间部分加上了“鲍西丝和费莱蒙（Baucis och Philemon）的神话[1]”，从表面看这个故事和影片情节没有直接关系，但我要强调安插这个情节的必要性，逻辑性强的读者可能会感到迷惑。在这个关于我们情感的毁灭的故事中，安插一个赞誉完美和忠诚的神话，就像在一个被摧毁的教堂废墟上，依然完整地耸立着讲坛上的救世主的画一样，这很重要。

1 《旧约》神话，鲍西丝和费莱蒙是一对贫困的老夫妻，当宙斯伪装成乞丐走访他们居住的城市时，唯有这对夫妻打开家门接待了他。作为报答，在大洪水到来前，老夫妻得到天神的预告得以逃生。这是一个关于善良和报恩的寓言。——译者注我无法预见观众能否被打动，但就像歌德说的，大家都需要及时妥协。

关于这部电影的内外情节我说了这么多，有人肯定会说这是基于我的内心不安，或许他们说的也没错，况且令我不安的还不只是这部电影，而是近年来我做的所有电影和戏剧。我怀疑这种不安（缺乏创造性，也令人不悦）是一种上了年龄的标志。当我不再被迫按照别人的愿望，或者单纯为了满足"人民大众"（啊，不可冒犯的神牛）的需求拍戏的时候，我做的一切都是深深地、自发地满足我的个人意愿，是人生的必需品；几乎是与此同时，一种清教徒式的罪恶感在我内心油然而生，不分青红皂白地扼杀我创造中获得的无与伦比的快乐。人们朝我指指点点，批评家们拼命摇头。（可别把头给摇掉了啊！）我的敌人嘲笑我，丝毫不掩饰他们的幸灾乐祸；我的投资人用小鹿一般可怜兮兮的眼神看着我；朋友们试图鼓励我，与猜疑、怠倦以及良心发现合成破坏的共谋。面对这种不寻常的状况，我坚韧的艺术自信心摸索出一个生存的本领，我干脆沉到水下，趴在沟底一动不动，在绝望中学会用鳃呼吸求生。直到有一天，这些负面评价彼此对冲，终于在一片阴沉恐惧的混乱中各自消耗殆尽，我在黎明中浮出水面，像个孩子一样满怀欢喜地拥抱我自己的童话。其中一个童话讲的是，从前有一只猪叫沙赫利姆尼尔（Sæhrímnir），每天晚上都被天神们烧烤后，吃得干干净净。啃完的骨头放在一个盘子里，第二天早上猪又活了，和前一天一样肥硕健康，欢天喜地地等着到晚上再被吃掉。

我一直都很同情沙赫利姆尼尔。

现在，让我们离开这片心灵境地吧！

这封信真不能比电影还长，亲爱的同事们，我懂的，请不要失去耐心，现在让我们来谈谈电影的技术元素吧。片中的男女主人公——制片人阿尔伯特·库摩和剪辑师安娜·伯格曼，要以轻松流畅的手法呈现。这是一部非典型喜剧片，转场过渡要简洁轻盈，色温用低调的暖色。影片中被抢救的片子要用完全对立的形式呈现（那是疯子导演马克·豪夫曼［Marco Hoffmann］的作品，要区别出来）。首先那是部黑白片，建议用最细腻的灰色调。灯光、机位以及所有表现主观性与主体之间的情景都要表现出强烈对立。电影的画面在诉说、表达、爆发、隐喻，演员与背景和道具之间的关系是多层次的，散发着危险性，因此需要非常细致地做准备，每一个细节、每一个衣服的褶皱都有象征意义，一切皆要可控。这里绝对禁止任何偶然和即兴的表演，这个充满秘密的宇宙是一个痴迷狂热又充满幻想的执念大脑一手打造的，这个大脑谙熟电影艺术的专业知识和诱惑能力，并且无视道德底线，将其推向极致。

整部影片（不管拍起来有多难）必须充满乐趣，这可不是件容易的事。拍摄通常是一个阶段性发展的进程，包含伤感、悲痛、流鼻涕和上厕所。真正快乐的瞬间——不夸张地说，真就是稍纵即逝的一瞬间，也是买不来的，它们往往藏在摄影棚的黑暗角落里或者像蝙蝠一样倒挂在屋檐下面的挂衣服绳上。要在每一个拍摄现场战胜那些不请自来且场场必到的倦怠和困惑的灰色妖魔，只有一个办法，一个再简单不过的办法，那就是提前做好准备。大家在一起思考、讨论、争吵、迷失、创作、游戏……甚至一起做梦。我们要拍世界上最棒的电影，是不是？我们一起努力，共同加油，悲伤是我们创作的母体。开机前一天那段时间是最重要的，尽管它并不总是那么明显，甚至连导演也没有意识到，因为他正在被恐惧和不安折磨着，那些在他头脑中模糊但又固执，也因此如此令他快乐的幻想终于要在银幕上变成现实了。

亲爱的朋友们，这封信变得有点复杂，我写了这么多也是因为我希望你们能耐心地理解这个剧本，我这样固执地重复我的意图，因为电影几乎无法用文字来传递。文字太含混，晦涩、一词多义，其实真该发明一种音符系统，像记录音乐一样记录影像。这个音符系统如同一个遥远的梦，在梦中寻找意义，语言只是无助无奈的暗中助手。最后祝大家狩猎愉快，如果你们读完了剧本感到的只是悲伤和空洞，那出问题的如果不是剧本，就是你自己，没有第三种可能。请不要生气啊！

慕尼黑，1978 年 3 月

《傀儡生涯》

（本文为潘 / 努史德出版社出版的剧本《傀儡生涯》的前言，1980 年。）

在《婚姻生活》的头一幕，我写了一对相爱相杀的夫妻彼得和卡特琳娜，我本想让他们俩的故事在戏中占到更大的位置，可是约翰和玛丽安把整场戏都占了，我只好对这对风险夫妻的发展未来保持缄默。在我那彻底翻船的剧本《无主之爱》中，彼得和卡特琳娜的灾难婚姻也是主题之一。待到剧本被打入冷宫后，这对夫妇拒绝陪葬，他们倔强地存在于我的构思中，以各种画面在我眼前出现，终于，成就了这个剧本。

这个故事的剧情在两条时间线上发展（灾难之前和之后），其中穿插着回忆镜头。剧本在这里读起来会有些困惑和复杂，但在拍出来的片子中肯定会很容易明白。为了方便大家理解，我在剧本中加了大标题和清晰的时间标示，这些在拍好的片子中当然不需要。（我希望啊！）

出于习惯，我总是在剧本的前言中交代一下我的写作动机。这不总是件容易的事，有时候，经过一番理性和现实的思考，写作动机就被束之高阁；不过这一次，我的写作动机很简单：为什么一个平日里一贯正常体面的成年人，会突然间脑子短路？我在《面对面》中讨论过这个主题，不过这里当事人的行为不仅是灾难性的，还影响到了他人。这个短路是怎样产生的，为什么产生？

影片的镜头语言短而零碎，有的地方还故意剪乱，我想用这种乱象表达：这部影片拒绝任何个人介入，我竭力营造最大限度的客观性，虽然这只是一个幻想。我要求剧中人物不得做任何参与或解释剧情的尝试，他们每个人都是参与者，身在其中而无法识得庐山真面目。（从专业角度出发，精神病医生应该最清楚，离这里越远越好。）

我把动机交给每一个对此感兴趣的读者自行裁断，如果你没有兴趣，希望至少可以把这当作是一场娱乐吧。

法罗岛，1979 年 1 月 25 日

《心灵之事》

（本文为伯格曼档案中发现的一页手稿，打字版文稿曾作为《心灵之事》的前言，但在随后的版本中被划掉，未曾发表过。）

这段文字不好懂，最多也只是写了一半。尝试用文字描述维多利亚说话的方式和目的是徒劳的，这一次我决定不做停顿，不对剧中的场景和人物心理做指示。大家自由发挥吧，这会更有趣。

我小时候认识一个玩杂技的，至少在他的鼎盛时期，他的技艺是无与伦比的。有一天晚上，他趁着酒兴对我说他有一个梦想，或者说是一种痴迷：他要做到把九个球同时抛到空中，其中一个球能在距他左手掌心 93 厘米的地方停住，哪怕只是不到一秒钟。他一辈子都在练习这个技巧，我想他从来没有成功过。对于一个有如此人生目标的人来说，这件事成功与否都是次要的。

第三部分

我和我的对话

回忆

瑞丝

（本文发表于《电影新闻》，1947 年第 11 期，时值伯格曼编剧的影片《长相思》上映，文中伯格曼对自己进行了采访。）

一名暴虐淫荡的卖身女。

一名让男人不应存期待，但免不了心生怜悯的女人。

一名所谓恶劣成长背景和生存环境下的牺牲品。

“请问先生，您为什么写这个故事呢？您的故事能带给人快乐，引人思考或是打动人心吗？写这些可能会让您开心吗？还是您就是要这么邪恶？”

“先生，我写这个故事是因为我曾经认识这个叫瑞丝的女人，尽管不很熟，但我远远地目睹了她的追求、痛苦和最终的悲剧，我被她深深感动了，这就是原因。”

“曾经认识？”

“对，因为她已经死了，她彻底解脱了，她周围的人也解脱了。”

“我读了《伊顿》报上写的电影的故事梗概：一个有过悲

惨童年的女孩长大后决定做一名男人杀手，于是她就去勾引阿尔夫·谢林[1]……是这么回事吗?”

“《伊顿》是一家卓越的媒体，发表在那上面的全是真的，他们概括得很到位。”

“那先生您自己怎么概括呢?”

“其实没什么要说的，如果一定要说，我想要表现邪恶的普遍规律，一个微乎其微的行为（无论是什么行为），当它依附在一个活体上的时候，就会像细菌一样慢慢繁殖，直到引发一系列的原因和后果。我想去抨击那些更可怕、更无意义的行为：邪恶对无辜者的施暴。这里，瑞丝暴露在痛苦中，因为她已传染上了毒菌，比她强大得多的疾病屡屡将她击倒。”

“太扯了吧!”

“是有点扯，我同意。编故事是件担风险的事，这点您必须认同我。”

“当然，在电影里什么都被简单分类，都是具体的、结论式的。”

“没错。那种半明半暗的、含蓄的、心照不宣的东西在电影中是没有位置的。要不然你得义无反顾地往前冲，很有可能头破血流，要不然你就得接受现实。”

“那瑞丝的生活中就没有其他故事也合适拍电影的吗?”

“当然有啊，比如瑞丝的童年。她母亲离婚后，她搬去奶

1　阿尔夫·谢林（Alf Kjellin，1920—1998)，影片中男主的扮演者。——译者注

奶爷爷家的大房子里住。奶奶是一个面颊泛着红晕，头发花白的瞎眼老太，她心地冷漠，对自己的女儿充满敌意，每次她来看望小姑娘时，憎恨都充溢着整个房间。瑞丝的奶奶自己就是一部电影。

“或者，我可以讲点绝对激励人心的：瑞丝曾经光荣地参加过西班牙内战，当然是加入政府军一方。有一次，她被意大利军队俘虏了，瑞丝就在军营中给意大利人用口琴吹瑞典民歌，结果意大利军队听着歌又被政府军俘虏了。

“或者，我可以把瑞丝一生充满嘲讽的大结局编成三幕话剧：瑞丝当着自己母亲的面劫持了她的情人，她生命中的魔鬼。然后有一天，瑞丝在惊恐万状中朝他开枪，子弹卡壳了（朝魔鬼的使者开枪时总是卡壳）。瑞丝不解地拉过枪筒端详，结果子弹正好飞出来，打到瑞丝的脸上。最后，一个技术高明的医生神奇地在她曾经有鼻子有眼的脸上把子弹挑出来，救了她的命。之后，为了她和周边人的安全，瑞丝被关进了疯人院，终于没几周她就死在那里了。

“或者，如果我是诗人的话，我可能用热情善良的押韵，描述她在艺术学院的驻足，以及与哲学系大学生如漆似胶的爱情（那是她生活中最美好的经历）。”

“那得拍多少部电影啊！”

“是啊，先生，什么都可以拍成电影，每天都有几千个写好的剧本，不可能都拍成电影或搬上舞台。”

“皮兰德娄[1]写过一部戏，是讲这种境况的。”

“这很有可能。”

“好吧，就到这里，请问先生您还有什么要说的吗？”

“我相信肯定有很多人可以用文学或诗歌，把瑞丝写得更聪明、更美好、更痛苦，但谁都不会比我写得更真实、更迫切。我理解她的状况，深深被她感动，我尽最大努力希望更多人也能理解她，再多也做不到了。”

斯德哥尔摩，8月

1 路易吉·皮兰德娄（Luigi Pirandello，1867—1936），意大利小说家、戏剧家。代表作品有《六个寻找剧作家的角色》和《亨利四世》等，1934年获诺贝尔文学奖。——译者注

在外祖母的房子

（本文为伯格曼为他创作的话剧《大惊失色》[*Mig till skräck*] 于 1947 年 10 月 26 日在哥德堡城市剧院首演时的节目单撰写的介绍，剧本被重新修改为广播剧时，伯格曼对文章进行了修改，再次发表于《无线电之音》，1953 年 3 月 8—14 日，第 10 期。）

下面我要讲讲这部戏发生的地点，也就是我外祖母的房子。外祖母住在瑞典一座中等城市，这里是大学城，也是大主教的住地。外祖母的房子在一幢两层高的石头楼里，房子一面对着的马路叫“绿荫街”，夏天街道两旁开满了花；另一面对着大教堂。院子里是一个花园，有一条石子路穿过门洞一直通向外面的大马路。花园是楼里住的孩子们游戏玩耍的地方，也是猫咪、老鼠和灌木丛间飞来飞去的小鸟的栖息地。院子里有能容纳两辆大马车的车棚，6 个户外茅厕，院子当中的地下住着一户犹太人，他在那里开着一家地下商店。人们说他不是个善茬，有点危险，我也不知道这是否属实。

外祖母住在这幢楼的二层，从院子里的门洞上楼，屋子很大，有客厅，装了炉子的天井和镶着彩色玻璃的窗户。宽敞的厨房里有专门备餐的地方，储藏食物的冰柜，窗台边还有擦得干干净净的可折叠餐桌。屋里有女佣房、外祖母的睡房、客房、外祖母的工作间（外祖父已经不在了）。从楼梯上去是阁楼，阁楼的楼板总是咯吱咯吱地响。屋里的柜子、储藏室里装满了令人愉悦又珍奇的物件，它们都在秘密地悄声低语。到了冬天，屋子里的壁炉发出火炭燃烧噼噼啪啪的响声，阳光安静地照在屋里的雕塑上，雕塑都像是有了生命。一个人待在屋里时，阳光似乎也在发声，不过在一幢老房子里，人永远不会真的独处。屋子里的地毯又老又旧，屋檐下建筑构件的柱头，挂在墙上的威尼斯或是佛罗伦萨的风景画，天花板上垂下来的水晶灯，窗帘上有城堡、王子、公主、龙和森林的画片。到了晚上，窗外的煤气灯把屋里的一切都唤醒了，大风吹起，灯影摇曳，在天花板上影子的海洋中，森林、战船纷纷都活起来了。墙纸的图案形成滑稽的脸孔，看上去倒也不危险。屋里的家具一会儿像热带雨林里身形庞大、动作迟缓的动物，一会儿又像是姿态典雅、步履轻盈的贵族女人。

屋子当中的沙发上有一个红色的球。

还有钟表，每个房间里至少有两台钟，所有的钟都在滴滴答答、叮叮咚咚地发声，交流，谈话。

大家现在都明白了，这是一幢奇特的房子，饱含秘密的低语碎步，窸窸窣窣。（我不是在讲鬼故事，阁楼上虽然住着一仙人，可他不会下楼的。）这里的墙壁、家具、钟表、物件……

它们都会动。

我第一次走进这房子的时候还是个孩子，之后就没再来过，我所描写的一切都出自一个孩子的视角。不过如果房子能活过来的话，那里的成年人会在钟表的嘀嗒声和窗外被春风吹乱的柳树呼啸中，等待阳光慢慢地将寂静带回屋里。屋里的大衣柜永远也讲不完住在它深处的小仙人们的故事。

一件事

（发表于《电影新闻》,1948年第20期,第4—7页,为影片《伊娃》首映撰写。）

这件事发生在《开往印度之船》的拍摄当中。

那是七月中旬一个炎热的早上，当时我们剧组驻扎在纽内斯港（Nynäshamn）,拍摄地在港外的托瑞岛（Torö）。那天早上，海平线上聚着一团乌云，天光静静地倒映在水中，如同一片熔化的铅水，尽管天色还早，空气却已不再凉爽。

载我们去片场的车已经停在路边，和往常一样，每次都是不同的车、不同的司机。

当时我想：这车看上去有种不祥之感，司机太爱笑了，车头破着，露出里面的马达。这部车我不应该上，换车吧，干脆不要开车了，回酒店钻回被窝躲起来吧，我没生病，是天气生病了。

我不会写诗，但常有些还押韵的词从潜意识的深渊中浮出来。此刻就是这样一种情景：一个刽子手、一个斩首人、一个黑影在我背后。不，这不是哪部戏的台词，一个刽子手、一个斩首人、一个黑影在我背后，是谁？是死神！

刽子手、斩首人、死神，这些词汇在我脑海中并不陌生，但真的落实到现实的不安之感还是头一次。

我们上了车，司机又说笑了几句，然后发动引擎，我们上路了。

从纽内斯港到托瑞岛的道路蜿蜒崎岖，一路上山路起伏颠簸，树枝一会儿遮住左边的风景，一会儿又转到了右边，开车的人都熟悉这种感觉。对于未来之事，当你认识到它不可扭转，正在发生或者刚刚发生过，你就无所畏惧了。我坐在副驾驶的座位上，看着司机保持方向盘的动作，觉得很奇怪。我转过头看路上的车，它们也都在匆忙赶路，不时开到对面路上。到底是谁先开到对面去的？已经搞不清楚了。

这时候，我们的车子开始爬坡。

突然间，我发现自己站在公路当中，朝着不认识的人叫喊。人人都在叫喊，有几辆车倒挂在山崖下的深谷中。

可无论我怎么叫喊，没有理由地叫喊，都没有人听到我，我只好起身走了。

就在这时我发现：

我的双脚离开了自己的身体，我感觉沙子钻进了鞋里，脚和脚下的道路成了好友；

我的后背爱上了山崖上的青草和绿苔，草丛中还长着野草莓；

风吹过林中的白桦树，吹来了大海的气息，天空晴朗却下起了雨，雨幕给远山罩上一层白色的面纱；

被雨打湿的感觉很棒；

路上走来一位老太太和她的孙女，她们一点不着急，任凭雨点打在身上。女孩穿着件绿色的衬衣，一路都在笑；

草长得很高，草叶上跑着打着雨伞躲雨的小虫，一只黄蚂蚁看上去特别辛苦。这一切你要趴下身才能看到；

泪水流过我的面颊，那一刻我明白，我们都活着！

接着身体的其他部位也一点一点地活过来了，一个接一个地与泪水融为一体。一切都发生得太快了，一种全新的快感传遍全身，或者是一种未曾有过的知觉。

后来，一部牢固的新车开过来，我们坐上去，听着车里的收音机，雨刷不断地刷洗车窗。我们缓缓地、安静地行驶在阳光和雨水相互交替的风景中，收音机里放着的音乐，我想是亨德尔的曲子吧。音乐也同样让人快乐，或者是我同时被音乐和风景感动着、快乐着，事后我又故意装出不以为然的样子。

唯有一件事我很清楚：生命从来没有过如此真实又明亮。

死亡不再是我身后的一个刽子手、一个斩首人、一个黑影，死亡成为生命的一部分，如同大海的波浪奔流不息。

在这片亘古的寂静中，儿时的记忆悄然浮出。时间的阻隔已经不露声色地被慢慢融化，一个坚固的结自动松开。最好是放下武器乖乖地走出防御工事，或许这样可行。

别人的进攻几乎让你无地自容，但还不只是这些。

“这是你的观察吧，都没有谈到电影。”

“不是，这就是电影。”

“电影就是讲这个的？”

“有人画油画，有人做音乐，演员表演，有几个人作诗、写小说或戏剧，有人做雕塑，有人赚钱，有人集邮。每个人表达的方式不一样。”

“那又怎样呢？我不明白您的意思，您到底想要说什么？”

“我是写电影剧本的，没有可比性，但有时候又都混成一锅。这样说有点傲慢（找骂啊），但也是实事求是。”

“您不是还写话剧吗？”

“是啊，可是从来没有上演过。万事俱备，只欠东风！”

斯德哥尔摩，12 月

告白：我母亲的日记

（发表于《家庭主妇》杂志，1971 年第 39 期，第 18—19 期，第 65、67 页，原文发表时有配图，此处略去。）

自孩提时起，我就深爱着我的母亲。在我眼里，她美丽，令人渴望又无法企及。我竭尽全力想赢得她的欢心，这绝非易事。母亲坚信教养男孩子就是要把他们培养成国家需要的勇敢坚强的男人，这真让我无法理解。我生性懦弱，逃避困难，爱撒谎，头脑糊涂，动不动就求关爱，最重要的是我爱玩布娃娃。我害怕和别的小孩玩，我最爱待在安静的地方，人们轻声细语地说话，我想抚摸和触碰，也渴望被抚摸和被触碰。我记得母亲严厉地教训过我，不许像个女孩子，我真搞不懂为什么不可以像女孩子，做女孩子多好啊。

我坚信母亲的天性是温柔的，但后天的教养和她一辈子都不存希望的婚姻生活摧毁了她的天性。母亲无比严厉，至少是在对待她两个亲儿子的时候。有时候，她也会突然温情流露，令我不知所措。我忙不迭地去汲取、吸收，放纵自己去撒娇，可这温情就如来得突然一样，也会去得仓促，顷刻之间被冰封，我被困在外面。

我的秘密享受

我记得从很小时候起就学会了一种保护和延续快乐的方法，最奇怪的是母亲从来没有识破我的表演，或者，她早就看穿了我，只是顺着我一起演戏。

每次母亲出门，我都会绝望地大哭大闹一场。母亲被我搞得心烦意乱，无法集中精力，这就更激发我的悲痛欲绝。六岁时，有一次母亲出门，那时我学会了控制自己，因为我明白了这时候哭闹只能起反作用。于是,我做出一副漠不关心的样子，表现得心不在焉、冷漠和无所谓，我这一招果真见效，母亲不安地解释说：英格玛可能生病了吧。母亲问我怎么了，我说不开心，她接着问有什么事能让我在她出门的这几天重新开心。她让我坐在她的膝上（这是非常罕见的举止），当她梳理她的棕黑色长发时，允许我待在她身边；她一把抱起我，不安地看着我，久久不放开。这是我的秘密享受，至今还记忆犹新。

我不断地改进自己，方法变得越来越细腻。有几次就在我享受着母亲对我释放温情的时候，在我感觉到她的态度正朝着平日里那个严厉的母亲转变的时候，我便故意做出冷漠的反应，在她没有来得及离开我之前，我先离开她。

这让我在母亲那里占了上风，我策略性地使用这种方法。

当爱转为恨

每当我生病的时候（我是一个孱弱多病的小孩），母亲的态度就彻底变了。仿佛我的病给了她显露真性情的借口，让她的一切所为变得合法。这时候，她的温柔和耐心都变得无穷无尽，就像她总也讲不完的童话故事一样。

同时，我竭力刺激和维系生病状态的尝试，在母亲面前统统败下阵来，因为母亲在嫁给我父亲前，是卫校毕业的专职护士。

随着童年的消失，我对母亲的崇拜开始转向冷漠、厌恶，最后转为仇恨。我们太像了，都是冲突性、戏剧性的火爆性格。

我离家出走，好几年没有联系过我的父母亲。

直到我们逐渐恢复了正常化的关系，开始不定期地见面，但关系依旧淡薄。

歇斯底里地成长

牧师的家总是对所有人敞开大门，牧师的家庭成员就像生活在托盘上，公开暴露在人们的指指点点中。被评论最多的是牧师的太太，她不仅要为自己的错误负责任，牧师的表现和家庭中孩子们的表现，无论好坏还都会被归咎于牧师太太的努力或无能。

我们兄妹真是不配做牧师家的孩子，我们的成长表现出一种近乎歇斯底里的绝望，困惑；成为社会优秀的公民，让我们的父母亲在教区信徒和熟人面前引以为荣的希望早已熄灭了。

爱的棍棒

我父母亲很害怕别人对我们的评论，为此，他们打着为了孩子的最大利益的可悲借口，为了树立毫无意义的权威，对我们（肯定是不自觉地）实施一个比一个冷酷的惩罚方法。我们做什么都会被惩罚,惩罚的执行也都是一丝不苟。对于我来说，身体遭受的惩罚包括藤条抽打身体，或是在脸上扇耳光，这些我都可以忍受，但我最恐惧的是关禁闭。当我被锁进阁楼下面楼梯间里的大衣柜时，脑子里想的都是家里女仆给我讲过的，大衣柜里住着一个长着又长又锋利牙齿的小矮人，他能把捣乱孩子的脚丫子咬掉。我被吓得立刻毫不犹豫地承认了让我承认的任何错事，向让我祈求原谅的任何缘由求饶。

我的父母亲对于体罚的合理性和轻重程度或许有不同意见，但在面对我们时，他们俩从来都是同仇敌忾的，而且他们也从来没有承认过做错决定或是下手太重。在我们家中，“对不起”这个词只有从孩子向家长（当然还有耶稣和上帝）这一条路径。尽管如此，我从不认为我的童年是无聊或悲惨的，我想这主要都是母亲的功劳。

母亲不可思议的角色

母亲为我们家庭所做的一切，在今天的人看来是难以想象的。她以幽默和活力完成她在家庭中不可思议的角色，这个角色不得表现出任何软弱、疲倦或对遭受冷落的不满，这都是绝对禁止的。母亲领导和管理着这个总是充满着大人、孩子、亲戚、客人、仆人的大房子，她的组织能力和管理才干果断而自信。如果把母亲在教会里承担的不断增加的工作量也算进去，可以想象她要做的事情有多少！

母亲启迪了我的创造力，比如游戏，穿衣，戏剧表演，外出游玩，一家人坐在壁炉前高声朗读，生日庆典，命名日庆典，圣诞节庆典。组织这些活动时，母亲是我们全家人的中心，她用坚强和幽默，赢得我们的尊重，她活力四射。

揭秘的日记

母亲是如何隐瞒和度过她的疲倦与绝望、苦难与困惑的？

只到她去世后，我们在银行保险柜里找到了她的日记本，才了解真相。母亲在世时，几乎每天都非常隐秘地记录她的生活，虽然寥寥数句，有的地方用暗号似的缩写和简写，然而这些日记揭开了又一个天大的秘密。这么多年来，母亲毫不留情地记录她的内心感受，尤其是她的负罪感。

只有在她离开我们后，我们才在母亲的日记中读到她绝望中的困惑，对生命的忧郁、痛苦和厌恶，多次近乎冲破她的钢铁自律。在母亲的日记中，我们也读到自己，她对我们性格的描述，对我们行为的回顾，她的记录不像一个怀着宽容温柔之心的母亲。同时，她不断重复自己的负罪心理，懊悔自己做得不够。

终于，我们成了朋友。

母亲的晚年犯了三次心脏病，最后一次要了她的命。

在她第一次住院的时候，我去看她。我们俩可以像两个成年人而不是母子那样谈心，我们都在焦虑地寻找对方，都需要获得真相和友谊。母亲是一个超凡的听众，她总能全神贯注地聆听，所以她赢得了很多人的信任。在医院里，我和母亲彼此交谈、聆听，我们都在寻找解释、共识和理解，不是借口和抱怨。终于，我们成了朋友。

自问自答及其他

遇见卡斯帕

（1942 年，伯格曼创作的首部戏剧《卡斯帕之死》在斯德哥尔摩城市剧院上演，本文为伯格曼想象的剧作家和剧中主人公卡斯帕会面的交谈，发表在该剧上演时的节目单上。）

那鼻子，谁能错过？那肯定是卡斯帕了。

我看到他紧张又激动的样子，邪恶的薄嘴唇抿了一下，充满血丝的大眼睛忽闪着。

卡斯帕害怕了。

“卡斯帕，你这是怎么了？”

“你不是知道我的戏吗？最后一幕演完了，我、警官和主人的戏演完了。”

“这戏太让我崩溃了，我都觉得自己变老了。”

“可不是老了嘛，你不能这么写，你应该写我这样的剧本，要不然你这样走下去，没出路的。”

“别瞎说了，才不是这样呢，万一哪天主人不服了，不让你继续骗下去，或许有一天他会说：‘嘿，小子，别想再骗我了，该被吊死的是你而不是我。’那时候该怎么办呢？我要是不把坏蛋送上绞刑架，我不甘心啊。”

“这不过是一出戏啊。”

“你确定吗？我反正怀疑了。所以我害怕，卡斯帕害怕了。”

“你是神经有问题，吃点维生素，开始早起散步。”

“你就拿我开涮吧，反正我告诉你了，对我来说，在家打老婆或是在舞台上打架，都一样，我分不清哪里是厨房，哪里是舞台。”

“你不过是在上演我的戏而已，哪有那么危险？”

“你一看就不懂我在说什么，说的就是你的戏，这可是我在舞台上演得最糟糕的一部戏。”

“怎么会呢？一开始你不是很满意吗？”

“可能吧，像我这样的老演员一看到大角色总是会有点虚荣心，可这个角色糟糕透了。”

“为什么呢？”

“我死了。”

“死了？你是说在戏里，那又没什么，只不过是为了舞台效果罢了。”

“也许吧，但你懂不懂？卡斯帕什么时候死过？谁都可以死，卡斯帕从来不会死，这简直是奇耻大辱！”

“真的吗？”

“你脑子有病了，让我告诉你吧，让卡斯帕死真是太荒唐了，他是不死的，你怎么可以让他死呢？”

“那你想怎么样呢？”

“我也不知道，不过要是可以的话，让我把抬棺人踢出去，晚会继续开下去。等姑娘们来了，我们好好乐一乐，我满地打滚儿，把死神杀掉，再揪一揪上帝的胡子，挠一挠他的大脚板，没准连他也一起杀了，然后在干几个天使。这不是戏吗？”

“可能吧……谢谢你的建议。”

“你这样可不好，作为一名老演员我要提醒你。要不然等以后戏成功了，那可不是你的功劳了。”

“当然，那是你的功劳。”

“这还差不多。”

两个人沉默了一会儿。

“我得走了，你的戏排练开始前我得找点吃喝，接下去又得郁闷了。”

“你是说唤起自我意识吗？”

“别开玩笑了。”

“可你得答应我，不能按照你的想法改我的戏。”

“那我可不知道，走着瞧吧。再见！”

卡斯帕留下一句阴险的威胁，推开了剧院边饭馆的门。

财务经理和剧院老板之间的谈话

（本文发表在赫尔辛堡城市剧院1944年秋季节目单，第5—9页，伯格曼编纂了自己和自己的对话［此时的伯格曼，身兼剧院总监和剧院财务主管的职务］。这是伯格曼在赫尔辛堡城市剧院完成的第一个秋季演出季，战争的阴影悬在空中。）

“接下去就是春季演出季，然后就可以坐在岛上钓着鱼，晒着太阳，享受阳光、礁石、海水了。”

“但这之前工作很忙，是不是？”

“是啊！我们做了新年音乐会，上演了亚尔马·伯格曼（Hjalmar Bergman）的童话，弗朗兹·魏菲尔的《雅格布斯凯和上校》和手上这部剧……”

“可以说秋季演出季很圆满了。”

“当然，不过春季还要更好，必须更好。更多观众，更好的成绩，更高的艺术水准，这么说吧，更大的野心。”

“可以的啊。”

“这还不是全部。”

“还有什么呢？”

"我们要更加珍惜时光，紧紧抓住每一天、每一小时，让生命中的每一分钟都燃烧着创造的热情火焰，无论大小。"

"您可真能说啊，还有什么都说出来吧。今天我要休息，市政府刚刚批准了我们剧院 5 万克朗的资助，我要休息一下以表庆祝。"

"我们必须不断地突破自我，寻找新方法，掌握新技术，把技术活握在手上，要不然光凭天赋是不够的，这还只是万里长征的第一步。"

"听得出来，您可真是斗志昂扬啊！"

"可能是吧，这是一件严肃的事，当然不能敷衍了事。"

"可您不认为最重要的依旧是观众，我们要让观众坐进包厢里，坐进第一排、第二排、第三排，门外售票口还有排长队买票的观众，这您得承认吧？"

"对，观众，剧院光是有包厢和观众席还不够，您知道我怎么想吗，先生？"

"老天爷，我还真不知道，多亏不知道，您说说看。"

"我认为剧院这种传统的表演形式将会逐渐瓦解，就连那种在沙龙里把活动的背景板推来推去的演出形式也有三十几年了，剧院这种形式注定是要完成其历史使命了。今后的戏剧表演只需要几个演员，一个剧本，拉个大篷车就可以出去演出了。防空洞、森林里的空地、教堂外的台阶，再加上观众，就可以演戏啦！"

"那售票处呢？票房怎么办？"

“先生就学着做举着收钱罐的犹太商人出去求布施吧！战争再这样继续下去，还售票处呢，或许不久的将来没有什么建筑物能够幸存了，谁知道呢！剧场演出说来真是件奇怪的事，一部戏经过无数次的排练，终于上演了，演完之后，布景被拆卸下来，当初排练时的分角剧本被收回来，堆在角落里落灰，假发戏服换成下一部戏的假发戏服，而戏本身和排戏中的辛苦究竟还剩下什么呢？几张简报？一些照片？还有一种感觉，难以忘怀的美妙或伤心的时刻，这就是戏剧吗？和墙上的尿迹有什么区别，就算是市长的尿迹又怎样呢？”

“您这通演说是什么目的呢？先生，戏马上要上演了，节目单可是花了不少钱印的，最好在上面加点广告。您得这么想，我们现在还有剧院呢，还不需要大篷车和教堂门口的大台阶呢！”

“目的？如果没有抵达怎么能知道目的呢，可一旦达到了目的还会有下一个目的。”

“啊，啊！”

“对于这个剧院我有三个要求。”

“那就放马过来吧！”

“第一，剧院应该拥有话语权；第二，剧院应该是对抗偏见、鲁莽、懦弱、残忍、冷漠、无情和无聊的坚实堡垒；第三，剧院应该是一个游戏场、战场、趣味屋、不安角、游泳池……”

“游泳池？”

“对，亚里士多德说过，戏剧具有净化功能，它能让人忘我，忘却自己的生活而去体会他人的快乐与痛苦，亚里士多德称之为戏剧的‘净化’功能，这也是戏剧最重要的功能。您懂了吗?”

“懂了。”

“晚安，再见。”

“再见。”

离职前的自问自答

（本文发表在赫尔辛堡城市剧院1946年春季演出季《安魂曲》节目单，第1—7页。伯格曼用自嘲的语气自问自答。此时，他被赫尔辛堡城市剧院辞退，又将受聘于哥德堡城市剧院。）

“说说您在剧院的这段时间吧，怎么尖酸刻薄怎么来啊！”

“还是算了吧。”

“我还记得第一次采访您的事。”

“真不好意思。”

“您说了很多打鸡血的口号。”

“嗯。”

“您说过什么剧院是不安之角啊，是对抗偏见、鲁莽、懦弱、残忍、冷漠、无情和无聊的坚实堡垒……”

“是的。”

“说得好啊！”

“嗯。”

“您还满意吗？”

“满意。”

“您喜欢我们赫尔辛堡人吗？”

“喜欢。”

“剧院呢，喜欢吗？”

“喜欢。”

“剧院领导呢？”

“喜欢。”

“那您现在一切如愿了：帐篷拆了，铺盖卷了，道具收起来搬到下一个村子。换地方让您很开心吧？留下一片自己打造的江山，然后心满意足地离去。”

“可以这么说吧。”

“您不得不承认城市剧院是您事业发展的完美跳台吧？在您来这里之前，您算个什么呢？”

“是的。”

“如今您有个漂亮的头衔，您不是很开心吗？至少应该感恩吧。”

“是的。”

“现在让我们来听听您在这个剧院经历过的最精彩的事吧。”

“让我来谈？”

“是啊，来吧，不要害羞。”

“我没有害羞。”

“好，来吧！”

“我记得在《麦克白》的首映即将开始前的几分钟，大家都聚在我的屋子里，剧场里打过了第二遍铃，大家脸上化着妆，穿着戏服。我们谈了一些戏的事和我们为什么要演。那种感觉从未有过，今后也再不会有。我们都怀着一种不带任何个人色彩的庄严的情感投入一项任务中，并且深深为之感动着。结果第一幕演砸了，却记忆犹新。”

“还有吗?”

“有啊，政府一手给我们拨了5万克朗的赞助费，转身又向我们征收了近4万克朗的费用，包括税收、衣帽间费用、场租、供电供暖费等，等你们开始核算就清楚了。”

“让您最伤感的经历呢?”

“来时激情万丈，去时却是一个和解让步的老头，满腔热情变成一杯温啤酒。还有，美味的南方菜给身上那团糟肉添的一道道肥膘。知足常乐，这话说出来大家肯定认为我是在假谦虚，其实是想捞赞美。”

“明白。还有什么吗?”

“我有一个朋友，我叫他杰克，倒不是确有其人，但对我来说足够真实了。他常这么说：‘有一天我会把我的格子外套（他确实有一件格子外套）打包寄给一个我喜欢的人。然后，我套上自己的破鞋子在黄昏时上路，我要住在一个城堡的废墟里，在一个破旧的台阶下面，透过城堡里残破的窗户，看到星空下被月光照亮的田野，还有两家饲料工厂。为什么加上饲料厂呢？因为我不想让画面太煽情浪漫，不过没有工厂也可以。当我闭上眼睛，在我眼帘内出现的画面中一定不会有该死的瞎眼鹿、色彩模糊的游戏和白日梦。’这是杰克的话。”

“谢谢，就说到这里吧，我们版面不够了。您的回答和我们设想的不一样，不过也蛮有趣的。”

会面

（本文发表于马尔默城市剧院的《拉凯尔和电影院门卫》上演时的节目单，1946 年 9 月，第 8—9 页，伯格曼再一次将自己创作的戏剧搬上舞台，这次是客座马尔默城市剧院。）

“导演在见到今晚首演的话剧剧本作者时，说的第一句话是：导演最起码应该要求所拍剧作的作者已经不在世了。”

两人见面后，彼此看着对方的眼睛，握了握手，导演接着说：

“将您的戏搬上舞台实为幸事，这出戏打动我的内心（他想说是灵魂）。我想这出戏是不是一支走调的低音管，戏剧家当然爱发牢骚，不然怎么能叫戏剧化呢？”戏剧家说：

“很高兴是您来导演我的戏。”

“（他想说的是）您到底懂不懂我的戏。”

两人继续恭维了一番彼此的天赋，如何卓越的先天条件，如何超凡的精彩技艺，直到他们差不多把赞美之词搜罗光后，作家说：

“真的吗？”

“真的!”导演回答。

他们彼此沉默地站着，面对面地看着对方。最后，导演鼓起勇气，清了一下嗓子，说：“您的戏到底想要说什么呢？要表达什么特别的东西吗？”

“这和我有什么相干？”作家话里带着不安。

“和您不相干？”

“是啊，我写了个剧本，为什么写了这个剧本而不是别的剧本，这都不重要，我写这个剧本想表达什么也无关紧要。这部戏里没有重要的台词，没有隐晦的寓意，更没有什么所谓的意义了。”

“可是，那为什么要演出来呢？”

“这一点，您在决定排演之前不都搞清楚了吗？”

“可能吧。”

“不是吗？”

“我想是剧本的某些地方，给我留下了深刻印象，想让我把剧本拍出来。”

“哪些地方呢？”

“我不可能一条条讲给您，这是我的秘密，再过几天是我和演员们的秘密。我不能说，我们都不认识。”

“这样很好，我们应该继续保持这种与陌生人的关系，这很好。”

“为什么呢？等等，我知道为什么。”

“您懂的，”作家说，“我憎恨我的剧本，而您却爱上了它。

要是我们是朋友的话，我会让您和我一样憎恨它，上帝保佑我们可千万不要结缘啊。”

“可您为什么憎恨自己的作品呢?”

“您问我? 那让我来问问您，您能同情一个毫无良知地暴露他人内心秘密和思想的人吗? 除非您也疯了。”

“我在这部戏中看到的东西，和您说的一点都不一样。”

“是吗? 那倒真有趣了。”

“是的，”导演说，“不过戏里缺乏一句含义深刻能够宣泄情绪的台词，我们得试着编一句。”

“哪一句呢?”

“这句怎样：‘就像蚂蚁无法理解人类一样，人类也无法理解上帝。’”

“我得承认我没写过这句。”作家伤感地说。

“您赞同我加上这句台词吗?”导演问。

“可能吧，有趣的是，这句话我曾在一个好朋友那里听过，这么说我倒想问问您，导演，您为什么不当作家写剧本呢?”

两人都沉默了，导演和作家相互看了一下，表情都很严肃。

“作家真是个可笑的职业，”导演突然说，“有时候他们确实有能力表达人类最秘密的思想。”

“对啊，这正是你我工作之间最大的区别。你们总觉得能做我们的工作，可我们从来不想替代你们。”作家的话说完，导演一时无以应答。良久之后，导演说：

“有一种人既是作家也是导演，至少他们自认为如此。”

“这家伙好可怜啊!”作家说。

“是啊。”导演说。

“动物界里有长着五条腿的牛，两个头的火鸡和其他奇异动物。”作家说。

“确实如此。”导演说。

这一次，作家和导演达成一致。他们彼此互敬致意，欣然告别。

马尔默，9 月

英格玛·伯格曼在《不良少女莫妮卡》首映前的自问自答

（本文是伯格曼为《不良少女莫妮卡》节目单上的撰文，发表时间为 1953 年。）

“莫妮卡是怎样诞生的？”

“莫妮卡不是我创造的，弗格尔斯特罗姆（Fogelström）把她植入我心里，我就像一头怀孕的大象，花了三年时间，终于在去年夏天把她生出来了。今天，她已经是个漂亮又淘气的小妞，我希望她会引起各种不同类型、情绪激烈的反应和争论，谁要是对她无动于衷，那我可要和他急。”

“果真是不同寻常的父爱啊！”

“对大多数人来说，电影就像是肥皂、火柴，甚至是假牙，是有时间期限的消费品。但对导演可不是，他一天到晚地和自己的作品生活在一起（艰难地生活在一起），一直到电影首映式那天，他才不情愿地把她交给观众。”

“必须这样吗？”

“对我来说是的。电影煎熬我的身心，逼我做出反应，我必须爱她才能不断地走近它。”

“这话说得，太是一位明智的导演了。”

“是的，编辑先生，我倒是听说过还有一类人，表面知情达理，就连拍起电影也谦谦有礼得像个人。”

“你憎恶这种人？”

“我不羡慕他们，他们活得比我们难，我们早就丢掉了那些维持体面的秋裤，代表批判性认识的金丝眼镜或是表现事后诸葛的过浆高级衬衫，或者我们压根就没有穿过那些累赘。”

“可怜的电影，可怜的演员，可怜的……”

“不会啊，您好好看看我这里，看到了吗，我的头上长着个触角。”

“触角？您是说您戴的贝雷帽上面的小揪揪吗？”

“您以为我的贝雷帽上面就是个小揪揪而已吗？编辑先生，您看到的可不是一个普通的小揪揪，那可是一个雷达，是我用来拍电影的利器，比上面说的那些秋裤、金丝眼镜和高级衬衣有效多了。”

“搁浅……浓雾……暗礁……真的吗？”

“技术有待改进，就是雷达也有儿科病啊。我们还是来谈谈莫妮卡吧。”

“我听说影片中出现了瑞典电影中必不可少的裸体镜头。”

“我怎么没听说过裸体镜头是瑞典电影中必不可少的，不过我赞同你的提议。”

“啊！”

“我们这个国家的气候只允许大家在澡盆里泡澡，在冰窟窿里冬泳，再加上芬兰桑拿浴。一年到头也就有那么一两天，我们能够通过电影的幻象创造一种理想的田园景色，让我们身材美妙的姑娘们在大自然中戏水游玩，俨然一副享受的样子，全然不顾冻得掉了一地的鸡皮疙瘩！”

“这么说，伯格曼先生电影中的裸体镜头不是制片人逼迫的结果？”

杜莫林（Dymling）博士和这场戏一点关系都没有，弗格尔斯特罗姆在原著中找到了一点感觉，大家一琢磨，觉得这出戏这么拍一定很棒（可能只有哈里特·安德森不这么想，这场戏不仅把她冻得够呛，她还要面对人们对她的苛刻批评，她可真是为艺术献身了）。

“您想通过这部电影表达什么呢？”

“您非得用所谓‘电影的意义’来惹读者讨嫌吗？好吧，那我就来句短的，这是弗格尔斯特罗姆说的。”

“？”

“滚！但记住回头。”

“伯格曼先生，您一直坚持电影和文学的相互独立性，可莫妮卡改编自一部小说，对吧？”

“那就允许我自我矛盾一次，不是为了挑衅别人，这部片子是个例外。其实这部小说最初是一个电影脚本，小说是从剧本发展出来的。而且弗格尔斯特罗姆先生非常善解人意，他是一位诚恳大度的工作伙伴，他写小说也不是为了流芳后代。谁要敢说弗格尔斯特罗姆的坏话，得先过我这关……”

“影片拍摄中有什么特别难忘的记忆吗？”

“和往常一样，艰苦都被忘记了，记住的都是快乐。我们在群岛上，我们……”

“您能长话短说吗？”

“有一天早上，刚刚六点钟，我们已经开着那条叫‘奥恩岛上的中提琴’的小破船到了岛上的拍摄地。眼前天海一线，岸边的礁石伸进大海的部分如同蠕动的章鱼，在水波中荡漾起舞，太阳在天空燃烧，周边温暖而寂静。海里风平浪静，在万籁俱寂中，永恒自身仿佛降落在我们周遭，我们成了永恒的一部分。大海的味道、船身的颤动、船头的涟漪以及那来自上天的静谧……一个永恒的夏日。”

“然后呢？然后发生了什么？”

“什么也没有发生，就这些。”

斯德哥尔摩，2 月

给英格玛·伯格曼的六个问题

（《电影画报》[*Bildjournalen*]，1956 年第 38 期，本文发表于《第七封印》拍摄杀青之际。）

第一个问题：请问您是有些人说的魔鬼导演吗？手持锤头，用癫狂的情绪塑造您的明星的暴君导演吗？还是，您像另一些人说的那样，是一位温文尔雅，用耐心细腻赢得演员尊重的导演？

回答：我不是人们想象中的我，也不是我自己想象中的我，如果有人宣称他了解他自己，那可以肯定的是，他根本不知道自己是谁。但如果有人自以为了解一个人，那就由他去吧，没有必要对峙，惹人生气，搞得大家都彼此生疑。如果有人认定我是那个用锤头或是用耐心塑造演员的导演，我也没有必要去证实什么，反正无论我说什么，人家早把我当作是一头长着五条腿的牛了。

第二个问题：您的影片主要都是讲述女人的故事，您怎么会这么了解女人呢？

回答：我去阅读女人的秘密世界，观察她们为情所困的表现，窥视她们的心灵日记，尽管如此，我还是吃惊于关于女人我依旧如此地缺乏经验。

第三个问题：随着年龄增长，您变得越来越小资了吗？您开始厌倦马戏团和大篷车的生活了吗？您现在把胡子刮了，也不再戴贝雷帽，这些举动有什么象征意义吗？

回答：我并没有随着年龄增长变得越来越小资，我一向都很小资、保守或是反动，看你们怎么说了。我要是没做导演，可能会做一个像布·塞特林德（Bo Setterlind）那样的御用诗人，当然不是一个等级的。就因为我有你们所说的所谓"小资"情怀，我才喜欢马戏团和大篷车。对，我的胡子具有象征意义，我没胡子和有胡子一样，都有象征意义。

我的胸中住着一个想做演员的小孩，他总是戴着不同的面具，有的面具效果好，有的差一些，胡子就是一个效果差的面具，在没有胡子的面孔后面比较难隐藏自己。我没有放弃贝雷帽，我还不能沦为彻底的匿名。

第四个问题：您有过特别生气的时候吗？当您的影片遭到差评的时候，您会做什么？

回答：我这一生确实生过几次气，列举出来也不是件难事，尽管这听上去有点奇怪，但毕竟愤怒与精神紊乱是有区别的。我最近一次生气是《电影画报》发表了名为《英格玛·伯格曼身边的女人们》的系列文章，《电影画报》的记者根本就不认识我身边的女人，无论是我的祖母、母亲、姐妹和我家的阿姨，以及乌拉·波丽特（Ulla Britt），这是我六岁时候的准新娘的名字。这种文章居然还是一个系列，要是我的挪威的大姨妈还活着，如果她读到《电影画报》的话，她一定会说："都是什么狗屁啊！"我也不太确定她会不会读《电影画报》，因为她是《第八天》[1]的忠实读者，用她的话说那是一本好杂志。

第五个问题：您最想拍哪种类型的电影？《第七封印》后您接下来拍什么？

回答：我最想拍的电影就是我刚刚拍完的电影，它的名字叫《第七封印》，我必须不遗余力地尽我做父亲的职责，全力为它做宣传。当然我不能向你保证这就是一部好看的电影。

第六个问题：和您接触过的女人，您见过面或是讲过话的女人似乎都给您留下深刻的印象，都是什么印象呢？

回答：所有的女人都给我留下印象：老的、少的、大的、小的、高的、矮的、胖的、瘦的、重的、轻的、丑的、美的、乖的、乱的、活的、死的。我喜欢所有雌性的动物：小母牛、大母牛、母猫、母猴子、母猪、母马、松鼠、母鸡、母鸭、河马、冷水鱼、热水狗、老鼠、大象！我爱女人、小鹿、蜥蜴和各种有毒

1 《第八天》是一本兼容新闻、文化、艺术、科技、趣闻的图片周刊，在瑞典发行。这是一本主要针对文艺中老年女性读者的娱乐性杂志，已停刊。

的爬虫。我恨女人，恨不得打死几个或者让她们把我打死（请把不合适的地方划掉）。女人的世界就是我的世界，我在这里混得不怎么样，可我别无去处，而且我也不知道哪里会有更好的去处。

这里，充满批判性思维的读者开始想了：这人也太能扯了吧，是不是喝多了胡说八道。但他没有喝酒，他就是说了大实话，他本没打算说出来的大实话。

祝好！

英格玛的自画像——英格玛亲笔所为

（《看》，1957 年第 9 期。）

去年春天，我在戛纳待了几个星期，原因是电影节放了我的新片《夏夜的微笑》。

有一天，一个穿着得体的小男人，自称是一名俄罗斯画家来找我。同行的人告诉我他是一位非常受欢迎的画家，法国的大报都找他画插图。这位画家提出要为我画一幅肖像，这让我倍感荣幸。

画家比我们约定的时间晚到了一个半小时，他立刻着手工作，他让我侧身坐在窗户边，还在我的右边地上放了一面大镜子。

我在彼此不信任的沉默中喝着我的上午咖啡，画家时不时地向我抛来生气的目光，或许这就是他工作时的表情，整个情景令我无比愤怒。

终于，他把画好的画拿给我看。画上有两个伯格曼，一个是坐在窗前的伯格曼，另外一个是从镜子里的伯格曼。窗前那个伯格曼有一张孩子气的脸，表情单调；镜子里的伯格曼是一位老人，一个目光疲倦的鬼魂，一个老头。

我和艺术家彼此礼貌性地道别，他把画留给了我：一个窗台边的小孩，一个镜子里的老头。

这两幅画激发了我画第三幅画的欲望。我跑到写字台，取出一张纸和一支笔。我给自己找了个大麻烦，很快手指上全是墨水。

我先画了一只大鼻子，这是我自打出生以来就有的东西，随着年龄增长，鼻子也未见变小。

画鸡蛋可不容易，不过我还是成功地画出了我鸡蛋形的脑袋和脑袋顶上让人无法信赖的发丝。我快速地下笔，头发已经逃离母体。然后我用红颜色画了一对直挺挺的大耳朵，不瞒您说，我把脸涂成了蓝得发紫的颜色，看上去挺精神的。

在耳朵之间，和大多数人一样是一双眼睛。如果说眼睛是心灵的窗户，那么此刻我的心灵一定很困倦。

嘴看上去很孩子气，嘴角上翘，给人积极乐观的印象。嘴里露出长在四角的四颗尖牙，我小时候曾用这四颗尖牙把我哥咬得住进了医院。

鼻子太大显得下巴也很大，脖子细长，整个脸看上去都朝左歪着。

这就是我的自画像，不能说漂亮，不过我已到了不再为长相悲哀的年龄了，因此可以相当客观地审视这三张我的艺术化身。

微风吹拂着棕榈树，地中海在阳光下闪耀。皮肤黝黑，肌肉矫健的电影公司老板在举办午后酒会，去的都是金发电影婊子和喝得醉醺醺的美国记者。上一届戛纳电影节上俄国人特受欢迎，因为他们把到处冒泡的香槟酒换成了伏特加。

我仔细打量着这三幅伯格曼的画像：没有一张满足我的虚荣心，每一张都在揭示一种令人难堪的真相，就像自己的电影遭差评一样伤害着我的自尊心。

站在窗口的男孩，镜子里的老头和我的自画像。

突然间，镜子里的老头开始说话了。尽管有点令人吃惊，可这是在电影节上，什么都会发生的。

老头说："画家说要给你画像的时候，你不是很得意吗？照照镜子看看自己吧，你这个自恋自私又傲慢的混蛋。实在是不可理喻，你是一个有自知之明的人，你对自己的能力和缺陷是有认识的，你哪里来的傲慢？"

男孩回答："我享受人生的每一个精彩、柔情的时刻。别人欣赏我的创作令我快乐，这有什么错吗？为了流芳百世的创作是无聊的，但能抗拒诱惑的人毕竟是少数。关注人类，让人们聆听我的声音，这是我一直以来不间断的需求，有时候几乎成为我的负担，为达目标，我不遗余力。"

老人说："我真不明白你怎么还没有放弃呢？不是所有人都爱你，有人认为你荒诞可笑，把你当作骗子、巫师，一个平庸之至又自吹自擂的家伙。没错，我们没法满足所有人，每次自以为揭示真理的时候也就是谎言编织得最大的时候，许多作家说得比你还好听呢。"

这时候，我自己画的那个小人说话了。

“你们俩说得当然都对。”

老头回答道：“无论我怎么诋毁你，我还是赞同你的，那种用演技遮掩的逃避长期下去实在是无聊乏味。”

“同意！”男孩和我画的小人一起说。

“对，那都是什么演技啊！”老头话音一落，生气地不再吭声了。

我画里的小人说：“对，演技，糟糕的演技，能骗一些人，但不是所有的人。作为个体的我是不存在的，尤其对我自己是不存在的。我飘忽不定，身体和思想的复杂性毫无意义，所以我特别喜欢在报纸上读关于我的文章，尤其是那些所谓的私密访谈，编造的人物特写。这种文章让我很兴奋，感到自己确实存在着，否则，只有在我牙疼的时候才有这样的感受。”

老人说：“胡扯，说得好听，明天你会换个说法，大后天又是一套。”

就在这时，天色开始暗下来，我突然感到这三个人就像是换了面具，老人开始像男孩那样说话，男孩换上了画里小人的语调，而小人开始像老人那样说话。他们三人又重复了一遍刚才的对话，不过换了一种语调，听上去很私密，也更让人信服了。他们各自推翻了刚才的观点，根本没办法听懂他们要说什么。

我撕掉了我画的小人，耳边终于清静了。我想那个俄国画家真是个捣蛋鬼，人是不该随意答应让人画肖像的，肖像留住的都是谎言，哪怕你在努力讲真话。

此时，电影公司的老板已经大汗淋漓，美国记者们喝得更是酩酊大醉，电影婊子们的头发变得更黄了。灯光照亮了整座城市，从电影节的会场，到赌场、棕榈树、酒吧，海上的豪华船，街上的人行道，草坪、鲜花、海浪，音乐此起彼落，到处都是走动中的人，夜色中，从海上刮来的风带来一丝凉意。

我突然感到非常想家，毫无理由，也没有伤感和忧郁，就是想家了。想到大海另一端的沙漠让我略感安慰。这里来自四面八方的声音太嘈杂，太慌乱。静默要美好得多。

对话

（《电影新闻》，1958 年 9 月 1 日，第 11 期。本文可以看作是伯格曼著名的文章《每部电影都是我的最后一部》的前身。）

“早上好！”

“早！你看上去怎么不高兴啊！”

“你读过我的剧本了吗？”

“读了，昨天你给我后就一口气读完了。写得真不错，很真实，艺术性无可挑剔。”

“被拒了！”

“啊，太可惜了。”

“气得我真想大叫，尤其是看看他们出品的那些破烂。”

“我理解你的恼怒，不过我不赞同你的意见。”

“不赞同？你也是他们其中的一分子吗？”

“这倒没有，但我明白我们工作的前提，我不会视而不见。”

“前提？那些由银行、票房报告和大众对艺术的普遍厌恶加在我们头上的前提，你能接受吗？”

“是不容易，没错，尤其是我们都怀揣着从永恒角度创造不朽杰作的梦想。这个行业最不可理喻的概念就是永恒了。”

“一个浸满毒素的前提，我们可是艺术家啊！”

“是吗？难道我们没有背叛艺术家的崇高职责吗？当我们心甘情愿地加入电影工业的陌生队伍中，我们不就得被迫接受游戏规则吗？”

“我们（我认为不管怎样你是我们中的一分子）要想达到目的，就应该团结起来，维护我们共同的理想。”

“我们的吵闹能起到什么作用呢？除了把我们的老板，也许还有观众给吓跑了，待在摄影棚的栅栏外有什么用？”

“我们可以唤起他们的良心。”

“你是说制片人的良心吗？可别忘了，电影制片人的良心就像含羞草一样脆弱，万一被逼急了后果可是不堪设想。”

“你到底想要怎样？我开始烦你的废话了，你知道我们最大的本领是什么吗？是说谎！”

“好吧，这是你的叫法，我把它叫作娱乐。”

“娱乐！”

“瞧你那一副不屑的样子，你好好想想，我们是在给谁打工？观众！是谁养活我们？观众！我们需要满足谁的要求？观众！对，观众！就像马戏团演员爬到帐篷顶上的钢丝绳上翻跟头，做各种令人倒吸冷汗的惊险动作是为了满足观众一样，我们也应该冒着牺牲生命和声誉的危险来满足观众对我们的要求。我们必须把手中的活儿做得完美，表现得惊心动魄又皆大欢喜，让我们的观众忘掉自我，忘掉亲人，忘掉肠胃，忘掉他们在税务局的欠款。只有在那一刻，我们才充分地达到目的。”

“可我的剧本呢？”

“你的剧本不够娱乐啊，这是最重要的。”

“我太真诚了。”

“无论你是真诚还是虚伪，重要的是你要把跟头翻得好。”

“你自己呢，你下定决心了吗？”

“当然，我的信条很简单。”

“这么快，让我听听。”

“每部电影都是我的最后一部。”

“简直是自欺欺人。”

“可能吧，但不全是。如果我把每一部片子都看作是最后一部，我就会心平气和，潇洒脱俗。我对电影的忠诚就不会显得那么堕落，我的鲁莽就有了合理的说辞。”

“而且你会自然而然地变成宇宙第一谐星。”

“我仇恨观众，我害怕他们，我爱戴他们。我有一种无可逃避的需求，逼迫我去安抚观众，愉悦他们，恐吓他们，谄媚他们，羞辱他们。我的沉迷让我既痛苦又兴奋，既令我厌恶又让我满足。无论我做什么，身边都有上千双眼睛，大脑、心脏和身体部位围着我转，我在极度痛苦的情感中交出我拥有的全部，或是我偷来的一切。做到这一切，我只有坚信我的每一部电影都是最后一部。”

“这套道德观可真够奇葩的。”

“这个职业的道德就是如此奇葩，在这里道德太难定义了，大多数人根本都看不到它们的存在。”

“用道德来制约行业里腐败的潜规则和出卖尊严的行为吗？这可太有建设性了，艺术家成了玩杂耍的了。”

“你要是还在继续纠结艺术和艺术家这样的字眼，那这个职业真的不适合你，你还是去做评论家，或者其他什么保持纯真的职业吧。”

“电影可以成为艺术。”

“当然，在某一个极端偶然的机会，电影也会成为艺术，就如暮夜女王在沉默等待了多年之后，突然间毫无征兆地盛开。”

“真是这样吗？”

“不知道，但我这么想。”

“那我就把这被拒绝的剧本改成小说吧，你自己收拾你的烂摊子，不用祝贺我的决定。”

“放心。”

“再见！”

“再见！”

祈祷

（《卓别林》，1960 年 11 月 14 日，第 8 期，这是伯格曼为电影杂志《卓别林》发起的著名的“反对伯格曼”专辑的两篇回应文章中的第一篇。）

自古以来有这样一个好传统，在死刑犯被送上绞架临刑前，他会被允许朝下面围观的民众说几句话。亲爱的《卓别林》杂志的主编赐予我这个机会，在刽子手向我举起屠刀前，允许我说两句。

我本人完全赞同对我的死刑宣判，这一点，我和另外一位电影艺术的恶作剧者的观点完全一致，所有的创作都是一个不断地杀死和重生的过程。

至于是自己动手杀（这是最常见的），还是别人代劳，这不重要。

被斩首那一刻的痛苦是为今后有可能的重生支付的一个非常合理的价钱，执行死刑前的焦虑，也是我与所谓的弱势群体——也就是观众——的关系中重要的组成部分。

同时，你永远也不可能完全确信，很多毫无意义或劣迹斑斑的重生是本该被阻止的。

我认为，具有重生价值的艺术首先应该是纯洁的，它不应该散发着来自坟墓的腐臭气，不是自杀、苦难、绝望、衰败或权力欲望的代表。

事实上，完全纯洁的重生几乎不存在。新生命中常常会闪过另一个酸腐生命的标签，放死尸的匣子留在身后，身体上还残余着阴惨惨的裹尸布。

尽管如此，我必须承认，今天的斩首（以及许多其他的伤害）竟然让我得到了某种小小的满足。每当有人无论多艰难也坚信执行杀死伯格曼的使命是必要的和值得的，就给我一次凤凰涅槃绝地重生的机会。

那就请不要拖泥带水，我受不了那些文笔拙劣的批评，那种钝刀割肉的评论不能给我带来丝毫快乐，我不愿被憎恨、鄙夷和恶意一点点地杀死。

一个经验丰富，热爱真理，手脚麻利的刽子手干净利落地执行斩首（如目前的情况），围观的群众个个都有责任心，有文化，有教养，情况就完全不同了，那简直可以说是一种恩惠。

是不是？

敬爱的法官，让我把头放在砧板上，迫不及待地期盼重生的到来。希望我的期待不会剥夺您斩我首级的乐趣，若有所犯，罪不可恕。

赖特维克（Rättvik），10月

伯格曼的脸

(《卓别林》，1960 年 11 月 14 日，第 8 期，这是伯格曼为电影杂志《卓别林》发起的著名的“反对伯格曼”专辑的两篇回应文章中的第二篇。伯格曼用笔名恩斯特·瑞福［Ernest Riffe］发表［伯格曼之后宣称这个名字来自一位把他妻子的头发做坏的巴黎理发师］，文中拟造的法语译者本特·福士伦德［Bergt Forslund］是《卓别林》杂志的创始人。)

恩斯特·瑞福：

英格玛·伯格曼让我们失望了，他滥用了我们的信任，消费了我们的梦想和忧虑。他在向我们乞求怜悯，我们惊讶地聆听他的种种解释和借口。

我们曾经高呼：一部经典之作终于诞生了，我们真的没有白等。我们给了他应有尽有的保障：源源不断的钞票，不只是钱，还有充满活力的艺术资源和人脉。

如果英格玛·伯格曼意识他的作品的虚幻价值与花出去的真金白银的差距，我们就不得不面对一个近乎冷血的伯格曼先生。最可能的解释是，他根本就没有意识到问题的严重性，因为伯格曼先生都不屑于编织谎言为自己推脱，他根本就是一个灵魂的梦游者。

许多人批评伯格曼缺乏社会参与性，他一直巧妙又模糊地把这种指控推到一边，宣称自己的兴趣集中在表现“人与上帝的关系”上，因此他可以不去涉及物质上的不公、精神上的压制以及我们社会的动荡不安。伯格曼在他的宣言中的开诚布公其实是一种包装高级的谎言：那个自称希望做一名建筑教堂的无名工匠和艺术家的人，现在已经是世界上最被关注的电影人。这地位有多光彩，他却还要在受到众星捧月时偷偷地表现出受难的痛苦，为他没能够创造“太阳的荣耀”（soi deo gloria）而悲伤。

伯格曼接着谈到他对观众的责任心，但他并没有说清楚这个美好的概念到底是什么意思。与此同时，他一部接一部地拍出憎恨人类、脱离现实的影片。

最不可思议的是我还找到了他之前写的文章——《每部电影都是我的最后一部》《激流勇退的勇气》。

这些标题毫无意义，如果伯格曼先生早对他的作品，尤其是对他自己心知肚明的话，他就应该看穿自己空洞的内心，作品形式和表达动机上近乎疯狂的重复。

当我在电影史这个丰富的不育植物谱系中越来越深入地研究，伯格曼在我眼前的形象就越清晰：他就是个戏子，一个角色的扮演者。

但我必须承认，伯格曼是一位戏剧舞台上的优秀导演。这位缺少内涵的艺术家总是需要别人的一部文学作品、一首诗来辅佐自己，只有在这时，也只有在这时，伯格曼最优秀的品质：他的同理心、他的音乐修养，他能最恰当地唤起演员表达能力的直觉性才得以彰显。

然而，当伯格曼开始独立创造的那一刻，当他需要为自己的人物赋予生命和声音的时候，他开始糊涂了，变得软弱无力，因为他的内心深处充满着对自己心愿的不信任。再加上他本身与现实的脱节，直觉也变得苍白孱弱，充其量是他自己梦境的再现。对于心理分析师，这些自然是很有趣的素材，但对于渴望实质性的精神食粮的观众，他们很难为之所动。在意识到这种缺陷时，伯格曼的作品不自觉地滑向了情感剧的套路：荒诞可笑的对话，人为的紧张场面。他用流畅的姿势优雅地演奏着他创作的贫乏曲调，不时地制造出轰鸣的和弦和精致的对位效果：空洞的画面让我们去联想大师们的风格。伯格曼的缪斯很可能是一位冷血变态的女人，她经验丰富，动辄都是爱情的甜言蜜语，但丝毫不带温暖和真情。

各位如果有兴趣，可以去探讨一下造成这种“伯格曼困境”的缘由何在。他本人给过我们不少线索，比如他常说到“恐惧”，他将这种情感定义为“艺术家取悦、示好和成功的需求”。

对于一位电影导演，这种需求更是显而易见，因为他的工作总是不断地受到财务报表的压迫。

伯格曼从未属于过任何文学流派，他在自己的国家也不被看作是一名作家，他一定饱受对他指手画脚的同行们的鄙视。

同时，他深刻地认识到图像超越文字的强大力量，图像不受阻碍地表达情感的直接性。他紧紧地抓住这一点，就如落水者抓住了救生圈。

伯格曼将电影的镜头语言作为他最有力的表达，然而这里发生的事就令人费解了：他本应该展现给我们具有创新性的电影镜头语言，却在自己被压抑的野心驱动下，调制了一碗标准化的米汤。各种魔幻魅影接连不断地出现在他的电影中，口里呢喃着从伯格曼的戏剧中摘取的片段台词，转化在银幕上变得不免甜腻。

伯格曼的影片不断暴露出他在艺术上缺乏安全感，最终给人留下不堪的印象。我们真该问一问，到底是何种虚荣和迷茫引导着这位傲慢的导演，继续他的沙漠云游呢？

同时，我认为在区别艺术家的创作与再创作上，伯格曼给出了一个戏剧化的范例。这一次，又是他需要承担重大责任。他借着自己对电影艺术的熟悉，把与他同时代的作家们也带入了兴奋刺激的电影行业，然后，他以难以置信的自私心态和霸王野心，在他打造的王国里划地为王。

该是把这个给我们添了这么多麻烦的鬼影扫地出门的时候了！他的故事与我们无关，与生活无关，与上帝无关，他甚至连自己的渺小或伟大都不确定。他就是电影事业无耻堕落的一个可怕证词。

法文翻译者：本特·福士伦德

英格玛·伯格曼的出路

（《快报》，1965 年 9 月 25 日。）

英格玛·伯格曼接受恩斯特·瑞福的采访，瑞福对伯格曼的严厉批判发表于《卓别林》1960 年第 14 期，针对瑞福就是伯格曼本人的传言，伯格曼至今未做出可信服的否认。

“请问您的政治倾向?”

“没有，如果有一个属于胆小人的党派，我会报名参加，就我所知目前还没有这样一个党派。”

“您的宗教信仰?”

“我不属于任何教派，我有我自己的天使和魔鬼。”

“可以说说《羞耻》吗?”

“我不评论自己的电影，不想毁掉观众和评论家们的期待。”

“这采访一点内容也没有，您能爆点料吗？说说您的私生活怎么样?”

“不行，我们不能谈我的私生活。”

“那我们在这儿干什么鬼啊？”

“我不知道，人家付你钱要你写我，我又没付你钱。要是你现在哭鼻子，我也不会安慰你。”

“要是您不想合作，我可以结结实实地给您和您的电影一通臭骂。伯格曼先生，要是我是您，我会小心点。您已经不是焦点新闻了，您现在是在走下坡路，您对我们的需要远远超过我们对您的需要。您已经过时了，您根本就没有了不起的业绩，根本就没那么棒。我建议您还是放规矩一点，我们好好做采访吧。”

“我冒犯您了吗？那我要好好道歉。您对我来说一毛钱不值，我会为我的所有言行负责到底。您想让我做什么，舔您的屁股吗？”

“有比这更让我舒服的，我就是想和您聊聊您那该死的电影。我虽然没有看过，但许多看过的聪明人都说，这部电影根本就没有存在的必要。”

“没有必要，对，说得太对了，我亲爱的鼻涕虫先生。这场大战势不可挡，我的呐喊就像是战地上的一声鸟叫。这个我懂，我能感觉到。”

“您明明知道这结局，为什么还要做啊？您就不能做点有用的吗？”

“受惊吓的鸟为什么还要叫？好吧，让我来告诉你。我知道这听上去太俗套，我都能看到您那漂亮的小胡子下面的嘴巴已经微微上翘，露出讥讽又体面的笑意。我没有答案，要是你能，就把这些词都记下来吧：焦虑、负罪、耻辱、愤怒、折磨、自卑。您知道电影是什么吗？您当然不知道，您是批评家。电影是一个需要使出全身心的力量才能推动的巨大轮子，当轮子慢慢地转动起来后，伴随着自身的重量，它开始越转越快，最终，你无助地变成轮子和轮子运动的一部分，这就是电影。混蛋，我的话说完了，让我赏你一记耳光，祝您好运。”

“我恨不得干掉您!”

(《音像之声》1973年4月7—13日，第15期。这篇文章非常有可能还是伯格曼拟造的另一个“我”：电影学者麦兹·门德若普·尼尔森[Mads Mandrup Nielsen]。)

本文为丹麦电影学者，28岁的麦兹·门德若普·尼尔森近日在哥本哈根对伯格曼的采访，尼尔森先生在新近成立的丹麦桑赫德(Dansk Sandhed)公司担任总经理的职位，这个公司由几名政治倾向激进的年轻电影评论人组成，采访中的提问和回答都直率尖锐，且无可争辩。

我的采访是在伯格曼的丹麦同事佩思(Price)借给他的剧院后台的化妆室进行的。不知出于什么原因，我们俩起初都保持着警戒，彼此说了些客套话。伯格曼说他喜欢这个老剧院(!)的氛围，称赞了剧组，还用在我听来过分的热情赞美了哥本哈根。眼看我们就要无话可说了，我决定出击。这里我要声明，我一向不喜欢采访者礼貌地把自己变成一个诱人的蹦床，为的是接住被采访者动作优美或一塌糊涂的着陆。

所以，我直奔主题。

“我终于看了电视剧《婚姻生活》，我必须说对这部剧我有很多质疑，如果不是完全拒绝的话。您可能会认为我的直率不利于我们俩接下去的对话，不过我几乎能够猜到，您更愿意听到的是真相，而不是又一个装腔作势的赞美。您总是被虔诚的颂扬包围着，想必您早就厌烦了别人的奉承，是不是？”

“不是。”

“难道您不认为这种无休止的赞美之词是对人性和艺术性的伤害？它们会腐蚀您，让您失去方向。”

“我不这么认为。”

“您总不能说，您不为这些言词所动吧？”

“当然不，我挺喜欢听的啊。”

“不会这么简单吧，您真的认为自己不是一个普通人吗？这么说吧，您认为自己和别人不同吧？您要是这么想倒是也不奇怪，您住在自己的法罗岛上，空无一人的海滩，海天一色的隔绝，远离真实生活。而今天有思想的艺术家随时要面对和解决的问题是生活，而您却无声无息地走过去了。在您的新作中能够看出来。

“两个人，被隔离在自己优越的社交圈子里，说了6×50分钟的话（电视剧《婚姻生活》分6集，每集50分钟），我都快被他们给噎死了：他们的偏见、冷漠、自私、洞察力的缺乏、对社会问题的无视。您在什么地方说过，您的角色生活在布尔乔亚的世界里是因为您不懂别的世界。您想过吗？您这一句话把全社会都给否了。这个社会的大多数人完全无法赞同您的剧中人物所代表的思想和价值观。这部戏就算是有些技术含量，演员在表现他们毫无个性的角色时，也尽了全力，但这些都帮不了忙。

“不过，为什么有人竟然会想到投这个项目，那倒是一个有趣的问题。这六集戏您一定有自己的意图，我是说除了纯粹的商业意图，我实在想不出到底是什么吸引您拍这部戏的。有一点很明显，您能给丽芙·乌曼写一个角色，好可惜呀，这位出色的演员不幸陷入迷途。我还要强调，就像我之前说过的（上一次是《呼喊与细语》）：您的女性观实在是太落伍了。”

“您之前在某个场合说过，您原则上不去区分角色的性别，而只是针对人性的问题和行为。这样的辩护在严肃的批评前实在太苍白了，您不是能喊得出‘我是包法利夫人’的福楼拜，您说是吗？在您三十年来不断地生产自己的过程中，您一定不止一次地问过自己吧：*我真的有话要说吗？还是无病呻吟？*这一点您倒让我想起了费里尼，他说过拍电影是活着的一种方式，*可能是唯一的方式*。”

“如果认真想想这句话的内涵，您不觉得很可笑吗？多么令人窒息的高傲，多么令人无法忍受道德的异化：艺术家只有在创造中才有生命！我们的文化生产何时才能从这种虚伪地对艺术家的浪漫化想象和失血失信的态度中解放出来？最后，您的悲观主义是您极端自私和完全脱离现实社会的逻辑发展吗？”

“不是。”

“我现在开始相信，您就像人家说的那样，完全忍受不了严肃认真、实事求是的批判。”

“我忍受不了您的批判，我恨不得干掉您！”

“我是来和您展开公开的、有建设性的对话的，而您却退避三舍；我说的每一句话都是有事实根据的，您却要对我实施身体暴力。我的录音机把我们不成功的对话都录下来了，我会按照我们的约定，原封不动地把这一切发表出去。”

“要我送您出门吗？”

“不要，谢谢，我自己行。”

“英格玛，你何时歇手?”

(《戏剧》第3期,1994年,第34—39页,导演借助安娜·萨兰德［Anna Salander］[1]的采访做的自问自答。萨兰德极大可能又是伯格曼创造的众多笔名中的一个。文中讨论的拉格尔克朗斯［Lagercrantz］的伟大，有可能是导演故意露的破绽，一个潜在的双关语。)

这是一个灾难式的开端。伯格曼用抵触的目光看着我，就像在看一只从沙发下面蠕动出来的沾满黏液的多足虫。“你感冒了。”他的语气单调。我附和着：“是，我感冒得很严重；我的两个女儿，一个3岁，一个5岁，是她们先感冒的，我母亲来帮我照顾病孩，因为我要来见英格玛·伯格曼，现在她也感冒了；我丈夫在冈比亚做采访，他得了急性肠炎。”

一口气说完这席话，我忍不住急促地喘了几口气。我刚刚喷完鼻通灵，吃了两片降烧药，吞下去三口止咳糖浆，我的咳嗽好像把肺都咳错了位。我把攥在手里的早就湿透的擦鼻涕纸

1 安娜·萨兰德，用芬兰瑞典语写作的自由记者，文化人类学博士候选人，她目前生活在罗马，正在撰写一部关于塔维亚尼兄弟（Taviani Brothers）的专著。

藏在身后，我的脖子僵硬，喉咙发热，下嘴唇还有一个被抓破的脓包。“我有唾沫恐惧症。”伯格曼说着打开他的书房门。我知道此刻哪怕是一个轻微的喷嚏都会再度削弱我的工作能力，“实在是万分抱歉，编辑主任强调这篇文章很急，我没法回绝，再说我已经感冒了三天啦。”“第三天是最会传染的。”伯格曼说着在写字台后坐下。他真是讨厌我啊！我心生诧异。“那我还是走吧。”“坐下，该死的，木已成舟，你已经把我传染了。”

我拿出录音机。“放到这儿，”伯格曼指着桌子边缘，“你听清楚我说什么比听你自己说什么重要，但愿（如今你们都兴用这样的词）你记得住自己说过什么。”

接下去是一片沉寂。二月的气温已经降到零度，从窗口往外看，雨雪霏霏无声地落在窗外交通繁忙的新桥广场（Nybroplan）[1]。噪音听上去很迟钝，屋子一定做过特殊的隔音处理。虽然喝了过量的糖浆，我还是忍不住咳嗽起来。伯格曼转过头，看着窗外迅速变暗的天色，我不想知道那个头脑此刻在想什么。“能给我一杯水吗？”我近乎哽咽地问。“没有，水龙头生锈了，这个楼里的水管是1908年装的，我可以给你一口白兰地。”

他起身从一个小冰箱里取出一个瓶子，“给！”他把一只刻着花纹的带把杯子递给我。我喝了一口，白兰地就像一道炽热的火焰穿过我受伤的咽喉，升腾的热气沿着气管传递到血管和

1 新桥广场位于斯德哥尔摩市中心海湾大道旁，伯格曼任团长的大剧院就位于广场对面。这座新古典主义建筑风格的大剧院于1908年完工。

全身。“还要吗?”伯格曼拿着瓶子站在我身边，像餐厅服务员服侍客人一样礼貌地问我。“我个人一点都不喜欢白兰地，这瓶酒在我冰箱里放了22年了，是一位比利时的记者朋友送我的。那天他坐在这儿和我聊了一个下午，怒斥我居然不懂奥洛夫·拉格尔克朗斯的伟大。他说我就像只缩成一团的美洲狮，偷偷地舔自己高贵的私处、受伤的尾巴或爪子。他用了个类似这样的比喻，我记不太清楚了。他和奥洛夫·拉格尔克朗斯是在一次去中国的旅行中结识的，奥洛夫回来后叫人给他缝了件中山装式样的外套。有时，我想也许外套还挂在他的衣柜里，哪天他打开衣柜，中山装就像是一个太阳幻象确实存在过的证据；也许他早把外套捐给二手店了，也许他时髦的太太用中山装的好料子改做了一件长裙外套。不知道，但也不能忘，在我这个年龄事情或多或少都变得不重要了，它们开始褪色、变形；有些剩下的，深刻的，恰到好处令人愉悦的，奥洛夫·拉格尔克朗斯就是其中之一。作为一名才华横溢见解深刻的传记作家的拉格尔克朗斯早被人遗忘了，剩下的只有对他的公开诋毁，加深对他的损伤。对，侮辱他的人还不止一个，我打心眼里憎恶这些人，尽管他们中的大多数已经不在了。好了，这就是白兰地的故事，你可以把瓶子带回家。每次我打开冰箱看到它，就让我想起瑞典的左翼党。酒瓶子自己不会思考，我还是把它也忘了吧，眼下还有别的麻烦让我血压升高呢。”“比如说什么呢?”我赶紧问，无法掩藏语气中的兴奋，尽管我立刻意识到了，不幸的是伯格曼也感受到了。“你嘴唇上的是疱疹吗?”伯格曼饶有兴趣地问。“不是，就是感冒发的痘痘。”我能感觉到此刻留在录音机上的声音已经迅速地抹掉了刚才的语气，我们俩都沉默了。这时电话铃响了，伯格曼拿起电话：“对，不对，不对，对……该死，真他妈的该死……不是说你，告诉那个混蛋！不，不，你说什么？我怎么样？你怎么样呢？我们不是约好星期四见，要是我没感冒的话。没关系，没什么。”电话挂了。“好吧，你想问什么？你有50分钟时间，开始吧。”

你今年75岁了，你准备什么时候歇手呢？

好问题，在塔布里（George Tabori）的《哥德堡变奏曲》中，一位微带醉意的老导演这样说：舞台是替代火葬场的唯一选择。几年前我还不这么想，可在排演完《长夜漫漫路迢迢》和《玩偶之家》后，我严肃地考虑过歇手不干了，可偏巧那时候剧院没有像样的导演。

我就怀着自己仍然被需要的美好幻觉，继续执导了《萨德侯爵夫人》。那部戏里有六名演员，完全不受任何观念和技术的限制，彻底地自由发挥。谜一般的演员啊，能够接收到任何微弱的信号，而我就像天线的另一端，接受来自他们的信号。一切都无形无声，我们的信号交织在一起，形成一个新的信息，就这样来来回回。以往排练的时候，我都很害怕，发脾气，难过，唯恐接发双方有一方会断线。同时，我的健康状况一团糟，从早晨一直到下午五点，包括现在，我的痔疮像月经一样流血，我去蹲厕所的时候都在滴血。有天早上，我以为我的牙齿全都掉光了；还有一天，我以为胯要散架了。我带着这么一堆糟心事来到剧院，然而，就在排练开始后的第一分钟，原本要完蛋的身体完全被我忘记了，五分钟后，我能看到游戏的乐趣展翅向我飞来。

所以你不考虑歇手？

不，我不考虑歇手。越是到了垂暮之年，我越是愿意和年轻、聪明，还长着大胸的女演员合作。最后那句你不可以写啊。

不得发表，对吗？

对，不得发表。啊呦，你连着打了12个喷嚏，你可真行啊！某位性学专家说过，打喷嚏时的肌肉运动和性高潮时是一样的，这可能吗？如果真是这样，那你可太让人嫉妒了。

我再来一口白兰地吧。

好呀，好呀，现在让我来告诉件你不知道的事。对了，你多大了？

32岁。

你听好了：过去（在我流亡德国之前），我一直把记者采访当作人生的最大乐趣。无论什么媒体，什么媒介，谁打电话约我采访，我都不知羞耻地沾沾自喜。记者、麦克风、闪光灯让我兴奋不已，我想我都发展出一个自成体系的媒体形象，知道如何表现，如何回答特殊问题。渐渐地，我意识到记者们原来并不都像我天真地想象中的那样诚恳，尤其是在慕尼黑的第一年，我感到好受伤。记者们都很傲慢、聪明、目标明确，那就是让我出丑。我不是抱怨，人家对我彬彬有礼，态度谦和，功课都做得到位，从来不打马虎眼。然后等我读到这些女士先生们写的文章，我才明白他们妖魔化我的目的。9 年之后（在德国导了 11 台戏剧和 2 部电影之后），我带着还没有痊愈的伤疤打道回府。

我刚出道的时候，对任何负面评论都异常敏感。我会因此感到愤怒、羞辱而号啕大哭，就算我明白作者的本意就是奔着伤害我去的，或者只是针对我的作品的失望或怨愤，我都会像中了邪一样痛哭难过。采访也是如此，任何一点对我的外貌或是行为的点评、误解或是嘲讽，都会让我难过几个星期。上电视就更糟糕了，以前我对自己的外形还是相当满意的，就像演员满意自己的银幕形象一样。我根本不去听自己在说什么，更不会在意对方说什么，我仔细地研究屏幕上那个代表“我”的人，观察他的一颦一笑，一举一动。时而滑稽可笑，时而随机应变，但总的来说我都（非常地）满意。

终于，我厌倦了这一切，我再也不想读关于伯格曼的文章了，不想再听伯格曼在说什么，不想在电视上看到他，一切都好蠢啊，原先那种充分的享受和过分的热情变成了一种折磨。不过现在你给我听好了，到了总结我这长篇大论的地方了：评论仍然让我不悦，不是我的原因，那不是太可笑了吗？55 年的从业经验，130台戏，50部电影之后，让我无法入睡的是评论对我的演员的影响。彩排完了我就可以走人，但我的演员们却暴露在外，无论是成功或失败，他们都要被摧毁、被无视、被宣判、被羞辱、被谩骂、被展示。我不止一次地被演员们面对观众的勇气震惊到，那份自律，人在台上，任别人怎么摆弄你。我有点乱，我们在谈什么，是关于我吧？我还是引一句斯特林堡在《鬼魂奏鸣曲》里的台词吧，“言语中隐藏思想”。

“自恋吧？”话一出口，连我自己都被吓到了，一定是白兰地或感冒或两者皆有，我发现伯格曼对我的提问反倒露出了喜色。

自恋？这不是我们这个行业的职业病吗？有时候，连我都惊讶人们怎么会这么认真地对我，在意我说什么，给我一整幢房子，不限制的人力物力，让我尽情地玩。对，这不就是玩游戏吗？尽管我们把它上升到“有关生死”的高度，可这都是给外人和自己的开脱。我们遵循着和小孩玩游戏一样的原则：假装。一切都是装出来的，从舞台上的桌椅到我们情感深处最细微的感觉。玩耍中的孩子往往沉迷其中，导演这个特殊职业，连头衔都是个新发明，大多数情况下，他就是一个给观众和演员找麻烦的人。许多导演都疯疯癫癫的，不过这不是问题，有的导演把排戏当作一种昂贵的心理咨询，我本人恰好位于这两者其中。我在电影这个近乎可笑的凝固的风景中学到的一点就是，我会由衷地关心我的衣食父母，也就是观众们的反应。

每部戏经过头几个星期的彩排，大家从生疏变成其乐融融的大家庭，这时我就要退避三舍，把自己变成一个记录眼前发生一切的观众。从那时起，我就转变成一个接收者，我要把接收到的观众的反应反馈给演员，这是人家付钱给我要做的工作。我被迫压抑自己内心对游戏的渴望，抑制自己参与和回应剧情的需求。首演在即，离那些愿意拿出生命中的几个小时，分享我们创作的观众见面的时间越是近，我就变得越发冷静，执导演员的口令愈加精准，人也变得愈发无聊。说到我对演员示爱的方式（对，我只和我喜欢的演员合作），我从来都是直言不讳的,我不会用含蓄隐晦的语言评价他们的表演。俗话说，爱情是盲目的，这话不适用于戏剧表演，对于表演，爱情是敏锐的，否则就是徒劳的、功利的，严重时是致命的。我这么说有意义吗?

我没听懂你的问题，我正在集中精力想法子清清喉咙里的痰呢，我刚喝了口白兰地，录音机关了。现在我们再来一次好吗：对不起，你说什么?

道什么歉，道什么歉?我只管说好了，时间可是快到了。要谈《冬天的童话》吗?

我正要说呢，编辑特别叮嘱我要谈一谈《冬天的童话》，那就说说为什么要拍这部戏吧?

是啊，为什么拍《冬天的童话》呢?那得从我小时候的玩偶剧团说起，你不要嫌烦啊。我想可能是1932年吧，我14岁，我和我最好的朋友一起做了一整套玩偶剧场，连我姐和她的好朋友也加入了。我们的舞台非常高级，有可以升降的幕布和侧幕，还有一套灯光系统。我们上演的梅特林克（Maeterlinck）的《青鸟》大获成功，于是我们野心勃勃地准备第二年要排演两部更好的戏：《魔笛》和《冬天的童话》。结果两场戏都泡汤了，《魔笛》是因为我们没有买唱片的70克朗（我们的演出是免费的，几乎没有任何经济资助）。我们家的富婆安娜姨妈一个冬天都在国外待着，如果那时我把全部零花钱都捐出去，我就没钱看电影了。我终于实现把《魔笛》搬上舞台的梦想是很多年以后了（1971年）。《冬天的童话》没能上演就比较复杂了，我在哈格博格（Hagberg）枯燥但不乏美丽的译文上画了又画，故事最好的部分模棱两可：赫尔敏（Hermione）的苏醒，爱情的重生。对，我那时才几岁，就认识到了《冬天的童话》是关于爱情的死亡、幸存和重生的。但重生这事让我为难了，我们的赫尔敏玩偶怎么能创造出重生的幻象呢？玩偶就是玩偶，虽然她穿着我姐姐给她缝的漂亮的红裙子。我决定不拍了，因为我觉得这部戏的结尾太美了，《冬天的童话》的结尾是在当时我有限的拍戏经验中见过的最美丽、最感人、最宏大的一场戏。今天，63年之后，我依然是这样想的。我拍了这么多年戏，从没有发生过创造力以外的思想意识独立行动的事，但在排练《冬天的童话》时，不寻常的事发生了。从开始做布景的第一天起，我就被一种愉悦的情绪驱动着，有时候这种感觉如此之强烈，我都感觉到喉咙和鼻子的疼痛。之后每天的排练，在反复拍一场戏或讲解剧本时，我总是被一种无法控制的情感牵动着，这是种绝对不专业的感情用事，无法驾驭也无规则。这可真是一个谜，是我职业生涯中从未有过的全新感受。真有这样的事，居然发生了。

那为什么现在拍《冬天的童话》呢？我的声音听起来很遥远。

我有一儿一女，都是极有天赋的戏剧人才，我向他们建议过好几次《冬天的童话》，我觉得这是一出写给年轻人的戏，尽管我认为剧本在台词上的问题可能是无法逾越的。

他们不理会，是吗？我的声音带着浓重的鼻音，我有种感觉，伯格曼很不屑地看着我。二月的午后黄昏已经降临，从远处传来一个奇怪的声音，听上去就像是牛在被屠宰前的凄嚎。

这是在练声，伯格曼说，谢思婷·弗史马克（Kerstin Forsmark），全世界最好的发声培训师，她在给约翰上发声课。你说得没错，不管我怎么唠叨，我家儿女都不搭理我，也可能就是因为我唠叨的原因吧。搞不懂年轻的同行们怎么想，尤其是自家的孩子，总之人家就是不感兴趣。时间就这样过去了，一天下午，我在法罗岛上的书房，舒服地坐在写字台边的椅子里，看着海上的阳光。从这个角落看大海，如果你愿意可以看上一个下午。屋里正在放艾琳·林（Irene Lindh）演唱的乔纳斯·卢维·阿姆奎斯特（Jonas Love Almqvist）的诗。艾琳·林是我们剧团的老朋友了，她对这首高难度音乐的解读是如此得清澈明亮，彻底地、发自内心地打动人心。歌声在幽暗中闪烁，明亮的笑容，痛苦迷离的祈求，突然间，我看到了《冬天的童话》在眼前一闪而过。问题迎刃而解了，让阿姆奎斯特以诗届晚辈的身份解释莎士比亚。《冬天的童话》的上部是一部严肃的贝多芬交响乐，而下部是一首瑞典民歌《韦姆兰人》（*Värmlänningarna*）。忽然，贝多芬愤怒的音符闯入田园，一曲喧嚣的诙谐曲将高潮带入，最后，全剧以咏唱人类的神圣和爱情不朽的圣歌结束。这种形式上对立和不统一的组合曾经是我绝对无法忍受的地方，而今却完全没有问题了。

接下去就很快，《冬天的童话》的发生地点只需跟随着阿姆奎斯特的诗：在金色沙龙，在狩猎宫，在《睡美人》的书里，在圣诞节后的假日里，在生日庆典上。而且阿姆奎斯特还给出了音乐的指令：钢琴上的自由幻想曲，冬日午后的日落和月满厅堂的晚宴。幕与幕之间无声地过渡，一切皆有可能！那么著名的狩猎宫该是个什么样子呢？我和我们的舞美设计，艺术家兰那特·莫克（Lennart Mörk）在剧院里漫无目的地转悠，坐在观众席入口外的大理石门厅（那是我们的老去处）琢磨。这不就是我们的狩猎宫，我们的黄色沙龙！打破舞台与观众席的界线，把舞台一直延伸到大理石门厅，一切完美结合。还有服装道具呢？生日庆典那场戏大家都穿着高雅的长裙礼服，之后，我们让戏里的导演理查德·法如莫（Richard Furumo）把城堡的阁楼上、地下室里能找到的道具都搬出来（我们还找到了捕熊器）。然后，艾琳不顾一切地引吭高歌，诗人入场，阿姆奎斯特走进昏暗的房间，他为我们引路，带我们回到1611年的梦与画的世界。同一个梦，同一个画面，你能辨识出来吗？

一出戏，台前台后有一百多人，人人都参与到这场历险中来，凝聚成难以言表的共同体，如同一个规模完整的交响乐团，熟练地诠释出每一个音符的神秘性与挑战性，这就是《冬天的童话》。

拍完了《芬妮与亚历山大》后，不刚好是歇手的时机吗？

这是你第三次问我歇手的事了，让我来引两句话给你。一句是歌德说的："人要及时妥协。"我斗胆把大师的原话做了点修正，"人不仅要及时妥协，还要随时妥协"。另一句话是波德莱尔说的，"人必须工作，不为欲望，至少也为绝望，因为事实证明，有趣比工作本身无聊得多"。

我的病好像加重了，高烧让我晕头转向的，提问也变得不着调。再说，我打心眼不喜欢坐在写字台对面的那个人，甚至无法控制我对他的反感。尽管明知无论我说什么都不会打击到他的高傲自大，但我还是克制不住想要戳痛他的欲望，我想要看到他是否还会流露出惊讶、失望和愤怒的情感。我把火药装满，瞄准，射击：**你真以为人们像你自己想象的那样喜爱你吗？**

伯格曼的脸突然沉了下来，他沉默地坐在那里，半天没有说话。

“剧院生活就是这样，”他终于开口了，“人和人的关系都是互利互赢的，大家因为工作聚在一起，等工作结束了又都各奔东西，有时候会伤感，但都会过去的。如果从全局的角度审视戏剧表演这个职业，有一条很苛刻的要求我们其实常常忽略，那就是它要求我们的忠诚。在我们这个剧院里，彼此语言的碰撞都是难免的，我当然希望大家喜欢我，包括大家不在导演—演员—排练这种关系的时候。不过我的希望或许太孩子气，甚至是有风险的。我有几个关系紧密的同事，也有同事和我关系不错，除此之外还有许多平行的关系，盲目的，有风险的，有立场的。”

你拍电影时总是一遍一遍地与同一伙人合作，这样做正确吗？

这个话题没意思，电影和戏剧是完全不同的工作过程，电影是一个连续发展的情感竞赛，需要大家彼此熟悉，才能相互照顾，一起成功地抵达终点；戏剧是一个漫长的有条不紊的工作，允许各种难以控制的非理性时刻的存在（比如，某种反感情绪的爆发，或是太多的爱、欲望甚至就是无动于衷）。

你拒绝了所有采访，为什么接受了我的采访？

请接受我的歉意，有人给我看了你的照片，我觉得你长得挺好看的，我再次抱歉；你打电话时，声音蛮可爱的，又一次抱歉；我有兴趣亲眼见见这个姑娘，我最后一次抱歉。

我认为时间差不多了，他怎么突然变得彬彬有礼了？我动了邪念，我的录音带上留下了他说的话，他知道只要我把今天的对话一字一句地呈现出来，把他那一堆陈词滥调公布于众，我就足够可以伤害他。然而，他好像读懂了我的心思，摆出一副职业性的礼貌态度提醒我："不要忘记了我们采访的条件，你要把文本给我审核后才可以发表。"

时间有点紧啊，要不然我在电话上念给你。我吓唬他。

我要先读你的文章，然后我们通电话，这是我们的约定。

"呵，说的是。"我擦着鼻涕回答他，于是他说他相信我，我心想他不该这么想，不过我还是安慰他不用担心。我关上录音机，收拾起东西。他礼貌地帮我穿上大衣，陪我走到电梯间，说了祝我好运（指什么呢），他还给了我他的秘密的电话号码，因为他说，这样我们不会失去联系。

三天之后，我拨响了他的秘密电话。铃声一响，他立刻接了电话，我问他怎么样，他说他感冒了。想到他是刚刚发病而我快好了，我们彼此嘘寒问暖了几分钟，然后我告诉他："编辑把我的文章毙了，他说我的文章是跪着写的，把采访内容'原封不动'地呈现太消耗人了，再说文章太长，话太多，而且没什么劲爆点。如果我坚持发表，那得用笔名，报社也不给稿费。

编辑建议我去问问皇家大剧院，说他们最近创刊了一本新杂志《戏剧》，我回答他我不知道这事，编辑就用了一堆形容词回答我：《戏剧》是一本直指未来的良心制作，具有辛辣幽默的自我批判精神，排版新颖，设计摩登，是同行出版物中的一股清流。”他答应亲自给那边的编辑部打电话推荐我的文章。

我问伯格曼有什么意见，他在电话那头用嘶哑的声音回答我，他很满意，谢谢合作。我问他要不要我把文章给他在电话里读一下，他谢过我后说没有这个必要，他全权信赖我的判断。我们相互祝福各自好起来，然后就道别了。

安娜·萨兰德

第四部分

辩论

声明

（1949 年 4 月 5 日，《每日新闻》，第 11 版，伯格曼写给廉价百货公司 EPA 的公开信。该百货公司抗议在伯格曼影片《监狱》[*Fängelse*] 中扮演街头妓女的女演员波吉特·克洛琳娜 [Birgitta Carolina] 在本店工作。）

针对 EPA 对我的电影《监狱》的抗议，我在此特别声明：我绝对不承认 EPA 百货公司的女店员在生活中也充当街头女郎，就如我不会承认邮局营业员在生活中也是拉皮条的，酒局营业员是儿童谋杀犯，中年作家是酒鬼或者数学老师是精神病患者一样。我的影片中的所有角色绝无相对应的现实原型，他们纯粹出自我的想象。因此，我坚持《监狱》必须与首映时一样，继续以未经删减的形式放映。

演员应该住在大篷车里

（1953年1月12日，《晚报》第9版，次日文中针对的古纳·艾克斯特姆［Gunnar Ekström］以题为《只有皇冠王子可以制造丑闻》的文章回应伯格曼。）

在英格玛·伯格曼不止一次地建议演员及导演古纳·艾克斯特姆离开马尔默而引发的轩然大波中，伯格曼本人一直缄口如瓶。直到今天，他觉得该是来谈谈这件事的时候了。

丑闻是趣事，大丑闻是大趣事，而最大的趣事是自己还是丑闻的主角。讲道理的人这时会摇着头说："瞧，这就是那个该死的英格玛·伯格曼！"

唯一的遗憾是这都不是件丑闻，充其量不过是一位演员的糟糕情绪和明显焦虑的一次发作。

我丝毫不否认，我确实向艾克斯特姆提出过搬离马尔默的建议。

我本人并不认识他，我只是看过他出演和导演过的几部戏。

对我来说，这已经足够了。

我一贯认为，我们这些做戏剧的人本来就该住在大篷车里，这样搬起家来要简单得多。一旦一个戏剧工作者搬进公寓，有的甚至住进带花园的小洋房，长此以往，他会对戏剧造成危险。所以，我们这些人越是保持贫穷，越是成全大家的利益，我们也说到做到。

而且，所有在同一剧团共事的导演、演员都应该每隔三年更换一次地方。这会是件很麻烦的事，但生活和麻烦本来就是一回事，老成和停滞是它的不同表现。我搬到马尔默的动机绝不是要长久地待下来，至少不会待到退休年龄。再过几年艾克斯特姆很有可能就当上剧团的团长了，那就更要当心了。

所以，我缄口不语。偏巧我女儿在旁边唱着一首好听的老儿歌：

> 走街串巷，来换东西吗？乒乓
> 走街串巷，来换东西吧！叮当。

带我一起玩！

（《音像之声》，1958年第7期，第22、53页，本文写于伯格曼第一次为电视台工作。）

差不多一年多前，我购置了这只神奇的盒子，从那天起，我就像中了邪一样被这个闪烁的屏幕牢牢地控制住，我无法抗拒。这只蠢盒子还解决了我的空闲时间，即在吃完饭到上床睡觉之间那段犯困的时间能做什么的难题。

盒子里面播放的娱乐节目不如电影好看，画面也才那么一点点，而且颜色还发灰。但这个盒子有一个无法超越的优势，它完美地和我消化晚饭的慵懒速度合拍，成为我暖和舒服的拖鞋和惬意的红色沙发的一部分。

而且还有一点，因为现在我住在马尔默，我的电视能偷偷地接收到丹麦电视台的节目，那边电视上有个女主持人，简直是我见过的头号大美人，实在是太赏心悦目了，而且他们的节目很有欧洲视野。去年圣诞节，我在电视上看了整场《费加罗的婚礼》的转播，今年他们放了《唐璜》。我还在电视上看过几场水平很高的戏剧演出，一次眼睛手术转播，还有一些新闻报道。相比较而言，去年夏天我在斯德哥尔摩看到电视上播放“21点”游戏，当时我还相当兴奋，没想到这个无聊的节目差点被人骂死。我真是惊叹瑞典电视台的技术质量怎么能够如此平庸，这和他们拿到的政府补贴太不相称了。每每听到电视台的节目主管热衷地对他自己知之甚少而且别人也不理解的领域发表意见的时候，我就直想笑。

同时，电影院老板面对观众上座率下降的忧虑也让我暗喜，尽管我更希望看到更多好电影院、更好的服务和更优质的电影。

最后，我听说现在的孩子们晚上都待在家里了，不像以前站在门外路灯下吵闹或是开摩托车炫技。

还有一点，电视机逼迫我们戏剧界认真地重新考虑，剧院如何为观众提供精神食粮。

电视不可阻挡地占据了我们的生活，我们被迫去了解节目主管对每个荧幕新星充满细节的描述，他们做了什么，没做什么，怎么做的，又为什么做……《音像之声》上充满了这样的文字，难道他们忘了，至少有700万瑞典人还没有那个可以看的盒子呢！

这一切都太美妙了，最美妙的是电视里（差不多）每天晚上都有新节目，还放电影，而且老百姓都乖乖地支付电视费。[1]

1　瑞典的电视服务属于公共服务产业，独立于政党和财团，除了政府对电视台的拨款，电视台的收入来源主要是拥有电视的家庭交付的电视费。这种公有制制度直到20世纪90年代瑞典出现了商业电视台才被打破，但国有电视台至今仍然属于政府资助的独立的媒体机构，不播放商业广告。——译者注这一切就像是一个汩汩冒油的大油田，钱就像石油一样从地上往外喷，谁都可以在这里捞上一杯羹啊。

不要以为我在唱反调，或是批评现状，我觉得这一切都太美妙了，带我一起玩！想想看，电视这个新媒介：不是电影，不是收音机，不是戏剧，而是一种不同于以往的全新体验。

那么是什么体验呢？

我不知道，但我非常好奇想要了解。但真的要了解，才发现远比我想象得难。电视这个媒介严严实实地被各种关于技术和艺术的杂音包围着，一大堆无效的理论和各种自以为是的专家们的胡言乱语。一个不懂规矩的、懵懂的外来者完全被搞晕了。

我认为，在这种情况下无论做何解释，做什么表达都没用，我只能由衷地为自己能够参与到这场毫无规矩可言的喧嚣中感到无比喜悦。和所有人一样，我（态度严肃地）走进了这个竞赛场，翻几个跟头给大家秀秀，或许观众朋友们还被我逗乐了，但也无从证实。或许再过上十年八载，我们可以严肃地看待电视这个媒介，或者我是完全误解了电视，如果真是这样，我要虔诚地道歉，或许眼前就是电视的严肃时代。

有人会觉得我的口气冷漠傲慢，也许吧，但这是基于我的恐惧。恐惧这个全新的交流工具如何建立图像制作者与接受者之间的关系，如果我无法驾驭恐惧这个工具该怎么办？

恐惧它从我的手中溜走怎么办？

恐惧有一天不带我玩怎么办？

这真是一个令人不安的未来景观！

马尔默，2 月

我对电影学院存疑

（《卓别林》，1963 年 12 月，第 42 期，本文发表后数月，瑞典电影资料馆创立。）

瑞典电影局决定从 1964 年秋季起开设一所“教授电影领域方面知识”的学校，教学内容由贝提尔·劳伦森[1]和鲁纳·瓦德柯瑞兹[2]负责，后者也被任命为该校的第一任校长。本人认为这是个可怕的决定。

我首先反对的是，这是一所由理论学家创立的为学习理论的人服务的学校，这样一所学校对于电影评论人、电影史学家、电影学研究员以及电影爱好者来说，是件大好事。但你要是指望这样的学校能培养出导演、摄影师、剪辑师等，那可是大错特错了。单是看看教学内容：第一学年的课程全部是理论学习，你就知道劳伦森和瓦德柯瑞兹是多么得远离拍电影的实践，他们根本不知道一个想学电影的年轻人的脑子里装着的唯一一

1　贝提尔·劳伦森（Bertil Lauritzen，1917—2002），瑞典电影史学家，著有《瑞典电影》等专业电影学著作。——译者注

2　鲁纳·瓦德柯瑞兹（Rune Waldekranz，1911—2003），瑞典电影史学家，制片人。——译者注

个念头，就是拍电影。

可是，逼迫一群渴望动手触摸电影材料的年轻人坐在教室里，让他们没完没了地上课，听一些对想要成为导演的年轻人没有任何用处的讲座，这主意真是太奇葩了。

真的，课程内容的编排实在让我太无语了，如果这个教学大纲被兑现的话，那可真要祈求上帝保佑了。如果学生们熬过几个学期死气沉沉的理论学习，拍电影的实践那部分是不是就能够无师自通呢？

从一个职业电影人的角度出发，我认为劳伦森和瓦德柯瑞兹的计划完全是闻所未闻的。我可以质疑他们提出的每一点建议，但这不是我的重点，重点是要能够提出一个接近现实的选择。

这是我的建议：我们应该建立两种电影学校，一种很简单，另外一种需要很大的投资。让我先来说说这种需要大投资的电影学校。

我们这些爱电影、做电影的人真正缺乏又深受其苦的是，我们需要一个像样的电影资料馆，一个电影博物馆。我们国家的“电影历史资料收藏”尽管比较丰富，但在实践中还远远起不到作用，根本满足不了我们的真正需求。我认为，我们应该首先投入几百万克朗建一座正规的电影博物馆，也算是对这些年在我们僵化的文化政策指导下的失败做的补偿。这里可以成为劳伦森和瓦德柯瑞兹设置的课程和讲座的讲堂，我们还要在这里组织放映活动，展开讨论，等等。

电影博物馆就是给所有爱电影的人，尤其是年轻的电影创作者们，他们可以随时跑进来，提问，咨询，得到理论上的帮助，但最重要的，他们可以随时随地看到他们想看的电影，需要看的电影。

现在的学校课程上规定，学生要在“经典蒙太奇”这门课上修满多少个学分，这简直是胡扯。这样的课程对于未来的莫里兹·艾德斯特姆[1]或许有用，但对于一名未来的安东尼奥尼可就没有任何意义。要想了解“经典蒙太奇”，这位未来的安东尼奥尼只需去看爱森斯坦的《战舰波将金号》里大台阶那场戏是怎么剪辑出来的就好了。但这得是他自己的选择，他得找来这部片子看。

电影资料馆就应该像图书馆一样，影片都放在书架上，大家可以自己去找想看的电影，然后拿着片子自己来放映。怎么没有人发明一种可以放映电影的小桌子，看电影的人需要一个小房间，一个剪辑桌大小的设备可以把影片投射在银幕上，画面不用很大，差不多电视机的大小就可以了。坐在里面看片的观众可以来回放映自己要看的那段。

这样的一个电影资料馆是我多年的梦想，鉴于政府不管，我就自己先来，我已经差不多收藏了300多部不同年代的电影。我对看电影，体验电影充满激情，但看电影不是理论的堆砌，看电影是给我灵感、让我思想、供我游戏的材料。

1　莫里兹·艾德斯特姆（Mauritz Edström，1927—1987），瑞典媒体著名的电影评论家，对伯格曼的评论多次引发双方的语言对峙。——译者注

电影资料馆是一个复杂而宏大的项目，现在来说说那个简单的电影学校。

我可以毫不费力地找到十个不惜一切、昼思夜想要拍电影、为电影活着的年轻人。让我们从中挑出三四个人，把他们分派给几家电影厂，每个人给一笔钱，比如说60万，然后对他们说：去拍电影吧，年轻人。这里有经验丰富的摄影师教你怎么使用摄影机，优秀的剪辑师展示给你怎么剪片子，卓越的美术指导来教你怎么造布景、道具。

然后呢，电影拍好了，到电影院去放映，让观众评判你的作品。只有在片子见到观众的那一刻，年轻人才会明白拍电影到底是怎么回事，他也会在那一刻失去对电影抱有幻想的童真。

如果这位年轻人还喜欢聊电影，有和别人谈电影的需求；他或许还崇拜安东尼奥尼、黑泽明或者特吕弗，那就让他给他的偶像们写信，告诉他们他是如何崇拜他们，喜欢他们的电影，然后再斗胆提议他可否带上自己拍的片子登门拜访，请大师们一起看，好好地给他提意见，然后再把他送回来。这样做可昂贵啦，但这算是电影预算的分内花费啊。

这些年轻人当然都直接受雇于电影局，电影局负责出品他们的影片，再组织一个由影评人、观众和行业人士组成的评委，让评委来判断这些年轻人是否还有第二次机会。有的不够有天赋的可能在做完第一部电影就出局了，但一定会有特别出彩的年轻人，被电影行业即刻相中的。那样我们就可以再录取一个新生。至于那个第一次没有被相中的学生，我们能不能再给他一个机会，给两次甚至三次！

这就是我的建议，我的建议其实很简单，简单粗暴并且昂贵，但绝对专业，而且这个钱一定不会白花。

还是别提也罢……

（法国《电影手册》[*Cahiers du Cinéma*] 1964 年 10 月刊，第 159 期，伯格曼撰文解释他为什么拒绝参加威尼斯电影节的邀请，同时发表的还有两篇伯格曼论述威尼斯电影节的文章，原文为法语，由扬·霍姆伯格 [Jan Holmberg] 翻译为瑞典语。）

除了演员，艺术家都不应该抛头露面，如果我们能够认识到这一点，艺术会得到全面净化。近些年来的趋势是，艺术家站在自己的作品前解读作品，对批评家的点评横加干预，让观众丧失自己去观看、倾听、用感官理解作品的机会。艺术家太需要建立信心了，每遇到作品暴露出来的瑕疵，总是立刻找一堆事后逻辑去圆场。倘若有人斗胆质疑了作品的重要性，艺术家会谨慎礼貌地辩解，其实内心愤怒地恨不得把对方直接勒死。然后突然间，艺术家领悟了自己作品的真正意义，他欣喜若狂，四处呐喊，最后连旁观者也跟着他加油。

而真实的情况是，艺术家就是一个有血有肉的人，他有老婆、情人、孩子、父母、老叔、老婶……他心里藏着某些黑暗的秘密，可能是性方面的；他有记忆、梦想、痛苦的童年，出生之前就存在的焦虑；他看你的目光忧郁，和你套近乎。这一切形成了环绕他的神秘光晕，他的作品突然间有了新价值，人们对他刮目相看，可他还是原地站着的那个倒霉蛋。奇迹就是这样诞生的！你能想象吗？艺术家或许在这一刻精神错乱了，他都不刷牙，不洗他的……哎，还是别提也罢，真不该如此啊。

人们像吃三明治一样消费艺术，艺术家就是那个忙着往面包上撒调料的人。演员必须闪亮出场，被成名的光环照耀着，做出卓越傲慢的样子，但最重要的是要漂亮。人人都要谈论演员，演员也必须将自己暴露在关注和评论中，他们的职业操守还包括熟知如何表演，如何保存光环，如何满足崇拜者。可我们呢？

我们则必须保持沉默，坐下，不炫耀，隐形，我们只需要工作。我这样说，是因为这是我的切身领悟。没错，事情总有另一面：艺术家也无法解答所有不安的提问，无法面对所有好奇苛求的目光，无法凝视在普通人心目中就应该是属于艺术家生命健康的可怕深渊。这都是在演戏啊。

对我来说，这一切都比较简单。小时候过圣诞节的经历还记忆犹新：先是接到邀请的巨大喜悦，之前一天兴奋得难以入眠。小海军服套装，黑色的紧身裤，漆皮皮鞋，打扮齐全的我突然被周边那么多陌生人吓坏了。于是那个哭号的小男孩被带到另外一个房间，由保姆和甜点来安慰他。第一次小心翼翼地走进客厅，到处燃着蜡烛，可以听到警报声，音乐，还有一群头发卷卷的迷死人的漂亮小姑娘们。然后，这个信心满满的小男孩，此时海军服套装有点起皱，声音刺耳，满脸汗水。人们怒气冲冲地看他，男孩惊天骇地结巴着对其中一个卷发小姑娘表白，用劲过猛的拥抱带来一串怒斥。宴席开始散去，心再次痛得发抖，这一次是因为宴席就这样收场了。整晚发烧腹痛，连着几天心神不定，伴着不安的心跳。真的，艺术家不应该在场，不管是圣诞晚宴还是电影节。

偶发

（本文是1964年12月，大剧院上演《我们的星期四》节目单上的内容。这里身为大剧院院长的伯格曼与他的头号公敌瑞典《每日新闻》主编和文化版主要负责人奥洛夫·拉格尔克朗斯公开宣战。）

我是一个糟糕的辩手，因为每每在辩论中，我总会变得怒不可遏，失去目标，直至说话也结巴起来。所以我下定决心不在公开场合发表言论，而是保持沉默，让我的作品替代我表达观点。然而，当奥洛夫·拉格尔克朗斯能够怀着年轻的心，以展望未来的激情去现代美术馆（Moderna Museet）看“偶发（Happening）艺术”，却在自以为体会了我导的戏后，狠命地敲我和易卜生的脑袋。我不得不对自己说，戏剧界那句俗话说得好，“每当奥洛夫·拉格尔克朗斯来看戏，总得出点小事故”。就让奥洛夫·拉格尔克朗斯继续在《每日新闻》的文化版上大写特写他的“偶发艺术”吧，让死人去埋葬死人吧！

再说了，奥洛夫是位但丁的守护者，他老人家可是与易卜生同等犀利，这么说，奥洛夫和我也是气味相投了，那我们为什么还要吵呢，奥洛夫？

反正也没有人理会我们的争吵，除非有一天我实打实地给了奥洛夫一拳。有时我想这会很合适做瑞典文化辩论的开场白，至少公众的注意力会在我们身上多停留几秒钟。

算了吧，还是闭上嘴，去爱你的国家和臣民吧！这里的人民有几个在乎戏剧、文学、艺术、音乐的？他们唯一感兴趣的是发现影视作品中的床戏，一旦电视屏幕上出现了两人上床的镜头，他们就会惊恐地大叫：保护我们的青少年！

我们的福利社会正笼罩在11月的暗夜里，正如法斯特夫·法卡尔（Falstaff Fakir）所言：脑满肠肥的身体留给灵魂的只有一个小洞。

我双手赞成关掉大剧院的呼声，我年轻时也和今天的文青一样这样呼喊过。整整25年前，报纸也和今天一样给我们留一个版面，发表我们引发争议的文字。在我看来，保卫大剧院才真该是引发争议的话题呢，怎么还没有谁能够干掉它呢?!（我也做不到，大剧院这台老坦克抵挡得住攻击，我们这些眼下还待在坦克车里的人也跟着一起摇旗呐喊。）重要的是把握坦克车前进的方向，这点在我心中越来越清晰了。

"那是什么方向呢?"有人饶有兴趣地追问,或许养兵蓄锐，等候时机反击。

"慢慢地就会看到了，反正我心里有底，我的计划需要时间来实现。不过如果单纯为了个人表白，我可以随时摊牌，反正不管我怎样说，都要被误解。"

“是吗？那就说出来听听。”

“大剧院就是我的偶发现场，我能让它活多久，那就等着瞧吧！”

《焦点》节目的电视捕猎令我恐惧和恶心

（1969 年 6 月 8 日《快报》，写给瑞典电台／电视台的公开信。）

电视节目《焦点》的摄像机在毫无预先提醒的情况下，追逐着一个没有任何防范的可怜的市政官员做采访，这一幕令我恐惧和恶心。那些勇敢的记者们像猎人一样守候在火车站过道的暗处，等到猎物出现的时候，他们打开雪亮的摄像灯，一个早已准备好的记者跳出来，直接把话筒塞到猎物的鼻子下。记者的提问配合节目的特色，语气中充满挑衅，甚至是嘲讽。那个被打劫的人完全懵了，想要跑着挣脱，他急促地喘着气，我无法判断他是愤怒、恐惧还是憎恨。

可是捕猎者的动作更迅速，摄像机不断地照在猎物身上，最后，那位可怜的市政官逃回了站台上停靠的火车，忙着关上车门。

我很少见到比这一幕更令人感到羞辱的场景。不知是为什么，或许是那人脸上的无助表情，他的情感状态都显示在他脸上；或许是他身体的动作，总之，这一幕太可怕了。

我在节目结尾的字幕上看到，有6个编辑参与到这个创作中。我想要问一下，这6个人中有没有任何一个人想过，你们用粗暴的电视狩猎对待一位可怜的市政官的行为，是多么背离你们自己节目的初衷：《焦点》似乎是一个旨在唤起观众对青少年活动中心和年轻人的反叛同情心的节目。

最后，这些是我的提问：

一名害怕上电视的政治家是否也可以是一名有能力的人？

就算这名猎物本人是个声名狼藉的坏蛋，就可以拿来当众侮辱吗？

如果猎物本身在摄像机的追猎中当场心脏病发作，几位猎人想到过后果吗？你们拍的片子还会照样播放吗？

请做出回答，该死的！你们的行为在我看来简直就是非法的公开审判。

斯文斯特蒂和《走廊》

（1969年10月11日，《快报》。本文可能是伯格曼以辩论形式所做的最恶毒的个人攻击。卡尔·哈里克·斯文斯特蒂[1]被指控利用“金龟虫奖”评委委员身份对评选做手脚。有谣传说斯文斯特蒂被邀请修改扬·哈尔多夫[2]创作的剧本《走廊》[*Korridoren*]。但事实上，斯文斯特蒂并没有接受邀请，他在“金龟虫奖”评委委员的工作没有因此中断。伯格曼的怒火缺少事实根据。）

斯文斯特蒂是一名无足轻重的批评家，他既无锋芒也无趣味，是一名毫无现实关联的邪教徒，没有后台的造反派。他急切地想在自认为拥有话语权的艺术领域发声，但他永远不会产生任何影响力。懂电影的读者早就看穿他了，将他丢给邪恶的兄弟会，让他们救赎他的命运。斯文斯特蒂是一名业余电影人，一个小丑，一只会摇尾巴的哈巴狗。

1　卡尔·哈里克·斯文斯特蒂（Carl Henrik Svenstedt，1937—），是一位瑞典电影评论人，剧作家，导演。——译者注

2　扬·哈尔多夫（Jan Halldoff，1939—2010），是一位瑞典导演、剧作家。

众所周知：

斯文斯特蒂参与了剧本《走廊》的讨论会，会上他发表了自己独特的艺术见解，拿了公司一千克朗后离去。与此同时，他已经针对电影的结构和他个人的见解写下了好几页笔记。在“金龟虫奖”评委的讨论会上，斯文斯特蒂向其他评委隐瞒了上述事实，依旧对他参与并且收取报酬参与的影片做点评。

在我看来，这是不折不扣的丑闻，没有理由或借口，斯文斯特蒂就是一个混蛋。他的行为令人失望,由于他的所作所为，评委的可信度被彻底动摇。最恶心的还是他在《快报》上发表的小小的辩护文章，好一副轻松随意半推半就的口气。

把斯文斯特蒂踢出去！

他在发臭！

现在我要离开瑞典了

（1976年4月22日，《快报》，伯格曼针对正在对他进行调查的税务案发表的公开信。三个月前，伯格曼在大剧院排练斯特林堡的《死亡之舞》的现场，被警察以税务调查为由带走，尽管调查最终被撤除，但伯格曼六年之后才从他主动流亡的德国返回瑞典。公开信的结尾，伯格曼引用了自己偶像斯特林堡的命运，伯格曼被警察带走时正在排练斯特林堡的剧作。）

4月2日，星期五，我的法务代表罗尔夫·马格瑞（Rolf Magrell）被纳税官本特·谢林（Bengt Källen）和纳税部主任汉斯·斯文森（Hans Svensson）邀请前往国家税务局谈话。两位先生和马格瑞的谈话内容非常复杂，尽管事后马格瑞多次耐心地向我解释谈话的具体细节，我还是没有完全明白，不过我大致懂了他的意思。

为了赶在显然与某些犀利的媒体有着亲密合作的税务局宣传部的罕见泄露事件发生之前，我决定主动将纳税官和纳税部主任的谈话内容全盘托出。（这样做会让某些人失去向媒体提供线索的报酬，那就对不起了，反正据我所知，你们已经在所谓的“伯格曼案件”中赚足了钱。）

现在让我来简单地陈诉一下谢林先生和斯文森先生的论点，我请读者们保持耐心，因为这些论点不乏有趣之处。（下面是我从律师马格瑞那天下午的谈话记录中节选的文字）

国家税务局对之前维斯比税务局[1]表示，对税务官达斯特拉德（Dahlstrand）的申请不予采纳的决定表示不满，税务官达斯特拉德将我1975年的纳税金额定为250万克朗（这是我的瑞士公司“假面”获利分红的收入税）。国税局的谢林先生和斯文森先生要求我的瑞典公司“摄影机”也应缴纳同样数额的税收，因为他们认为我的瑞士公司是幌子公司，根本不存在。同样的收入现在要缴纳两次税（85% +54%，总共是139%），国税局一点不理会这个数字，他们认为这是地方税务官达斯特拉德的错误。他们提议如果我能与税务官达斯特拉德达成一致，依照国税局之前的纳税决定缴税，那么国税局可以减免征收我的瑞典公司的税。（以上是马格瑞的会议笔记）

这里，我很幸运地借报纸的一角，通知国税局的纳税官本特·谢林和纳税部主任汉斯·斯文森，我拒绝接受任何形式的精明交易。当然，我不得不猜想一下国税局这一举动的背后到底是什么动机，这里是几种解释：

当检察官诺顿阿德勒（Nordenadler）宣布对我的起诉撤销之后，许多人感到太丢脸了，尤其是那些国税局的人。税

1 伯格曼常住的法罗岛属维斯比地方税务局管辖。

务侦探肯特·卡尔森（Kent Karlsson）和他的伙伴们忙了几个月，并且以大剧院排练场发生的那一幕为事件的高潮。现在，这一切努力都白费了，这些人感觉需要找个出口至少弥补一下这段时间国内外媒体对国税局的负面报道，考虑到这件事情带给我的焦虑和恐慌，并且再借机打压我一次，这样国税局不管怎样还以获胜者自封。

我才不会接受这样的游戏规则呢！

同时，我要把纳税官和纳税部主任的脑袋揽在我怀里。

我有两个月卧病不起，无论是心理医生还是我自己都无法治愈我的心病，这两位先生就都给我解决了，我被气到发疯，以至于人竟然痊愈了。日夜燃烧的怒火和无休止的羞辱对我的折磨在几个小时内全都熄灭了，消失得无影无踪。现在我意识到我的对手原来并不是守规矩、讲原则、公平端正的政府部门，而是一群牛气冲天的扑克玩家。

整个过程中我当然有过怀疑，尤其是每次被税务侦探肯特·卡尔森的监视镜瞄准的时候。此人在警察局提审我时也在现场，那一刻他激动万分，简直无法抑制被胜利冲昏头脑的狂喜。我必须承认，当检察官诺顿·阿德勒以强大的道德勇气对抗那早已将我判决了的势力时，我反倒迟疑了。（我已经下决心忘掉这一切，回归到我自己的事业去，把税收问题全权委托给我信任的税务专家。我一向对物质和金钱毫无兴趣，今后更会如此。对于这个案件中我最终会失去的财产和所有，我毫无焦虑可言。我从不以金钱和物质计算我的所有，我深感自己被冤枉和羞辱，但我必须将其抛在脑后才能回归真实，回归我的事业，我也坚信这个悲哀的故事终了会有尊严和公平。)

可是，纳税官谢林和纳税部主任斯文森持续通过威胁和勒索，恢复了以往的秩序，再度证实了我近乎发狂的怀疑。与此同时，有生以来我第一次丧失了行动能力，我深陷于抑郁中，以至于感到自己在经历一场身份危机（没有创造，我无法感知到我的存在）。

经过我自己的思考盘算，以及同我身边最亲近的几个人的协商，我做出了一些决定。现在我把这些决定公布于众，否则很快会出现大量今后很难对付的流言、猜测和影射。

我的第一个决定：鉴于我的职业需要，只有在一定程度的安全保护下方可有所成就，而在目前可预见的未来里，我无法在这里得到这种安全感（鉴于有关部门的骚扰和媒体的夹击），因此，我被迫前往其他国家寻找这种安全感。

对我来说，这一决定是一个巨大的冒险。我的创作与我所在的环境、我的语言密切相连，以我 58 岁的年龄，很难担负起重新来过的压力。尽管如此，我依然要大胆地去尝试，近几个月里不安和无为的生活状态必须结束，不能工作对我来说就没有存在的意义。

我的第二个决定：为了让“公正的瑞典税务官”不至于怀疑我的离去是为了逃避当前的税收案，我将我在瑞典的财产托管给国税局，倘若我输掉官司，或者我的“摄影机”公司输掉官司，我的账上有足够的财产抵押用以偿还债务。如果我还有欠债，我会坚持偿还每一分钱，我多次宣布过，我不会欠国家的债。

我的第三个决定：我宣布解散我的公司“摄影机”，关闭法罗岛上的摄影棚，原计划7月1日开机的电影取消，杰儿·格雷德（Kjell Grede）计划9月初开机的影片取消，赔偿所有工作人员。

我的第四个决定：近年来，我的纳税总额超过200万克朗，我解决了一大批人的就业，我一直坚持每一笔账都是清清白白。因为我本人不懂数字，害怕管钱，我特意聘请了正直优秀的专业人士来管理钱和钱带来的各种问题。法罗岛是我的安全港，在岛上我像躲在子宫里一样安全，再不去想今生还要遭遇如此的痛苦。

我是一名坚信不疑的社会民主党人，面对那些灰色妥协者制定的理论，我倍受其煎熬却依然张臂拥抱；我相信我的国家是最好的，我依然这么坚信，或许因为我去过的国家太少了。这件事对我是一个警醒，一方面因为我还要面对难以忍受的羞辱，而另一方面，我意识到这类像癌细胞一样扩散的独特的官僚主义可以在任何时候，以任何理由对这个国家的任何人进行攻击和污蔑，这种官僚主义能够无师自通地完成任何艰巨和脆弱的任务；社会赋予他们权力，而每一个权力执行者的表现绝非一般人能够担当得起。

以税务侦探肯特·卡尔森为首的国税局的代表们涌进“摄影机”公司的办公室，要求我交出公司的年度报表，起先这种闯入的方式让我感到一丝不悦，之后我被告知这种方式完全符合规则，现在人们就是这样做的。他们特别要求看一下“假面”公司的转账记录，我们不加质疑地把公司的账表和盘托出。我和我的律师保尔还不紧不慢地等着国税局的先生们约我们见面的电话，没想到，事情的发展根本不是这样的。

税务侦探肯特·卡尔森和他的小伙伴们心怀一个更宏伟的计划，他们意识到创造一个具有世界影响力的事件，能够帮他们在官僚主义的积分榜上赚不少分数。

（顺便说一句，这个考虑一点不周全：从对我的审计开始，到我和我的律师被抓住“以防我们销毁证据”这之间有好几个月的时间，如果我们真有掖着藏着的，那不是有大把时间可以行动吗？这点道理，就是《绿雪平》[1]中的警察保罗思·博格斯特姆[2]用鼻子也能想出来。要是我问心有愧，这段时间我也足以把自己变成“海外瑞典人”，最后，如果我不是如此糊涂地依恋这片土地，不是如此诚实以至于活该受罚，我早就把财产转移到外国去了。）

这些想法和可能性从来没有难住过税务侦探卡尔森或检察官诺顿·阿德勒，卡尔森在大剧院排练场的政变就是证明。在我被警察从大剧院带出去 40 分钟后，第一家媒体的电话就打到看守所了，他们需要知道这精彩的逮捕一幕的每个细节。

---

1 《绿雪平》(*Grönköping Veckotidning*) 周刊，创立于 1902 年。

2 连环画中的人物，幽默滑稽地讥讽瑞典小城镇的生活，警察保罗思做事愚蠢可笑，此处伯格曼借这个人物讥讽税务局官员的无脑行动。

如今这种秀肌肉的处理方式已经不起作用了，于是他们就改用威胁加恐吓的报复行动，我害怕这样下去不知道要到什么时候，我无法理解也没有精神忍受这样的战斗。

而且我也没有时间。

所以我决定离开，我要去另外一个国家为我的第一部外语片做准备。我没什么值得道歉的，除了我和我最亲近的家人，这就是一出闹剧，一个国税局称为“无效”的案件。

有人建议我去抗议《晚报》对我的报道，我觉得这只是徒劳，这样一份靠含沙射影攻击人，公开羞辱人，用谎话和个人陷害为生的报纸却还能像印第安人采集人头一样在新闻检察官那里捞奖励，我想每一个社会都需要像《晚报》这样的污水池，但令我无法停止惊讶的是，我们这个污水池竟然是社会民主党新闻媒体的旗舰，在这个摇摇欲坠的窝巢里也有许多体面和尊严的专业人士。

也有人建议我以诬陷罪去起诉检察官德勒法德特，申请经济损失补偿。（两部夭折的戏：每部 4 万；一部夭折的电影：约 300 万；身体的损伤：象征性的 1 克朗，名誉损失：也是象征性的 1 克朗。总数为 3080002 克朗。）

我觉得这也毫无用处。业余性、责任心和愚蠢总是相辅相成的，这一点大家都是心知肚明的，我们都是瑞典人啊，可能有一天我会把这一切写进作品里。就像斯特林堡说的：

“小心点，混蛋，咱们在我的下一部戏里见。”

后记

克里斯托·博曼[1]

英格玛·伯格曼的文学创作囊括了戏剧剧本、自传、未经发表过的信件、日记、他自己的以及为他人撰写的电影剧本，除此之外，还有上百篇散文和论文，这本文集就是基于这些内容选编出来的。

这本文集中最老的文章出自坐在帕尔梅格林师范学校教室里参加考试的少年伯格曼，他的瑞典语习作是一篇关于女作家塞尔玛·拉格洛夫的论文；文集中最新的文章是关于一部从未上演过的伯格曼的剧本《鱼是电影的爸》的简介，这是伯格曼应邀为电影杂志《光晕》撰写的，时间是 1998 年，那一年伯格曼 80 岁。彼时的他住在法罗岛上，依然高度活跃在斯德哥尔摩大剧院和广播剧剧院的工作中，他刚刚完成了剧本《狂情错爱》（*Trolösa*），两年后，这部作品被丽芙·乌曼拍成了电影。在这两篇跨度近六十年的文章之间，一个对电影和戏剧充满兴趣，博览群书、心怀作家梦的年轻人，成为一名史上最重量级的电影大师和戏剧家，然而，伯格曼作为一名勤奋发表作品的写作者的生涯，却是他鲜为人知的一面。

1 克里斯托·博曼（Christo Burman，1981— ），电影学研究的青年学者，在瑞典大学教授媒体艺术、美学理论等课程，编辑出版瑞典语的《塔可夫斯基日记》。

散文的文体和形式被证实很合适伯格曼的性情和写作方法，他以锐利的哲学思维轻松地游走在不同题材中，无论是总结艺术的本质，还是解说电影工作的不同步骤，他都能用生动形象的语言将环境和情景历历在目地呈现在读者眼前，这也是贯穿他散文创作的特点，这一点在他日后的电影剧本写作中被继续发扬光大。同样,他驾轻就熟地在文章中塑造起伏的转折、暗藏的玄机，难怪伯格曼的写作成就首先表现在他是一名优秀的散文作家，这也绝非偶然。伯格曼在文字上严谨的表达方式明显受到他喜爱的作家的影响，例如奥古斯特·斯特林堡和亚尔马·伯格曼，尽管如此，他依旧不断否认自己有任何文学野心，他把自己的电影剧本称作是半成品。

与广为流传的那个只感兴趣谈存在主义的魔鬼导演伯格曼所不同的是，这些文字中充满了趣味和幽默感，而且常常是带着嘲讽的幽默感。在伯格曼剧本的对话台词中，以及在这里的许多对话形式的文章中，我们都可以与之相逢，尤其是自嘲，可以说对话形式的写作是他长期创作剧本和舞台工作经验的结果。

选入这本文集的文本有众多不同的出处，除了英格玛·伯格曼基金会的档案和斯德哥尔摩的城市档案之外，还包括瑞典电影局存档的电影宣传单，许多剧院的节目单；报纸方面，以《快报》为主,还包括《每日新闻》《晚报》《赫尔辛堡日报》；杂志有《图像》《周刊》《阿拉思家庭画报》以及专门针对女性读者的《家庭主妇》。与电影相关的文章主要选自一些以往的电影杂志，例如《电影院报》《电影周刊》《影像周刊》《电影新闻》和《卓别林》,还包括刊登节目预告为主的《无线电之声》（后改名为《无线电和电视之声》)，以及《看》。最鲜为人知的资料可能是奥洛夫大师花园剧院的月刊，名为《大教堂的男孩和女孩们》，年轻的伯格曼曾经非常积极地参与剧院的工作。

在多篇文章中，伯格曼不断地回到自己童年的睡房，回到自己被电影这个充满奇迹和魅力的魔幻发明击中的那一刻。同样地，他多次寻访儿时的记忆，在乌普萨拉市花园路 12 号的外祖母的公寓里的发现成为日后创作的灵感，例如，《芬妮与亚历山大》。同时，与人们对他魔鬼导演的传说相反的是，伯格曼多次谈到电影创作是一个集体劳动。

这本文集也为我们走进伯格曼的戏剧生涯提供了一个难得的机会，伯格曼长期担任瑞典两大剧院（赫尔辛堡城市剧院和斯德哥尔摩大剧院）的院长，在这之前他负责过奥洛夫大师花园剧院，公民之家的童话剧院和斯德哥尔摩城市剧院的演出活动。伯格曼在任职这些年写下的关于不同剧院工作的文章，不断地回响着奥古斯塔·布兰克的话：“什么鬼愿意做剧院老板啊!”可同时，他也饱含着他对舞台的热爱，与演员合作的热情（以及给有演员抱负的年轻人的嘲讽建议）。

年轻时的英格玛·伯格曼做过电影和戏剧评论人的经历至今还是一个隐藏的秘密。他对当年斯德哥尔摩戏剧舞台的点评、对斯特林堡戏剧的评述，为我们打开认识伯格曼戏剧体验经历的独特机会，以及这位 21 岁时的年轻人的电影喜好。

文集中有两篇非常特殊的文章，一篇写于1937年，就是上面提到过的伯格曼在帕尔梅格林师范学校读书时的论文；另外一篇写于1940年秋，也是本文集中篇幅最长的文章，是伯格曼就读斯德哥尔摩大学文学历史学院时写的论文。第一篇文章让我们惊叹于师范学校读书的伯格曼不仅谙熟女作家塞尔玛·拉格洛夫的作品，几个段落的文字巧妙地通过拉格洛夫小说中重复出现的反射光线的冰挂连成一体，而拉格洛夫的名字又与伯格曼敬仰的北欧电影的黄金时代[1]紧密相连。伯格曼自称，他报考斯德哥尔摩大学的目的是为了能够和大学剧团一起工作，他的大学论文《天国的钥匙：神话剧，梦剧，历程剧》是目前所知的伯格曼的大学学业中唯一一篇学术成就。论文验收官——亨利·奥尔松（Henry Olsson）教授给论文的书面评分是"够得上优秀"，教授评语最后写道："论文观点比呈现出的文字要更好。"文学史系主任马丁·拉姆（Martin Lamm）同时也在批改另一个学生的作文：那就是后来成为瑞典《每日新闻》文化版主编的奥洛夫·拉格尔克朗斯，他是伯格曼的崇

1 北欧早期电影以大自然实地拍摄，改编文学家原著和大投资为特色，在世界电影史上独占鳌头，被称作北欧电影的"黄金时代"。1917年，瑞典导演维克多·斯约斯特洛姆拍摄的《仇敌当前》（*Terje Vigen*）被认为是"黄金时代"的开篇之作，影片改编自挪威剧作家易卜生的诗歌，在实地取景拍摄，由斯约斯特洛姆本人领衔主演，是当年瑞典电影工业投资最高的大制作。1909年，诺贝尔文学奖获得者的塞尔玛·拉格洛夫的多部作品，也在这一时期被搬上银幕，如莫里兹·斯蒂勒（Mauritz Stiller）导演的《科斯塔·柏林的故事》（*Gösta Berlings saga*），也是日后的好莱坞影星葛丽泰·嘉宝首次银幕露面。北欧电影的黄金时代随着导演和演员投身好莱坞和欧洲电影的整体下滑，走向尾声。伯格曼对黄金时代的致敬可从影片《野草莓》中看到，片中他特邀了当年瑞典黄金时代著名导演斯约斯特洛姆饰演片中的老教授Isaac。——译者注

拜者，也是他的头号公敌。

从 20 世纪 60 年代起，英格玛·伯格曼开始在他的剧本发表前加写前言，他的前言不是针对电影工作同行，而主要是写给读者的。剧本在《阿拉思家庭画报》连载发表，由阿尼·赛拉马克（Arne Sellermark）做过细心的编辑。1963年，剧本《犹在镜中》《冬日之光》《沉默》以电影三部曲的形式出版，从《假面》之后，伯格曼每一部拍出来成片的剧本都陆续出版。本书收录的剧本前言有的只是伯格曼的手稿，有的是之前与剧本一起发表过的，这其中最令人兴奋的也是最不为人知的是伯格曼对法兰兹·雷哈尔的《风流寡妇》的电影改编成的工作剧本所写的前言，之前从未发表过。尽管当时制片人迪诺·德·劳伦提斯（Dino De Laurentiis）设想由芭芭拉·史翠珊（Barbra Streisand）扮演女主角汉娜·格拉丽，可是终于还是无法筹到足够资金来完成这个项目。

文集中呈现出来的另一点无法忽略的地方是，伯格曼创作中的大量自传性写作，可以说是导演本人对自我形象主题的迷恋，最明显的例子是文集中收录的“我和我的对话”，伯格曼以另一种身份采访自己，如戏剧家采访导演，剧团老板对话剧团财务主管，作家与其创作角色对话，等等。自 1960 年起，伯格曼开始用化名继续这种采访，发表在电影杂志《卓别林》上的法国电影评论家，伯格曼的化身恩斯特·瑞福（Ernest Riffe）对伯格曼电影的评论，可能是最著名的一个例子，伯格曼借臆造的法国人之口嘲讽那些定义他的政治、宗教和道德观的影评人。这种笔名形式的自我访谈最早一篇写于1942年，印在伯格曼创作的首部戏剧《卡斯帕之死》的演出节目单，那时的伯格曼在首都还是一个名不见经传的年轻人；而最后一篇发表于1994年的记者安娜·萨兰德对伯格曼的采访，文章题目“英格玛，你何时歇手?”是典型的伯格曼式的文体，自嘲的同时敏感地意识到自己的形象不断在媒体中被炒作。

伯格曼并不是一位特别积极的社会问题辩论家，他少有的几次参与社会论坛也大都是出于他本人或是他的作品被公开批评，也有他对政府针对电影戏剧方面的文化政策提出的不同意见，尽管如此，伯格曼的电影依然屡屡引发媒体的激烈争论。从根据他的剧本改编的第一部影片《折磨》（1944年）开始，媒体就在质疑伯格曼，难道瑞典的学校真如电影展现的那样吗？伯格曼撰文“《折磨》：一把切开脓疮的刀”作为回答。

在文集的最后一部分，伯格曼解释了他自愿流亡德国的背景。六年后他重返瑞典，重拾他一直都在延续的自传题材的写作计划，不同的是，他的回忆录《魔灯》（1987年）、《图像》（1990年）以及剧本《狂情乱爱》（1991年）已经让他成为一名被认可的重要作家，其实在这部文集中，我们就已经能够看到成为作家的伯格曼是如何起步的，他一直都在不断地编写个人传记，创造自我形象。在《魔灯》未发表的草稿中，这个“我”在伯格曼的笔下是“一个老而顽固的幻想殉道者，一个机巧的谎言制造者，能够随时随地赋予现实在那一刻他认为的所需求的形式”。

译后记

电影的美好时代

王凯梅

我是怎么闯入电影放映厅的，我已经记不太清了，记得清晰的是挂在黑暗中占据了整面墙的大银幕和从银幕上黑白分明的画面反射的光照亮的半个沙龙里的观众。所有人的眼睛都聚在银幕上，没有人注意到我的闯入，我得以静悄悄地溜到沉浸在黑暗中的剧场的后排，将目光迅速地转向前方的银幕上。在我的目光与银幕上的画面相交汇的那一瞬间，我能感到心中有什么带棱角的地方在被触到的同时，立刻被融化的水一样柔软的感觉，那感觉，在相距三十年的时光和上千公里的距离，在几天前的一个雨夜里，在亮着电视的上海家里的客厅沙发上，又一次来造访我。我知道，触动我的是同一部电影，同一个画面。

在我 23 岁的时候，我是斯德哥尔摩大学的一名学生。那时候，我的瑞典语通过了考核，我可以在大学提供的众多课程中随意选课了。头一年，我选了经济史，这激发了我对历史这门学科宽泛的内涵的兴趣。第二年，我选了电影史，那时候，我的瑞典语词汇中都没有英格玛·伯格曼这个名字。

我沿着通往电影学院门外长长的坡道走进教学楼，为我打开电影这盏魔灯的女老师披着长长的卷发，用很随意的语气抛出一串串电影史上震耳欲聋的巨人的名字：爱森斯坦、D.W. 格里菲斯、巴斯特·基顿、莫里兹·斯蒂勒、维克多·斯约斯特洛姆，还有英格玛·伯格曼。在说到最后这个名字的时候，女讲师玛莉特·考思科纳（Maaret Koskinen）附带了一句："各位同学，今天能够坐在这里学习电影史，大家都应该感谢我们有伯格曼。瑞典电影局决定从 1964 年秋季起开设专门教授电影学理论的课程，伯格曼对课程缺乏实用性提出极大的质疑，在他的提议和努力下，有了今天的瑞典电影资料馆和两个以瑞典电影黄金时代的重要导演命名的放映厅，我们的课程也可以以上午理论课和下午观影课的模式展开。"这番话让我明白了学院门口的电影厅为什么叫 Mauritz 和 Victor，也把英格玛·伯格曼的名字刻在我脑中。最后，老师的语气做了个转折，"伯格曼非常不喜欢电影资料馆的建筑，他把门口的长坡叫作轮椅运动员的马拉松赛道。"附加一句，玛莉特·考思科纳现在是瑞典斯德哥尔摩大学电影学系的首位研究伯格曼的教授，伯格曼在世的时候，邀请她前往法罗岛，在那里，伯格曼将他的毕生手稿转交给她。这批被伯格曼称作"一堆破烂儿"的收藏，经过考思科纳教授多年的梳理，成就了一本研究伯格曼作家身份的重要著作，著作的书名就是《首先，有文字！》（*I Begynnelsen Var Ordet*）。

就是在电影学院的 Victor 放映厅里，我与伯格曼的电影有了人生的第一次接触。那是 1953 年的影片《小丑之夜》，那个画面，现在让我来告诉你，那个三十年前在斯德哥尔摩的电影学院放映厅里融化了我内心，并且今天在上海的客厅以同样的魔性打动我的画面：哈里特·安德森扮演的马戏团团长的情人安妮和剧院明星佛朗斯站在道具仓库里，头顶上的水晶吊灯，身边的化妆镜和反射在镜中的堆满道具的狭窄空间：羽毛扇、刺绣围巾、镂花手套、面具……两张年轻动人的脸—— 一张散发着青春的荷尔蒙，迟疑与不安；一张散发着欲望的多巴胺，诱惑与渴望。在戏剧属于的假想世界里，欲望和幻想通过这些代表物质世界的物件和传递灵魂境界的表情，反射成虚空的镜像，再次投射成为银幕上的画面。我被银幕上安德森扮演的安妮那超越真实的美丽迷住了，被各种角度的折射与幻象冲撞了头脑，或许在那一刻，我对影像具有穿透人类心灵暗室的能力有了一丝模糊的感受。三十年后，当我在上海的家中，在将伯格曼用文字对电影和艺术的诉说译成能被中国读者看得懂的文字的工作中，我在他的语言中找到了证实这种感受存在的证词："我手中把玩的电影媒介具有如此深刻的穿透力，它可以无限深远地照亮人类灵魂，不留情面地揭开其隐秘，为我们的意识思维增添认识现实世界的全新知识。甚至，我们能在电影中找到通向另一种超越现实的跳板，一种颠覆常规的叙述，将我们带入未知的国度。"[1]

2020 年对于这个世界的所有人，都是不同寻常的一年，新冠肺炎疫情带给我们的焦虑、不安、隔离、禁足打破了我们

1 见本书《关于拍电影》章节中"我拥有的第一部电影"。

曾经习以为常的日子。就在这一年2月，国内疫情最严重的日子里，我打开了这本厚厚的《伯格曼文集》，开始走进英格玛·伯格曼用文字塑造的影像和精神世界。窗外救护车的呼啸声开始消失，各种关于疫情的信息不再让我慌张，这一年，伯格曼成了我的精神支柱、灵魂导师，我多么感激有他在我身边陪伴，让我的每一个清晨都有一种期盼，每一个夜晚都有一种不舍。十个月后，在这个社会局势和个人情感跌宕起伏的一年结尾之际，我给译文的最后一章画上了句号。

我的心情惴惴不安，我的心情恋恋不舍。这十个月的工作中，我日日夜夜生活在伯格曼的情绪和思想中。时而，唯美诗兴的文字把我带入他的童年记忆，和电影的第一次接触，被艺术的第一次启蒙，父子在乡间小道骑行的快乐，对母亲的爱和迷恋……伯格曼用同样温柔浪漫的文笔书写他对音乐的热爱，对文学的领悟，对演员职业的敬重，对行业同事的赞美；同一位伯格曼，笔锋一转，成为一位严厉的导师，一位严肃的学者，一位对文化官僚不留情面批判和督促的艺术从业者，一位犀利的社会剖析者，一位尖锐的艺术评论人，一位愤怒的艺术家……他对投身电影艺术的年轻人开诚布公的教导，对他的精神导师斯特林堡深入的学术研究，对电影艺术的认识和看法，伯格曼从儿童剧院到皇家大剧院的历程，见证了他一生从未熄灭过的对戏剧的热情，他的电影被世界各地的导演同仁和文艺青年列入膜拜的神龛，而他自己却从未放弃过艺术服务和娱乐观众的信念和坚持，对艺术分享人类共同命运的体验的信奉，展现出一个如此热情和大众化的伯格曼，让我甚至相信，如果伯格曼置身在2020年的中国电影业，他也会拍出令观众捧腹大笑的贺岁片。而他对自己影片的评论，通过各种拟造的假名所做的自己对自己的采访，将他的内心纠结、自我批判和怀疑的精神展现得彻底又全面。正如许多伯格曼学者做出过的评价：伯格曼是他自己作品最好的批评家。这个评价，通过文集中多篇笔锋苛刻、语气尖酸的文章，得到了最好的验证。

但这还不只是一本用文字表达思想的文集，作为文集的翻译者，在阅读伯格曼的过程中，我不断地体会到文字对于这位电影大师的重要性。伯格曼被称为电影史上“作者电影”的开创者，他一生创作的80部影视作品中，仅有12部他是单纯的导演，其他作品他都是导演兼编剧或是联合编剧。他的第一部影视作品《折磨》的剧本，诞生于高中毕业生的伯格曼在病床上养病的时光，之后他就从未停止过剧本写作。从文集中收录的伯格曼在19岁时写下的对瑞典女作家塞尔玛·拉格洛夫的作品评论，我们不难看到一个怀有作家梦想的年轻人如何细腻地推敲文字和他对叙事的着迷。这本囊括了跨越六十年写作历程的文集，揭开伯格曼复杂的内心世界。时而坦诚大度，时而尖酸刻薄，他对艺术的怀疑批判，不加掩饰的愤怒和不做遮掩的赞美，都是情到深处的自然流露。文字中的伯格曼，甚至超越他的影像，是一个有血有肉、活力四射的艺术家，一个情感丰富、魅力十足的北欧男人，一个令人高山仰止的大师，一个想要被他揽在怀里的良友。

伯格曼在写作中推敲文字的技能，表现在行文措辞中的讲究，文法构句中难以比拟的精准睿智，有时候，一行句子中集合着多重否定和质疑。在从瑞典语到中文的翻译过程中，我竭力保留伯格曼文笔的独特文风，尽管有时候，他的语言就如他的影像一样，徘徊在梦与醒的临界，捕捉理性之上的直觉和感知，而这本身不正是伯格曼的电影中令人着迷的细节？还不能忘记，伯格曼令人捧腹的幽默感，他的自恋如同他的自嘲一样，共同造就了一个无与伦比的英格玛·伯格曼。

农历辛丑年的立春之日，我为这段有大师相伴的长长旅行画上了一个句号。我很荣幸能将这本意义重大的《伯格曼文集》的中文译本献给华人世界里热爱电影、热爱伯格曼的志同道合者。这本文集是2018年伯格曼诞辰百年之际，由瑞典年轻的电影研究者克里斯托·博曼（Christo Burman）对伯格曼非文学性写作的文本所做的一个最全面的收集整理，瑞典潘/努史德出版社结集出版的结果。这些文本不仅从来没有被翻译成中文，就是在瑞典，许多文本也是首次披露。对于研究电影尤其是伯格曼电影的学者，这无疑是难得的一手资料。

伯格曼在1954年的演讲稿《关于拍电影》中这样说："我想成为在原野上修复大教堂的艺术家中的一员，我想从石头里雕琢出龙首、天使、魔鬼或是圣人，无论什么都会带给我无限的喜悦。"这位一辈子不相信他的名字会同他的作品一样永恒的艺术家，做到了他的追随者，法国导演戈达尔通过他的处女作《精疲力尽》中的人物所表达的"成为不朽，然后死去”。伯格曼和他的艺术，就是这样属于全人类文明成就的不朽之作。

最后，我要感谢雅众文化的方雨辰女士，有胆识和智慧引进这部重要著作，在将人类思想智慧带入中国的努力中，我们需要更多这样的启蒙者。还要感谢我的先生尼克拉斯·奥尔森（Niklas Olsson），许多个夜晚，我们一起斟酌文本中拗口罕见的瑞典语词汇，许多不乏是伯格曼的自我发明！更多个夜晚，我们一起重温伯格曼影片的不朽魔力，一起回到那个目光清纯、影像动人的电影的美好时代，《小丑之夜》就发生在几天前的那个雨夜。

谢谢你，英格玛！我爱你！

2021 年立春，上海

伯格曼年表

（年表和作品列表由英格玛·伯格曼基金会提供）

1918　7 月 14 日，恩斯特·英格玛·伯格曼出生在瑞典著名的大学城乌普萨拉市，他在家中三个孩子中排行老二。其父亲埃里克·伯格曼是一位保守的教区牧师，教子严格的母亲卡琳·伯格曼是一名敬业的护士。伯格曼曾多次谈到自己在一个严厉刻板的家庭环境中长大，只是偶尔能感受到温情、亲昵和爱意。

1929　伯格曼与戏剧的姻缘从他 11 岁接触木偶剧开始。二十几岁时，他已可以得心应手地创作木偶剧。伯格曼的精神教父是瑞典电影默片时代的大导演阿尔夫·斯约堡与奥洛夫·莫兰德。1935 年，被莫兰德搬上戏剧舞台的斯特林堡名剧《一出梦的戏剧》对伯格曼影响深远，他称其为“一切戏剧体验的基础”。除了木偶剧，童年时期的伯格曼还会用那台被称作“魔灯”的电影放映机创作“胶片故事”（“魔灯”原本是伯格曼哥哥得到的圣诞礼物，被伯格曼用自己的玩具锡兵收藏交换得来）。

1938　伯格曼开始在斯德哥尔摩的奥洛夫大师花园剧院工作。他编排的第一部作品是英国剧作家萨顿·文的《远航》。伯格曼在这部作品的简介中写道：“死神不是解放者。”他本人也在剧中饰演了死神追随者的角色。关于伯格曼严苛的排练制度、说话随意和脾气暴躁的舆论由此散播起来，也让他有了“恶魔导演”这个伴随整个职业生涯的绰号。

1941 瑞典最重要的儿童剧院之一“童话剧院”成立，伯格曼被选为剧院的领导者。他在那里导演的第一部戏剧作品改编自安徒生童话《打火匣》。伯格曼一共将七部作品搬上斯德哥尔摩市民中心的舞台。

1944 26 岁的伯格曼接替了赫尔辛堡城市剧院负责人的职务，成为全欧洲史上最年轻的重要剧院的负责人。剧院当时失去了国家财政拨款，正濒临破产。伯格曼的任务就是将观众带回剧院，根据他本人的陈述，剧院的保留剧目最终成为“厚脸皮的平民主义”。一年之后，剧院重新获得了国家财政拨款。1944 年，伯格曼还创作了他的第一部电影剧本《折磨》。由于当时没有专门教授电影创作的渠道，伯格曼会不时地去电影剧组里观摩学习。

1946 伯格曼导演的第一部电影《危机》公映。“这部电影的第一个拍摄日是我整个电影生涯的第一天。我做了十分细致的准备。每一个场景都经过了深思熟虑，镜头的每个角度也都是准备好的。理论上讲，我明确知道我要做的每件事。但事实上，一切都直接掉入了地狱。”他回忆说。

1953 摄影师斯文·尼奎斯特（Sven Nykvist）为伯格曼的电影《小

丑之夜》拍摄室内场景，在拍摄阿尔伯特举着手枪的画面时完成了 180 度的摇摄镜头。那是他与伯格曼的第一次合作，那个镜头给伯格曼留下了太深的印象，据说他当时曾说过要尼奎斯特拍摄他今后所有的电影。但由于制作公司方面的原因，直到 1960 年尼奎斯特才再度和伯格曼合作，拍摄了《处女泉》。

1957　《第七封印》首次公映。伯格曼说："和烂喜剧片相比，我更喜欢拍这种电影。我根本不在乎钱。"由伯格曼担任导演、编剧、联合编剧的另外四部影片也于同年公映。《第七封印》在戛纳电影节入围金棕榈奖，最终获评审团特别奖。

1960　伯格曼得到了他的第一个奥斯卡提名。在这之后他共收获了八个奖项，尽管他从没获得过最佳导演奖或最佳编剧奖，但他的三部电影获得了奥斯卡最佳外语片奖，分别是 1960 年的《处女泉》、1961 年的《犹在镜中》，以及 1983 年的《芬妮与亚历山大》。他导演的电影也让摄影师斯文·尼奎斯特拿到了两次奥斯卡最佳摄影奖，获奖影片分别是《呼喊与细语》和《芬妮与亚历山大》。

1961　伯格曼将斯特拉文斯基的歌剧《浪子历程》搬上皇家剧院（即今日的瑞典皇家歌剧院）的舞台。尽管歌剧很成功，但直到三十年后，伯格曼才以《酒神的伴侣》回归歌剧舞台。在此期间，他于 1975 年为瑞典电视台执导了舞台歌剧《魔笛》。伯格曼早在 1954 年就接触过歌剧，马尔默市立歌剧院上演的

《风流寡妇》是他第一次尝试歌剧。

1963　伯格曼接受了斯德哥尔摩皇家剧院院长一职。他上任后负责的第一场戏就是爱德华・阿尔比的作品《谁怕弗吉尼亚・伍尔夫？》在欧洲的首演。这对他来说确实是一份有些吃力的工作。在整个剧院都需要重新整顿的状态下，伯格曼发现自己陷入一种“无法解决的、不可思议的混乱境况”之中。但他依旧保持着平均每年执导一部戏剧的效率，直至 1976 年离开剧院。

1965　伯格曼在皇家剧院的工作让他的身体付出了沉重的代价：他患上了严重的肺炎和急性抗生素中毒。这一年的春天，伯格曼被送进国王医院索非亚治疗所。他在住院期间开始了影片《假面》剧本的创作，用他的话说，“我得让我的手有事做。”

1966　《假面》的拍摄地在位于波罗的海的法罗岛，那个伯格曼为《犹在镜中》勘景时发现的小岛，他后来在岛上买地建房子。只要工作允许，他就会尽可能多地待在岛上。2003 年，他卖掉在斯德哥尔摩的住所，正式移居法罗岛，此后很少离开法罗岛。伯格曼在法罗岛拍摄了六部电影和一部电视剧，他在岛上还建了一个功能完善的摄影棚。

1971　伯格曼获得欧文・塔尔伯格（Irving G. Thalberg Memorial Award）纪念奖，这是由美国电影艺术与科学院（即奥斯卡主办方）颁发给“不断产出高质量电影的制片人”的奖项。与伯格曼育有一女的丽芙·乌曼代表他接受了该奖项。

1973 伯格曼称电视这一传播媒介“是最令人惊讶的事物，它打开了整个世界”。他要从电影转变到电视媒介的态度是很坚决的。从《婚姻生活》开始,他的所有影视作品,不管是连续剧(《面对面》《芬妮与亚历山大》)还是剧情片(《魔笛》《萨拉班德》),都是为电视制作的。尽管由于种种原因，这些影片都是通过电影院上映的，但创作时都是为了电视。

1976 伯格曼与瑞典政府之间有些棘手的关系在 1976 年出现严重的危机。在皇家剧院《死亡之舞》的排练现场，伯格曼被闯入剧场的警察以逃税的罪名拘捕。后来，他被证明是无辜的，针对他的调查也很快取消了，但在公众认知中，他的形象有了污点。伯格曼在那段时间一度因精神崩溃住进了医院。不久，他离开瑞典，在德国度过了几年自我放逐式的生活，直到 1982 年才重返祖国。

1983 《芬妮与亚历山大》标志着伯格曼重回瑞典影坛。巨大的制作成本和市场风险是这部影片发行两个版本的主要原因。影片分为五小时的电视剧版以及影院上映的精简版(197 分钟),精简版主要针对国际市场出售。《芬妮与亚历山大》常被认为是对伯格曼整个职业生涯的概括。这部影片包含了他其他作品中各种熟悉的元素：宗教信仰、家庭关系，以及艺术家的角色定位。1984 年 4 月,《芬妮与亚历山大》获得奥斯卡金像奖最佳外语片、最佳摄影（斯文·尼奎斯特）、最佳艺术指导（安娜·阿斯普［Anna Asp］和苏珊·林海姆［Susanne Lingheim］）和最佳服装设计（马里克·沃斯－隆德［Marik Vos-Lundh］）四项大奖。

1987 伯格曼的第一部自传《魔灯》出版。这是一部态度诚恳、内容丰富的作品。它让人们看到伯格曼作为导演的成就明显遮掩了他的作家身份。这本自传并没有按照时间顺序记录，而是由许多独立章节组成，讲述了伯格曼的童年、戏剧作品、1976年的税务事件、婚姻危机，以及他与劳伦斯·奥利弗、葛丽泰·嘉宝、赫伯特·冯·卡拉扬等世界著名艺术家的相遇。

1990 伯格曼的第二本回忆式自传《影像：伯格曼论电影》出版。这本书的创作开始于伯格曼同他的剪辑师拉塞·贝格斯特罗姆（Lasse Bergström）的对话。从某种程度上来说，促成这本自传问世的原因是伯格曼对之前那本以采访为主的《伯格曼谈伯格曼》的不满（他认为自己被采访者控制了）。该自传由主题划分，伯格曼通过他的写作和电影创作日志对自己的电影进行了分析。

1995 伯格曼的第五任妻子英格丽·冯·罗森去世。这是伯格曼唯一一段没有以离婚告终的婚姻。他的最后一部文字作品，2004年出版的《三本日记》（*Tre dagböcker / Three diaries*），是由伯格曼本人和女儿玛利亚将英格丽生前最后几个月的日记汇编而成，记录了英格丽自1994年查出身患癌症直至第二年去世的这段日子。该书前言的部分内容如下："我们没有试图对自己的缺点和无助做隐藏或辩解，这不是文学作品，这是一个文档；这不是一本书，这是一段证词。"

1997 在夏纳电影节 50 周年的纪念活动上，英格玛·伯格曼被授予"棕榈大师奖"，奖励他对电影做出的全部贡献。在 28 位金棕榈奖得主面前，伯格曼的女儿琳·乌曼代替他领了奖。

2002 戏剧作品《群鬼》是伯格曼对易卜生原作的彻底改编，标志着伯格曼圆满告别戏剧舞台。他曾谈到自己并不情愿退出。"我对戏剧的热爱远超过电影，我完全愿意继续执导戏剧作品，但我已知这只能是个愿望了。"伯格曼在 2003 年 12 月电视电影《萨拉班德》上映后正式退出影坛。

2007 伯格曼于 2007 年 7 月 30 日在他法罗岛的家中辞世，享年 89 岁。2007 年 8 月 15 日，在仅有他最亲近家人参加的葬礼上，伯格曼被安埋于法罗岛大教堂的墓园。他生前提出在葬礼上播放巴赫《C 小调第五号无伴奏大提琴组曲》中的《萨拉班德舞曲》，这首曲子也呼应着他生前最后一部电影作品《萨拉班德》。

作品列表

1. 电影

1.1 导演／编剧作品

危机（Kris / Crisis），1946

导演、编剧：英格玛·伯格曼，93min

雨中情（Det regnar på vår kärlek / It Rains on Our Love），1946

导演：英格玛·伯格曼，编剧：英格玛·伯格曼、赫伯特·格瑞文纽斯（Herbert Grevenius），95min

开往印度的船（Skepp till India land / A Ship to India），1947

导演、编剧：英格玛·伯格曼，102min

黑暗中的音乐（Musik i mörker / Music in Darkness），1948

导演：英格玛·伯格曼，编剧：达格玛·阿奎斯特（Dagmar Edqvist）、英格玛·伯格曼，85min

港口的呼唤（Hamnstad / Port of Call），1948

导演、编剧：英格玛·伯格曼，99min

监狱（Fängelse / Prison），1949

导演、编剧：英格玛·伯格曼，80min

渴望（Thirst），1949

导演：英格玛·伯格曼，编剧：赫伯特·格瑞文纽斯，88min

喜悦（Till glädje / To Joy），1950

导演、编剧：英格玛·伯格曼，98min

不能在此发生（Sånt händer inte här / High Tension），1950

导演：英格玛·伯格曼，编剧：赫伯特·格瑞文纽斯，84min

夏日插曲（Sommarlek / Summer Interlude），1951

导演、编剧：英格玛·伯格曼，96min

贝里斯香皂广告（Bris–filmerna / Breeze Soap Commercial），1951

导演、编剧：英格玛·伯格曼

女人的期待（Kvinnors väntan / Waiting Women），1952

导演、编剧：英格玛·伯格曼，107min

不良少女莫妮卡（Sommaren med Monika / Summer with Monika），1953

导演：英格玛·伯格曼，编剧：英格玛·伯格曼、佩尔·安德斯·弗格尔斯特罗姆，96min

小丑之夜（Gycklarnas afton / Sawdust and Tinsel），1953

导演、编剧：英格玛·伯格曼，92min

恋爱课程（En lektion i kärlek / A Lesson in Love），1954

导演、编剧：英格玛·伯格曼，94min

秋日之旅（Kvinnodröm / Dreams），1955

导演、编剧：英格玛·伯格曼，86min

夏夜的微笑（Sommarnattens leende / Smiles of a Summer Night），1955

导演、编剧：英格玛·伯格曼，108min

斯里曼先生来了（Herr Sleeman kommer / Mr. Sleeman Is Coming），1957

导演：英格玛·伯格曼，编剧：亚尔马·伯格曼，电视电影，43min

第七封印（Det sjunde inseglet / The Seventh Seal），1957

导演、编剧：英格玛·伯格曼，95min

野草莓（Smultronstället / Wild Strawberries），1957

导演、编剧：英格玛·伯格曼，90min

威尼斯人（Venetianskan / The Venetian），1958

导演：英格玛·伯格曼，编剧：贝迪尔·博登（Bertil Bodén）、贾科莫·奥雷利亚（Giacomo Oreglia），56min

狂犬病（Rabies），1958

导演：英格玛·伯格曼，编剧：奥勒·赫德伯格（Olle Hedberg），89min

生命的门槛（Nära livet / Brink of Life），1958

导演：英格玛·伯格曼，编剧：英格玛·伯格曼、乌拉·伊萨克松（Ulla Isaksson），84min

面孔（Ansiktet / The Magician），1958

导演、编剧：英格玛·伯格曼，84min

魔鬼的眼睛（Djävulens öga / The Devil's Eye），1960

导演、编剧：英格玛·伯格曼，86min

暴风雨（Oväder / Storm），1960

导演：英格玛·伯格曼，编剧：奥古斯特·斯特林堡，91min

处女泉（Jungfrukällan / The Virgin Spring），1960

导演：英格玛·伯格曼，编剧：英格玛·伯格曼、乌拉·伊萨克松，88min

犹在镜中（Såsom i en spegel / Through a Glass Darkly），1961

导演、编剧：英格玛·伯格曼，89min

冬日之光（Nattvardsgästerna / Winter Light），1963

导演、编剧：英格玛·伯格曼，80min

沉默（Tystnaden / The Silence），1963

导演、编剧：英格玛·伯格曼，96min

这些女人（För att inte tala om alla dessa kvinnor / All These Women），1964

导演：英格玛·伯格曼，编剧：英格玛·伯格曼、厄兰·约瑟夫森（Erland

Josephson），80min

假面（Persona），1966

导演、编剧：英格玛·伯格曼，84min

刺激，短片“丹尼尔”（Stimulantia，Episode "Daniel"），1967

导演、编剧：英格玛·伯格曼，15min

豺狼时刻（Vargtimmen / Hour of the Wolf），1968

导演、编剧：英格玛·伯格曼，89min

羞耻（Skammen / Shame），1968

导演、编剧：英格玛·伯格曼，102min

祭典（Riten / The Ritual），1969

导演、编剧：英格玛·伯格曼，电视电影，72min

安娜的情欲（En passion / The Passion of Anna），1969

导演、编剧：英格玛·伯格曼，电视电影，99min

法罗档案（Fårödokument / Fårö Document），1970

导演：英格玛·伯格曼，纪录片，57min

谎言（Reservatet / The Lie），1970

导演：扬·莫兰德（Jan Molander），编剧：英格玛·伯格曼，91min

接触（Beröringen / The Touch），1971

导演、编剧：英格玛·伯格曼，114min

呼喊与细语（Viskningar och rop / Cries and Whispers），1973

导演、编剧：英格玛·伯格曼，90min

婚姻生活（Scener ur ett äktenskap / Scenes from a Marriage），1974

导演、编剧：英格玛·伯格曼，281min

魔笛（Trollflöjten / The Magic Flute），1975

导演、编剧：英格玛·伯格曼，135min

面对面（Ansikte mot ansikte / Face to Face），1976

导演、编剧：英格玛·伯格曼，135min（电影版），175min（电视版）

该死的女人跳舞（De fördömda kvinnornas dans / The Dance of the Damned Women），1976

导演、编剧：英格玛·伯格曼，24min

蛇蛋（Ormens ägg / The Serpent's Egg），1977

导演、编剧：英格玛·伯格曼，119min

秋日奏鸣曲（Höstsonaten / Autumn Sonata），1978

导演、编剧：英格玛·伯格曼，93min

法罗档案 1979（Fårödokument 1979 / Fårö Document 1979），1979

导演：英格玛·伯格曼，纪录片，103min

傀儡生涯（Aus dem Leben der Marionetten / From the Life Of the Marionettes），1980

导演、编剧：英格玛·伯格曼，104min

芬妮与亚历山大（Fanny och Alexander / Fanny and Alexander），1983

导演、编剧：英格玛·伯格曼，188min（电影版），300min（电视版）

排演之后（Efter repetitionen / After the Rehearsal），1986

导演、编剧：英格玛·伯格曼，72min

卡琳的面孔（Karins ansikte / Karin's Face），1986

导演、编剧：英格玛·伯格曼，14min

被祝福的那个（De två saliga / The Blessed Ones），1986

导演：英格玛·伯格曼，编剧：乌拉·伊萨克松，81min

记录芬妮与亚历山大（Dokument Fanny och Alexander / Document Fanny and Alexander），1986

导演：英格玛·伯格曼，纪录片，110min

双面哈拉尔（Harald & Harald），1996

导演、编剧：英格玛·伯格曼，10min

在小丑面前（Larmar och gör sig till / In the Presence of a Clown），1997

导演、编剧：英格玛·伯格曼，电视电影，119min

萨拉班德（Saraband），2003

导演、编剧：英格玛·伯格曼，电视电影，107min（电视版），120min（国际版）

1.2 仅编剧作品

折磨（Hets / Torment），1944

导演：阿尔夫·斯约堡（Alf Sjöberg），编剧：英格玛·伯格曼，101min

没有面孔的女人（Kvinna utan ansikte / Woman Without a Face），1947

导演：古斯塔夫·莫兰德（Gustaf Molander），编剧：英格玛·伯格曼，102min

埃娃（Eva / Eva），1948

导演：古斯塔夫·莫兰德，编剧：英格玛·伯格曼，97min

城市入睡时（Medan staden sover / While the City Sleeps），1950

导演：拉斯－埃里克·凯尔格伦（Lars–Eric Kjellgren），编剧：佩尔·安德斯·弗格尔斯特罗姆，剧本提纲：英格玛·伯格曼，101min

离婚（Frånskild / Divorced），1951

导演：古斯塔夫·莫兰德，编剧：英格玛·伯格曼、赫伯特·格瑞文纽斯，103min

跑在最后的两夫妇（Sista paret ut / Last Couple Out），1956

导演：阿尔夫·斯约堡，编剧：英格玛·伯格曼、阿尔夫·斯约堡，98min

乌达尔博部长（Prästen i Uddarbo / The Minister of Uddarbo），1957

导演：肯尼·凡特（Kenne Fant），编剧：阿克塞尔·汉布雷乌斯（Axel Hambræus）、鲁纳·林斯特罗姆（Rune Lindström）、肯尼·凡特，剧本提纲：英格玛·伯格曼，92min

夜灯（Nattens ljus / Night Light），1957

导演：拉斯－埃里克·凯尔格伦，编剧：拉斯－埃里克·凯尔格伦、英格玛·伯格曼，93min

快乐花园（Lustgården / Pleasure Garden），1961

导演：阿尔夫·谢林，编剧：英格玛·伯格曼、厄兰·约瑟夫森，93min

星期天的孩子（Söndagsbarn / Sunday's Children），1992

导演：丹尼尔·伯格曼，编剧：英格玛·伯格曼，118min

最美好的愿望（Den goda viljan / The Best Intentions），1992

导演：比利·奥古斯特，编剧：英格玛·伯格曼，181min（电影版），325min（电视版）

私人谈话（Enskilda samtal / Private Confessions），1996

导演：丽芙·乌曼，编剧：英格玛·伯格曼，200min

不忠（Faithless），2000

导演：丽芙·乌曼，编剧：英格玛·伯格曼，154min

2. 戏剧

瀚海孤帆（Outward Bound），1938

刽子手 / 黄金马车（The Hangman / The Golden Chariot），1939

活了两次的人（The Man Who Lived Twice），1939

秋日狂想曲 / 浪漫主义者（Autumn Rhapsody / The Romantics），1939

圣诞 / 再临（Christmas / Advent），1939

一家人的歌舞夜（An Evening of Cabaret for the Entire Family），1939

幸运儿佩尔的旅行（Lucky Per's Journey），1939

在伯利恒（In Bethlehem），1940

威尼斯商人（The Merchant of Venice），1940

麦克白（Macbeth），1940

鹈鹕（The Pelican），1940

白天鹅（Swanwhite），1940

黑色手套（The Black Glove），1940

沙漏 / 汤锅（The Hour-Glass / The Pot of Broth），1940

归来（Return），1940

消失的旋律（The Melody that Disappeared），1940

打火匣（The Tinder Box），1941

仲夏夜之梦（A Midsummer Night's Dream），1941

鬼魂奏鸣曲（The Ghost Sonata），1941

父亲（The Father），1941

蓝鸟（Bluebird），1941

小丑皮波（Beppo the Clown），1942

仲夏夜之梦（A Midsummer Night's Dream），1942

潘趣之死（Death of Punch），1942

小红帽（Little Red Riding Hood），1942

纠缠不休 / 三件糊涂事（Sniggel Snuggel / The Three Stupidities），1942

地理与爱（Geography and Love），1943

尼尔森·埃博森（Niels Ebbesen），1943

醒来之前（Just Before Awakening），1943

游园会（The Fun Fair），1943

39 号潜艇（U-boat 39），1943

当魔鬼出价时（When the Devil Makes an Offer），1943

美丽的玫瑰（A Beautiful Rose），1943

威茨科勒的阿舍贝尔格寡妇（The Ascheberg Widow at Wittskövle），1944

打火匣（The Tinder Box），1944

当魔鬼出价时（When the Devil Makes an Offer），1944

酒店房间（The Hotel Room），1944

麦克白（Macbeth），1944

小红帽（Little Red Riding Hood），1944

赌厅 / 斯利曼·科曼斯先生（The Gambling Hall / Mr. Sleeman Cometh），1944

雅各布森和上校（Jacobowsky and the Colonel），1945

蹦擦擦：新年热舞（Kriss-Krass-Filibom: New Year's Cabaret），1945

鹈鹕（The Pelican），1945

狂犬病（Rabies），1945

道德降低（Reduce Morals），1945

传说（The Legend），1945

早早结束的一天（The Day Ends Early），1947

荷兰人（The Dutchman），1947

玩火（Playing with Fire），1947

魔术（Magic），1947

我的恐惧（Unto My Fear），1947

浪潮（The Waves），1947

在码头跳舞（Dancing on the Pier），1948

毫无头绪（Come Up Empty），1948

洛多乐滋唱歌（Lodolezzi Sings），1948

麦克白（Macbeth），1948

母亲之爱（Mother Love），1948

小偷嘉年华（Thieves' Carnival），1948

跳动的心（The Restless Heart），1949

欲望号街车（A Streetcar Named Desire），1949

影子 / 美狄亚（A Shadow / Media），1950

神圣的字眼（Divine Words），1950

三毛钱歌剧（The Threepenny Opera），1950

玫瑰文身（The Rose Tattoo），1951

小屋的灯光（Light in the Shack），1951

乡间女孩（The Country Girl），1951

夏天（Summer），1951

城市（The City），1951

韦姆兰人（The People of Värmland），1951

血色婚礼（Blood Wedding），1952

有犯罪和犯罪（There are Crimes and Crimes），1952

早早结束的一天（The Days Ends Early），1952

跳动的心（The Restless Heart），1952

皇冠新娘（The Crown Bride），1952

巴雅纳的谋杀（Murder at Barjärna），1952

夜晚的罪恶负担（The Night's Burden of Guilt），1952

复活节（Easter），1952

随想曲（A Caprice），1953

荷兰人（The Dutchman），1953

我的恐惧（Unto My Fear），1953

六个寻找作家的角色（Six Characters in Search of an Author），1953

城堡（The Castle），1953

苹果桌（The Apple-Tree Table），1954

风流寡妇（The Merry Widow），1954

暮光游戏（Twilight Games），1954

鬼魂奏鸣曲（The Ghost Sonata），1954

木刻画（Wood Painting），1954

舞会（The Ball），1955

唐璜（Don Juan），1955

利亚和拉结（Leah and Rachel），1955

草坪上行走的和尚，秋月茶室（The Monk Walks in the Meadow, Teahouse of the August Moon），1955

木刻画（Wood Painting），1955

可怜的新娘（The Poor Bride），1956

普通人埃里克十四世（Everyman, Erik XIV），1956

祖母和耶稣（Grandmother and Our Lord），1956

热铁皮屋顶上的猫（Cat on a Hot Tin Roof），1956

圣母像（Portrait of a Madonna），1956

隧道（The Tunnel），1956

人性的声音（La voix humaine），1956

欺骗者（Cheaters），1957

囚徒（The Prisoner），1957

孤独者（The Misanthrope），1957

培尔·金特（Peer Gynt），1957

一无所有的人（He Who Has Nothing），1958

传说（The Legend），1958

浮士德初稿（Ur-Faust），1958

韦姆兰人（The People of Värmland），1958

第一次警告（The First Warning），1960

玩火（Playing with Fire），1961

海鸥（The Seagull），1961

浪子的历程（The Rake's Progress），1961

木刻画（Wood Painting），1963

传说（The Legend），1963

谁怕弗吉尼亚·伍尔夫?（Who's Afraid of Virginia Woolf ?），1963

海达·高布乐（Hedda Gabler），1964

魏朝三刀（Three Knives from Wei），1964

唐璜（Don Juan），1965

小爱丽丝（Tiny Alice），1965

妻子学校 / 妻子学校评论（The School for Wives / Critique of the School for Wives），1966

调查（The Investigation），1966

化妆舞会（Masquerade），1967

沃伊采克（Woyzeck），1969

梦幻剧（A Dream Play），1970

海达·高布乐（Hedda Gabler），1970

演出（Show），1971

野鸭（The Wild Duck）,1972

孤独者（The Misanthrope），1973

鬼魂奏鸣曲（The Ghost Sonata），1973

去大马士革（To Damascus），1974

受到惊吓的王子（The Petrified Prince），1975

梦幻剧（A Dream Play），1977

三姐妹（Three Sisters），1978

海达·高布乐（Hedda Gabler），1979

伪君子（Tartuffe），1979

伊沃娜（Yvonne），1980

勃艮第的公主（Princess of Burgundy），1980

诺拉 / 朱丽 / 婚姻生活（Nora / Julie / Scenes from a Marriage），1981

唐璜（Don Juan），1983

雨之生命节选（From the Life of the Rain），1984

傀儡生涯（Worms），1984

一则传闻（A Hearsay），1984

李尔王（King Lear），1984

茱莉小姐（Miss Julie），1985

约翰·加布里埃尔·博克曼（John Gabriel Borkman），1985

梦幻剧（A Dream Play），1986

哈姆雷特（Hamlet），1986

长夜漫漫路迢迢（Long Day's Journey into Night），1988

玩偶之家（A Doll's House），1989

关于灵魂（A Matter of the Soul），1990

酒神的伴侣（The Bacchae），1991

培尔·金特（Peer Gynt），1991

萨德侯爵夫人（Madame de Sade），1992

时间和房间（The Time and the Room），1993

最后的哭泣（The Last Cry），1993

哥德堡变奏曲（Goldberg Variations），1994

冬天的故事（The Winter's Tale），1994

孤独者（The Misanthrope），1995

伊沃娜，勃艮第的公主（Yvonne，Princess of Burgundy），1995

酒神的伴侣（The Bacchae），1996

双面哈拉尔（Harald & Harald），1996

暴风雨（Storm Weather），1999

映画创造者（The Image Makers），2000

玛丽·斯图亚特（Mary Stuart），2000

鬼魂奏鸣曲（The Ghost Sonata），2000

约翰·加布里埃尔·博克曼（John Gabriel Borkman），2001

鬼魂（Ghost），2002

鹈鹕 / 死人岛（The Pelican / Island），2003

罗斯默松（Rosersholm），2004

英格玛·伯格曼 | 作者
INGMAR BERGMAN

享誉全球的电影、戏剧导演，作家、编剧。1918 年 7 月 14 日出生于瑞典的乌普萨拉，2007 年 7 月 30 日在法罗岛的家中与世长辞，享年 89 岁。
伯格曼活跃于影坛、戏剧舞台超过 60 年，一生编剧、执导 60 余部电影、170 余部戏剧。他曾荣获威尼斯电影节终身成就奖、奥斯卡最佳外语片等多项国际电影大奖，被誉为“导演中的导演”“电影界的哲学家”“作者电影第一人”。
在文学领域，伯格曼也有着极高的造诣，因其戏剧剧本中极具张力的对话以及哲学思辨，曾于 1975 年获得诺贝尔文学奖提名。

王凯梅 | 译者

艺术评论写作者、译者、策展人。北京师范大学英语文学学士，苏富比艺术学院当代艺术硕士，长期从事艺术、电影策划和写作翻译工作。研究兴趣围绕电影史、影像艺术家，以及具有个人风格的视觉艺术家与艺术史的关系。曾创办国内首个专注北欧影像的电影节“极地光影”，亦在瑞典、挪威举办中国电影节。2018 年，策划伯格曼百年纪念影像展。翻译多部畅销瑞典儿童文学。